Der Autor

Professor Dr. Dr. h. c. Kurt Sontheimer, geb. 1928 in Gerns-
bach in Baden, ist seit 1969 ordentlicher Professor am Geschwi-
ster-Scholl-Institut für Politische Wissenschaft der Universität
München. Von 1962 bis 1969 lehrte er an der Freien Universität
Berlin. Sein wichtigster Beitrag zur Zeitgeschichte war seine
große Untersuchung über ›Antidemokratisches Denken in der
Weimarer Republik‹ (München 1962, dtv 4312). Neben zahlreichen Publikationen zum politischen System der Bundesrepublik und der ehemaligen DDR erschienen zuletzt die beiden
Bücher: ›Deutschlands Politische Kultur‹ (München 1990) und
›Von Deutschlands Republik‹ (Stuttgart 1991).
Kurt Sontheimer ist Ehrendoktor der University of Bradford in
Großbritannien und Träger des Ernst-Robert-Curtius-Preises
für Essayistik. 1974/1975 war er Präsident des Deutschen Evan-
gelischen Kirchentages.

Deutsche Geschichte der neuesten Zeit
vom 19. Jahrhundert bis zur Gegenwart

Herausgegeben von Martin Broszat,
Wolfgang Benz und Hermann Graml
in Verbindung mit dem Institut für Zeitgeschichte, München

Kurt Sontheimer:
Die Adenauer-Ära
Grundlegung der Bundesrepublik

Deutscher
Taschenbuch
Verlag

Originalausgabe
Dezember 1991
© Deutscher Taschenbuch Verlag GmbH & Co. KG,
München
Umschlaggestaltung: Celestino Piatti
Foto: Konrad Adenauers Vereidigung zum Bundeskanzler,
Bonn 1949 (Süddeutscher Bilderdienst)
Gesamtherstellung: C. H. Beck'sche Buchdruckerei,
Nördlingen
Printed in Germany · ISBN 3-423-04525-6

Inhalt

Das Thema 7

I. Repräsentanten einer Ära 9
   Kurt Schumacher 10
   Theodor Heuss 13
   Konrad Adenauer 16
   Der Abgeordnete Keetenheuve im Bonner »Treib-
   haus« 19

II. Kurze Geschichte der Adenauer-Ära
   1. Der Beginn einer Ära 26
   2. Die erste Regierung Adenauer (1949–1953) 29
   3. Adenauer auf dem Höhepunkt seiner Macht
      (1953–1957) 45
   4. Stärke und Schwächen (1957–1961) 53
   5. Bundeskanzler auf Abruf (1961–1963) 62
   6. Stimmungsbilder am Ende der Ära Adenauer 68

III. Die Bundesrepublik in der Adenauer-Ära
   1. Eine neue Gesellschaft 72
      Die Bevölkerungsentwicklung 72 Die Gesellschafts-
      struktur 75 Eine freie pluralistische Gesellschaft 78
   2. Die Wirtschaft als Grundlage der Stabilität 81
      Wirtschaftspolitische Grundentscheidungen 81 Die
      wirtschaftliche Leistungsbilanz 86 Die Gewerkschaf-
      ten und die Unternehmerverbände 89 Die Sozial-
      politik 92
   3. Die politischen Parteien und das Parteiensystem ... 96
      Die parteipolitische Neuordnung 96 Die Christlich-
      Demokratische Union (CDU) 100 Die Christlich-
      Soziale Union (CSU) 104 Die Sozialdemokratische
      Partei Deutschlands (SPD) 105 Die Freie Demokra-
      tische Partei (FDP) 111 Die kleineren Parteien 114
   4. Der Staat und die Verfassungsorgane in der
      Adenauer-Ära 116
      Adenauer als Bundeskanzler 116 Der Aufbau der
      Verwaltung 118 Der Bundeskanzler und seine Re-
      gierung 122 Der Bundeskanzler und der Bundes-

tag 124 Der Bundeskanzler und der Bundesrat 127
Der Bundeskanzler und der Bundespräsident 128
Ein politisches System findet seine Form 129

5. Geist und Kultur in der Adenauer-Zeit 133
Die Intellektuellen im Abseits 133 Das Verschwin-
den der antidemokratischen Rechten 142 Die deutsche Literatur gewinnt Profil 144 Die Künste und
die Wissenschaften 147 Wiederaufbau statt Reformen im Bildungsbereich 156

IV. Die großen Kontroversen
1. Westintegration und Wiedervereinigung im Streit . . 159
2. Der Kampf um den Wehrbeitrag 168
3. Die umstrittene Kanzlerdemokratie. 171
4. Die Schatten der Vergangenheit. 175

Dokumente 189
Forschungsstand und Literatur 232
Zeittafel 239
Personenregister 249

Mit Konrad Adenauer begann die Bundesrepublik Deutschland. Aus den vierzehn Jahren, in denen dieser große alte Mann, dessen Leben die Kaiserzeit, die Weimarer Republik, das Dritte Reich und den Wiederaufbau der deutschen Demokratie umspannte, das Staatsschiff des deutschen Weststaates steuerte, sind inzwischen über vierzig Jahre geworden. Die Bundesrepublik ist im weiteren Gang ihrer Geschichte auf dem Kurs geblieben, den Adenauer eingeschlagen hatte, und sie ist gut damit gefahren. Die Gunst der Geschichte hat es sogar gefügt, daß im Jahre 1990 die deutsche Teilung durch den Beitritt der ehemaligen DDR zum Geltungsbereich des Grundgesetzes überwunden werden konnte, wodurch der Auftrag der Verfassung an das gesamte deutsche Volk erfüllt wurde, die Einheit und Freiheit Deutschlands in freier Selbstbestimmung zu vollenden.

Die Dauerhaftigkeit und Stabilität des von Konrad Adenauer maßgeblich bestimmten Aufbaus einer neuen deutschen Demokratie hat sich als so durchschlagend erwiesen, daß die rechtliche und politische Verfassung der Bundesrepublik auch zum festen Rahmen für das wiedervereinigte Deutschland werden konnte. Adenauer selbst hat sich die Wiedervereinigung Deutschlands in etwa so vorgestellt, wie sie sich im Jahre 1990 vollzogen hat, doch sie war zu seiner Zeit in dieser Gestalt nicht erreichbar, ja, er mußte sich im Gegenteil dauernd vorwerfen lassen, durch seine Politik der Verankerung der Bundesrepublik im Westen die deutsche Spaltung erst recht zu vertiefen und die Wiedervereinigung unmöglich zu machen. Daß sich die Wiedervereinigung Deutschlands im Rahmen der westlichen Demokratie und unter Beibehaltung der Bindungen Deutschlands an den Westen vollziehen konnte, ist eine späte Rechtfertigung seiner Politik der Westintegration.

Doch auch ohne diese Rechtfertigung in Sachen Wiedervereinigung bleibt Adenauers Name verbunden mit der *Grundlegung der Bundesrepublik*. Unter seiner Kanzlerschaft sind die politischen, wirtschaftlichen und kulturellen Grundlagen geschaffen worden, auf denen die Bundesrepublik auch heute noch steht. Als er begann, gab es zwar das Grundgesetz und eine sich gerade entfaltende soziale Marktwirtschaft, aber noch keine sichere Aussicht auf die Festigung der demokratischen

Staatsform und auf die Überwindung der ungeheuren wirtschaftlichen, sozialen und geistigen Nöte und Probleme, die das schmähliche Ende der Hitlerdiktatur hinterlassen hatte. Am Ende seiner Kanzlerschaft war die freiheitliche Demokratie akzeptiert, der Wiederaufbau gelungen, ein lebendiger demokratischer Staat mit funktionierenden Institutionen geschaffen.

Der Weg dahin war nicht mit Blumen gestreut. Die Ära Adenauer gehört zu den umkämpftesten und umstrittensten Perioden in der Geschichte der Bundesrepublik. Es zeugt für die prinzipielle Richtigkeit dieses Weges, daß auch der 1969 vollzogene Machtwechsel zugunsten der SPD/FDP-Koalition mit Willy Brandt als Bundeskanzler die von Konrad Adenauer geschaffenen Grundlagen der Bundesrepublik und ihre Verankerung im Westen nicht in Frage gestellt hat, sondern die neuen politischen Schritte im Schutze der Kontinuität des Bestehenden gewagt hat. Die Adenauer-Ära schuf der Bundesrepublik ein sicheres Fundament für ihre weitere Zukunft.

In der Behandlung des Themas habe ich als historisch orientierter Politikwissenschaftler zwei verschiedene Darstellungsweisen gewählt. Dem Bedürfnis nach einer *historischen Darstellung* der Adenauer-Zeit in ihrem zeitlichen Ablauf will die ›Kurze Geschichte der Adenauer-Ära‹ dienen. Da die Adenauer-Ära jedoch mehr ist als nur der Gang einer Politik durch die Zeit, habe ich die Entwicklung von wichtigen *Lebensbereichen* wie Gesellschaft und Wirtschaft, Politik und Kultur gesondert analysiert und sodann den *großen Kontroversen* dieser Ära einen eigenen Abschnitt gewidmet. Ich hoffe, mit diesem Verfahren, bei dem Überschneidungen nicht ganz vermieden werden können, möglichst viel von dem eingefangen zu haben, was für diese Zeit historisch und bis heute von Bedeutung ist, sofern dies auf dem relativ knappen Raum, der mir zur Verfügung stand, möglich war.

Diesen Band über die Adenauer-Zeit hatte der Mitherausgeber dieser Reihe und Direktor des Instituts für Zeitgeschichte, Martin Broszat, sich zu schreiben vorgenommen. Sein viel zu früher Tod hat dies leider vereitelt. Trotz meiner freundschaftlichen Verbundenheit mit Martin Broszat kann ich nicht für mich in Anspruch nehmen, ihn bei der Behandlung dieses großen Themas ersetzen zu können. Es ist mir jedoch ein Bedürfnis, dieses Buch seinem Andenken zu widmen.

I. Repräsentanten einer Ära

Die Geschichte der Adenauer-Ära ist in markanter Weise von bedeutenden Persönlichkeiten geprägt worden. Natürlich steht an der Spitze der Mann, der als erster Bundeskanzler der Bundesrepublik Deutschland die Politik des neuen Staates verantwortlich gestaltet und geprägt hat und mit dessen Namen dieser Abschnitt der deutschen Geschichte immer verbunden sein wird: *Konrad Adenauer*. Sein Gegenüber *Kurt Schumacher* hat als Führer der Sozialdemokraten die politische Richtung dieser traditionsreichen Partei und ihrer Opposition gegen die Politik Adenauers weit über seinen Tod im August 1952 hinaus bestimmt. Er war der große Widersacher und Gegenspieler des Bundeskanzlers auf der politischen Bühne, und es dauerte bis fast zum Ende der Adenauer-Ära, bis die SPD sich aus dem Banne Schumachers zu lösen vermochte. *Theodor Heuss*, Bundespräsident von 1949 bis 1959, hat, über den Parteien und ihren Kämpfen stehend, nicht nur dem Amt, das er ausübte, seine bestimmende Prägung verliehen, sondern auch maßgeblich dazu beigetragen, daß die Bundesrepublik nach einer katastrophalen Vorgeschichte ihre Identität als neue demokratische Ordnung finden und ausbilden konnte. Der *Abgeordnete Keetenheuve* schließlich ist eine Romanfigur des Schriftstellers Wolfgang Koeppen, dem der Ruhm gebührt, mit seinem 1953 erschienenen Buch ›Das Treibhaus‹ *den* Roman der Adenauerzeit geschrieben zu haben. Einen Abgeordneten Keetenheuve hat es nie gegeben, doch repräsentiert er jene die ganze Adenauer-Ära durchziehende kritische Strömung, die der Entwicklung der Bundesrepublik unter Adenauers Führung mißtrauisch und enttäuscht gegenüberstand, weil sie nicht einzulösen schien, was man sich nach den schrecklichen Jahren der Nazidiktatur vom demokratischen Neuaufbau in Deutschland erwartete. In diesen vier Gestalten wird die Anfangsgeschichte der Bundesrepublik in Persönlichkeiten greifbar, die ihren Weg und ihr Selbstverständnis in besonderer Weise geprägt haben.

Kurt Schumacher wurde am 13. Oktober 1895 in Kulm in Westpreußen geboren. Er meldete sich bei Kriegsausbruch 1914 als Freiwilliger, wurde wenige Wochen danach schwer verwundet. Er verlor seinen rechten Arm, wurde aus dem Dienst entlassen und konnte sich deshalb seinem Studium widmen, das er, der 1918 in die SPD eingetreten war, mit einer Doktorarbeit zum Thema ›Der Kampf um den Staatsgedanken in der deutschen Sozialdemokratie‹ abschloß. Schumacher lebte nach dem Krieg in Stuttgart, wurde 1924 Abgeordneter im Württembergischen Landtag, 1930 Reichstagsabgeordneter. Die Nationalsozialisten haben ihn zehn Jahre unter furchtbaren Bedingungen im Konzentrationslager festgehalten, seinen Geist aber nicht beugen können.

Das Kriegsende erlebte er in Hannover. In dieser traditionsreichen Stadt der deutschen Sozialdemokratie leitete er mit seinem »Büro Schumacher« den Wiederaufbau der deutschen Sozialdemokratie, die trotz der hinderlichen Zoneneinteilung ab 1946 von dort aus zentral gelenkt wurde, wobei ihm die Führungsrolle in der wiedererstandenen Partei selbstverständlich zufiel. Schumacher stand ganz in der Tradition der SPD der Weimarer Republik. Von Anfang an machte er klar, daß er mit den Kommunisten nichts zu schaffen haben wollte; er bekämpfte alle Fusionsbestrebungen mit der KPD, wie sie sich in der Ostzone unter sowjetischem Druck in Gestalt der SED auf Kosten der SPD realisieren sollten. Seine unnachgiebige Frontstellung gegenüber dem Kommunismus und sein ebenso entschiedenes Eintreten für eine sozialistische Demokratie im Rahmen westlicher Verfassungsprinzipien waren die Grundlage seines politischen Wirkens in der Bundesrepublik. Schumacher beherrschte die zentralistisch organisierte SPD mit Hilfe eines loyalen Parteivorstands nach Belieben. Er setzte seine Politik mit »autoritärer Härte« (Klotzbach) durch und duldete keinen Widerspruch. Die Partei nahm es hin, weil sie der Meinung war, die SPD könne sich nur mit einer führungsstarken Persönlichkeit, die zudem durch den aktiven Widerstand gegen den Nationalsozialismus gewissermaßen geadelt war, politisch durchsetzen. Sie konnte sich dem moralischen und politischen Anspruch dieser von Leiden und Aufopferung für die Partei geprägten Kämpfernatur nicht entziehen, so daß er – ähnlich wie Adenauer in der CDU/CSU – zur schlechthin überragenden Persönlichkeit wurde, die der SPD, die damals längst nicht so diskussionsfreudig und pluralistisch war wie heute, seinen politischen Willen aufprägen konnte.

Schumachers politischer Wille war auf einen grundlegenden Neubau der deutschen Demokratie gerichtet. Er kämpfte innenpolitisch gegen die Restauration des Kapitalismus und den »Besitzverteidigungsstaat«, außenpolitisch für die volle Gleichberechtigung der deutschen Nation mit den Alliierten und für den Primat der deutschen Wiedervereinigung. Sein Kampf für soziale Gerechtigkeit durch eine Veränderung der gesellschaftlichen und wirtschaftlichen Strukturen war ein fester Bestandteil der SPD-Tradition, die Betonung des Nationalen eine neue Erkenntnis, die er aus der Erfahrung der Weimarer Republik ableitete, doch zu einem Zeitpunkt verfocht, als gerade die Überwindung des nationalstaatlichen Denkens auf der Tagesordnung der Politik in Europa stand. Schumacher hat seine Partei, deren Stärke eigentlich in der Gestaltung und Korrektur der inneren Verhältnisse hätte liegen müssen, so stark auf die außenpolitischen Fragen hin orientiert, daß sie sich in einem ohnmächtigen Kampf gegen Adenauers Politik der Westintegration verzehrte, bei dem sie nichts gewinnen konnte. Für die SPD liegt das Problem Schumacher darin, daß er erbittert und teilweise auch verbittert an einer Position festhielt, die dem Gang der Geschichte zuwiderlief und die in seinem Sinne zu korrigieren er als Führer der Opposition nicht die Macht hatte. Die Besatzungsmächte, vor kurzem noch die souveränen Herren Deutschlands, waren zu einer sofortigen Respektierung deutscher nationaler Gleichberechtigung nicht zu zwingen. Nur eine geduldige Politik, zudem im Einvernehmen mit den Besatzungsmächten durchgeführt, war geeignet, die deutsche Souveränität und Gleichberechtigung nach und nach herbeizuführen, auf denen Schumacher von Anfang an insistierte.

Sein Eintreten für die Wiedervereinigung unterschied Schumacher zwar nicht von Adenauer, aber die Orientierung am Primat der Wiedervereinigung, deren Zustandekommen weniger von Deutschland als von den vier Siegermächten abhing, erwies sich als ein Hemmnis für alle Schritte in Richtung auf eine Konsolidierung der Bundesrepublik in Westeuropa. Sie nötigte zum Festhalten am Provisorium Bundesrepublik, wo doch für die Zukunft dieses Staates alles davon abhing, daß er Stabilität und Dauer gewinnen konnte. Kurz, die grundlegenden politischen Positionen Schumachers lagen quer, wenn nicht konträr zu den machtvollen Tendenzen seiner Zeit: Der Erfolg der sozialen Marktwirtschaft ließ die sozialdemokratischen Pläne zur Wirtschaftslenkung und zur Vergesellschaftung der Schlüsselindustrien bald zu Makulatur werden; das Pochen auf nationaler Gleichberechtigung und dem unbedingten Vorrang der deutschen Wiedervereinigung war unergiebig, weil die politische Wirklichkeit sich diesen Forderungen verweigerte. Hätte Schumacher nicht eine so große Autorität besessen und hätte er seine Positionen nicht so wortgewaltig und in harter polemischer Auseinandersetzung mit dem politischen Gegner verteidigt, dann wäre der Weg der SPD zur Regierungsverantwortung in der Bundesrepublik vermutlich nicht so lange gewesen. Schumachers Nachfolger Erich Ollenhauer übernahm jedoch im wesentlichen die von Schumacher formulierten Zielsetzungen, und es dauerte noch manches, in zum Teil fruchtloser Opposition verbrachte Jahr, bis die SPD gegen Ende der fünfziger Jahre bereit und in der Lage war, ihre innere Reform und eine Neubestimmung ihrer Außenpolitik in Angriff zu nehmen.

Man rühmte an Schumacher die Leidenschaftlichkeit der Hingabe an die Politik; seine Mitstreiter konnten sich der Faszination nicht entziehen, die von dieser Persönlichkeit ausging, in deren ausgemergeltem und amputiertem Körper ein unbeugsamer Wille lebendig war und eine persönliche Integrität waltete, die über jeden Anflug von Opportunismus zu triumphieren vermochte. Dennoch muß man sich fragen, ob dieser bedeutende Mann für seine Partei und für die Politik in Deutschland ein Segen gewesen ist. Gewiß, er hat die SPD wieder aufgebaut und sie zu einer der beiden Hauptparteien im politischen System der Bundesrepublik gemacht; er hat daran erinnert, daß die Deutschen nach der Katastrophe des Dritten Reiches verpflichtet waren, sich von ihrer Vergangenheit ganz und gar zu befreien; er hat eine Demokratie auf neuen wirtschaftlichen und sozialen Grundlagen bauen wollen; er hat einen ebenso scharfen Trennungsstrich zwischen der SPD und dem Kommunismus gezogen wie die bürgerlichen Parteien, die jedoch den Trennungsstrich zum Nationalsozialismus längst nicht so scharf zogen wie er; er hat ein Beispiel gegeben für Entschiedenheit, Festigkeit, Treue, aber all dies war einbezogen und eingebettet in eine Politik, die die Zeichen der Zeit nicht sicher erkannte oder falsch einschätzte und darum die SPD auf einen Weg führte, von dem sie sich erst wieder entfernen mußte, um ihren von Schumacher schon am Anfang der Bundesrepublik formulierten

Anspruch, die bestimmende demokratische Kraft in Deutschland zu sein, verwirklichen zu können. In seinem Nachruf auf Kurt Schumacher schrieb der Journalist Paul Sethe: »Er war ein Mann, der einen Feind aufsucht, um ihn zu schlagen, aber nicht, um Brücken zu ihm zu bauen. Da lagen die Schattenseiten seines unbeugsamen Mutes. Aber wer sie beklagt, darf nicht vergessen, daß auch diese Natur ein Ganzes war und daß er ohne diese bittere Entschlossenheit zu kämpfen kaum die Erfolge hätte erringen können, die er auch in der Opposition für sein Land gewann.«[1]

Theodor Heuss

Kurt Schumacher trennten von dem älteren Konrad Adenauer immerhin 20 Jahre, Theodor Heuss, der am 31. Januar 1884 im schwäbischen Brackenheim geboren wurde, stand um je etwa ein Jahrzehnt entfernt zwischen den beiden. Zwischen den beiden Hauptparteien CDU/CSU und SPD, die die großen Kämpfe der Adenauer-Zeit miteinander austrugen, stand auch die FDP, die kleine liberale Partei, deren Vorsitzender Theodor Heuss 1948 geworden war. Er gab dieses Amt auf, als er auf Betreiben von Bundeskanzler Adenauer zum Bundespräsidenten gewählt wurde. War Kurt Schumacher der herrische Repräsentant der SPD-Opposition, die von ihm in eine Dauerkonfrontation mit der Regierung getrieben wurde, deren ebenso unangefochtener Repräsentant Konrad Adenauer war, so repräsentierte Theodor Heuss als Bundespräsident die politische und geistige Einheit der Bundesrepublik. Er wollte über den Parteien stehen und eine ausgleichende Kraft im politischen Leben sein. Dazu war er von seinen Anlagen und von seinem Lebenslauf her prädestiniert: Er war Journalist, Schriftsteller, Intellektueller, mit vielfältigen freundschaftlichen Beziehungen zu seinesgleichen; der bedeutende Liberale Friedrich Naumann war sein politischer Lehrmeister gewesen, in dessen Fußstapfen er auch in die Politik ging. Von 1924 bis 1928 hatte er im Deutschen Reichstag gesessen, dann wieder ab 1930. Obwohl er in seinem Buch ›Hitlers Weg‹ vor Hitler gewarnt hatte, stimmte er 1933 dessen Ermächtigungsgesetz zu. Es war ein dunkler Punkt

[1] Zitat nach Günter Scholz, Kurt Schumacher. Düsseldorf 1988, S. 310.

in seiner politischen Laufbahn, der ihm von seinen gelegentlichen Gegnern immer wieder vorgehalten wurde. Die nationalsozialistische Ära verbrachte er, an eher unverfänglichen Biographien arbeitend, in der »inneren Emigration«, doch als die zwölf Jahre der Hitlerherrschaft vorbei waren, war es für ihn selbstverständlich, wieder politisch zu arbeiten und ebenso selbstverständlich, daß dies in der liberalen Bewegung und ihrer Partei sein würde. Als Mitglied des Parlamentarischen Rates hat Theodor Heuss maßgeblich an der Ausarbeitung des Grundgesetzes mitgewirkt, und er hat auch nicht gezögert, sich am 12. September 1949 von der Bundesversammlung zum Bundespräsidenten der neuen Republik wählen zu lassen. Theodor Heuss hat die vorwiegend repräsentative Funktion, die das Grundgesetz dem Amt des Bundespräsidenten zugewiesen hat, selbstverständlich akzeptiert. Er hat sich sogar besondere Mühe gegeben, das Amt von allen politischen Auseinandersetzungen freizuhalten. Als er bei den Auseinandersetzungen über die Wiederbewaffnung beim Bundesverfassungsgericht ein Gutachten angefordert hatte, zog er es auf Drängen Adenauers sofort wieder zurück. So ist Theodor Heuss zu einem der Tagespolitik eher entrückten Bundespräsidenten geworden, der aber gerade durch sein Amtsverständnis die Funktion dieses Verfassungsorgans im politischen System der Bundesrepublik auch für die nachfolgenden Zeiten festgelegt hat.

Heuss geriet auch deshalb kaum in Versuchung, sich der aktuellen Politik zu nähern, weil er mit den Grundzügen der Adenauerschen Politik im wesentlichen einverstanden war und vom Bundeskanzler stets sehr respektvoll behandelt wurde. Freilich mußte er es hinnehmen, daß sein ehrenwerter Versuch, mit Hilfe des Dichters Rudolf Alexander Schröder eine neue Nationalhymne einzuführen, vom Bundeskanzler nicht unterstützt wurde. Dieser setzte die dritte Strophe des Deutschlandliedes durch, was um so leichter fiel, als dem Heuss'schen Vorschlag für die Nationalhymne kein Publikumserfolg beschieden war. Dennoch war Theodor Heuss kein unpolitischer Präsident. Er füllte das Amt mit seiner Menschlichkeit, seiner schwäbischen Gutmütigkeit und seiner würdigen Gelassenheit trefflich aus und verlieh ihm in der ersten Amtszeit schon ein so hohes Ansehen, daß seine Wiederwahl im Jahre 1954 von einer überwältigenden Mehrheit der Bundesversammlung vollzogen wurde. »Die eigentlich politische Wirkung und Leistung der Ära Heuss lag im Bemühen um die Erneuerung des Vertrauens nach innen und außen, das nichts von den harten Tatsachen deutscher Schuld einfach zudecken sollte. Seine Überzeugung war es bei Amtsantritt: ›Die äußere Macht ist verspielt, die moralische muß gewonnen werden.‹ Hier konnte sich zugleich sein Ansehen als Person und Autor, seine journalistische Erfahrung und seine gebildete Humanität, seine direkte Art des Umgangs und Gesprächs bewähren.«[2]

Heuss hat die Erinnerung an die nationalsozialistische Vergangenheit wachgehalten, er hat den deutschen Widerstand gegen den Nationalsozialismus gerechtfertigt, die Wiedergutmachung gutgeheißen, in behutsamer, aber doch unmißverständlicher Weise die Lehren und Tugenden der freiheitlichen Demokratie verkündet und selbst gelebt. Es war gut für das neu sich bildende Staatsbewußtsein, daß der oberste Repräsentant dieses Staates in seiner Persönlichkeit, seinem Umgang mit Menschen und Institutionen, die Inkarnation des Satzes war, daß der Mensch über dem Staat stehe und nicht unter ihm. Gegen die Vorherrschaft des Militärischen im Hitlerregime setzte er die Vorherrschaft des Zivilen in der freiheitlichen Demokratie, gegen die alte Verfemung des Intellektuellen die Betonung des Geistigen und Künstlerischen. Für ihn bedeutete Demokratie mehr als nur eine bestimmte Form der Organisation des Staates; sie konnte nur gelingen, wenn sie auch zu einer Lebensform wurde. Gewiß war Theodor Heuss ein durch und durch bürgerlicher Präsident, aber er stand in der Tradition eines Bürgertums, das nicht dem Staate hörig war, sondern den Maßstäben der Vernunft, den Forderungen der Freiheit und den Maximen der Humanität die Treue hielt.

Am 8. Mai 1955 waren Thomas Mann und Theodor Heuss die Festredner beim 150-jährigen Geburtstag von Friedrich Schiller in Stuttgart. Thomas Mann schrieb an diesem Tage in einem Brief an Heuss: »Diese Begegnung wird für mich stets einen hohen Lebenswert behalten. Ich habe in Ihnen einen Mann von Geist und Herz, von wahrem Wohlwollen kennengelernt, dessen Sympathie mich nicht nur darum ehrt, weil Sie das Oberhaupt des Deutschen Staates sind, dem ich mich denn doch von Natur, Überlieferung, Grundsatz wegen zugehörig fühle, möge ich ihm auch nicht bürgerlich angehörig sein. Seit ich Sie persönlich kenne, verstehe ich erst ganz

[2] Karl Dietrich Bracher, Theodor Heuss und die Wiederbegründung der Demokratie in Deutschland. Tübingen 1965, S. 38.

die Volkstümlichkeit, die Sie genießen und habe erst recht gelernt, mich ihrer um Deutschlands und um Europas willen zu freuen.«[3]

Während es im Leben der Adenauer-Ära vorrangig um wirtschaftliches Wachstum, materielle Verbesserungen, um Remilitarisierung und äußere Sicherheit ging, repräsentierte Theodor Heuss, ohne jene Dinge harsch zu verurteilen, auch ein anderes Deutschland, den zivilen Geist, die Kultur und die Geschichte in all ihren Widersprüchen und Abbrüchen, sowie eine ruhige Menschlichkeit, die in Wirtschaft und Politik lediglich die Voraussetzungen für das erblickt, worauf es im Leben ankommt.

Konrad Adenauer

Er hat der Zeit, in der er als Bundeskanzler wirkte, seinen Namen gegeben. Repräsentierte Kurt Schumacher die nicht zum Zug gekommene politische Alternative, Theodor Heuss den verfassungspolitischen Konsens, auf den die neue Demokratie sich zubewegte, so repräsentierte Konrad Adenauer eine von Erfolg gekrönte Politik, die der Bundesrepublik ihren Standort in der Weltpolitik, ihrem politischen System Stabilität und ihren Bürgern wachsenden Wohlstand und zunehmende Sicherheit verlieh. Adenauer kann als Repräsentant dieser Politik gelten, weil er es war, der sie ganz wesentlich gestaltet und durchgesetzt hat. Als Pragmatiker, der er war, hat er sich nicht frontal gegen die bestehenden politischen Verhältnisse gestellt, um sie im Sinne seiner politischen Zielsetzungen zu verändern, sondern sich mit ihnen arrangiert, um – gewissermaßen von innen heraus – die Entwicklung in seinem Sinne zu beeinflussen und zu lenken. Deshalb ist es richtig, in ihm einen Staatsmann zu sehen, der sein Ziel mit Stetigkeit, aber in Kenntnis der Gefahren und Probleme, die ihm dabei drohen können, verfolgte.

Konrad Adenauer, am 5. Januar 1876 in Köln geboren, war mit 73 Jahren bereits ein alter Mann, als er an die Spitze der deutschen Politik trat, aber er hatte ein Leben hinter sich, das reich war an politischen Erfahrungen, vor allem in seiner Zeit als Oberbürgermeister von Köln während der Weimarer Republik. Er hatte beim Aufbau der CDU in der britischen Zone, als

---

[3] Ausstellungskatalog Theodor Heuss. Stuttgart 1967, S. 378.

Präsident des Parlamentarischen Rates und als Gesprächs- und Verhandlungspartner der Militärgouverneure auch in der Nachkriegszeit reiche politische Erfahrungen gesammelt und jene zur Führung legitimierenden Fähigkeiten ausgebildet, die seine Wahl zum Bundeskanzler im Rahmen einer bürgerlichen Koalition quasi unausweichlich machen sollten.

Die Zeit vor dem Ersten Weltkrieg hatte bei Adenauer zur Formierung einiger fester politischer Grundsätze und Einstellungen geführt, die Zeit nach dem Zweiten Weltkrieg vermittelte ihm ein klares Bewußtsein der ungeheuren Aufgaben, die es nach den Verheerungen der Nazizeit in Westdeutschland im Lichte dieser Grundsätze zu bewältigen galt. Adenauer war Rheinländer, Kölner, Katholik und dank dieser Grundierung ein Gegner alles Preußischen, dem er die Schuld gab an der unglücklichen Entwicklung des Deutschen Reiches zu einem nationalistischen Militärstaat. Ihm war der europäische Westen viel vertrauter und näher als der europäische Osten, und deshalb war es für ihn ganz selbstverständlich, daß der neue deutsche Staat, der zunächst ohnehin auf den Westen Deutschlands beschränkt bleiben mußte, im atlantischen und europäischen Westen zu verankern war. Adenauer war nicht nur mißtrauisch und kritisch gegenüber allem, was er mit Preußen assoziierte, er war auch ein Gegner jeder Art von Sozialismus, ob im kommunistischen oder im demokratischen Gewande. Für ihn gab es nie den geringsten Zweifel daran, daß nur eine freie Wirtschaftsordnung, die sich am Markt und nicht an den Vorgaben einer Staatsbürokratie orientierte, die Bedürfnisse der Menschen angemessen befriedigen könnte und mit den Prinzipien einer liberalen Demokratie vereinbar war. Gleichwohl war er frei von neoliberalem Dogmatismus. So lange die Dinge nur im wesentlichen richtig geordnet waren, ließ sich ein pragmatischer Umgang mit diesen Ordnungsprinzipien immer rechtfertigen. Für Adenauer war die Einbeziehung der Bundesrepublik in das wirtschaftliche und politische System des Westens schon darum notwendig, weil er aufgrund seiner historischen Erfahrung den Deutschen nicht recht traute, da er sie im Verdacht hatte, zwischen Ost und West hin und her pendeln zu wollen, so lange sie nicht in eine feste supranationale Ordnung und Gemeinschaft eingebunden waren.

Da er von der Notwendigkeit und Richtigkeit seiner Politik fest überzeugt war und sehr wohl wußte, daß man eine Politik nur durchsetzen kann, wenn man über die entsprechenden

Machtmittel verfügt, zögerte Adenauer keinen Moment, seine politische Macht auszubauen und abzusichern und war dabei, um seinen eigenen Ausdruck zu gebrauchen, »nicht besonders pingelig«. Mit Hilfe dieser Macht, die durch die Wahlen von 1953 und 1957 vom Volk so eindrucksvoll bestätigt wurde, gelang es ihm, der Bundesrepublik einen festen politischen Standort innerhalb des Westens zu verschaffen, der Demokratie eine stabile Grundlage zu geben und der Wirtschaft und Gesellschaft eine fortschrittliche Dynamik zu sichern. Am Ende seiner Amtszeit, in der seine große Leistung für die Entwicklung der Bundesrepublik noch nicht so deutlich vor Augen stand wie heute, hatte er einen Staat auf den Weg gebracht, der gefestigt, offen und dynamisch genug war, um auch unter der Führung weniger geschickter und prinzipienfester Politiker seine Qualität und seinen Rang bewahren zu können. Sebastian Haffner hat von Konrad Adenauer gesagt, er sei der rechte Mann zur rechten Zeit gewesen: »Auch darin war Adenauer der Mann der Stunde, daß er den Deutschen wieder eine der Vater- oder rüstigen Großvaterfiguren stellte, an denen sie immer gehangen hatten: am alten Kaiser, am alten Bismarck, am alten Hindenburg. Der alte Adenauer, so schien es den meisten in den fünfziger Jahren, war der beste von ihnen allen. Und in einer Hinsicht mindestens war er es wirklich. Denn obwohl er, weiß Gott, Patriarch und Autokrat genug war, war er doch zugleich auch ein Übergang zur Demokratie – ein demokratischer Patriarch, ein demokratischer Autokrat. Er gewöhnte die Deutschen an den Gedanken, daß Autorität und Demokratie nicht unvereinbar sind. Er versöhnte sie sozusagen allmählich mit der Demokratie.«[4]

Über Adenauers autoritäres Gebaren, seine einsamen Beschlüsse, seine einfache, auf die »Reduktion von Komplexität« gerichtete Redeweise ist viel geschrieben und gerechtet worden. Sein wichtigster Beitrag der Erziehung der Deutschen zur Demokratie besteht darin, daß er durch seine Politik die Voraussetzungen hat schaffen helfen, in denen ein demokratisches Leben auf der Basis politischer Stabilität sich entfalten und seine festen Konturen gewinnen konnte.

Nicht zuletzt war Adenauer Repräsentant einer Demokratie, die ohne Ideologie, ohne Pathos, ohne glanzvolle Repräsentation auskam. Adenauers Stil war nüchtern, seine Rede knapp

[4] Sebastian Haffner, Im Schatten der Geschichte. Stuttgart 1985, S. 291.

und klar, ohne jeden schwärmerischen Anflug, seine Politik zielte auf Berechenbarkeit, Stetigkeit und Verläßlichkeit. Die spätere deutsche Parole »Wir sind wieder wer!« hätte Adenauer sich nicht zu eigen gemacht. Bis zuletzt war er umgetrieben von der Sorge, das Erreichte könnte gefährdet werden, das Ziel – Sicherheit, Stabilität und Wohlfahrt – aus den Augen verloren gehen. In seiner Abschiedsansprache auf der Sondersitzung des Deutschen Bundestages am 15. Oktober 1963 fand seine Grundeinstellung, sich mit dem Erreichten nicht zufriedengeben zu dürfen, sondern weiter um eine gute Politik bemüht zu sein, ihren beredten Ausdruck: »Wir Deutschen dürfen unser Haupt wieder aufrecht tragen, denn wir sind eingetreten in den Bund der freien Nationen und sind im Bund der freien Nationen ein willkommenes Mitglied geworden. Es ist wahr, Herr Präsident, wir haben nicht alles erreicht, ich würde sogar noch weiter gehen und würde sagen: wir haben vieles noch nicht erreicht. Wir müssen uns doch immer klar bleiben darüber, daß das ständig flutende Leben immer neue Aspekte gibt, immer neue Forderungen hervorruft, aber auch den Menschen immer neue Lasten auferlegt. Deswegen muß man Tag für Tag daran denken, bemüht zu sein, dem Volke in seiner Allgemeinheit zu helfen weiterzukommen, aber auch die Last, die der moderne Fortschritt auf den Menschen legt, zu erleichtern.«[5]

Der Abgeordnete Keetenheuve im Bonner »Treibhaus«

Im Jahre 1953 veröffentlichte Wolfgang Koeppen einen Roman mit dem Titel ›Das Treibhaus‹[6]. Obwohl die Absicht des Romans nicht eigentlich politisch ist, sondern die Geschichte eines Mannes erzählt wird, der im privaten wie im politischen Leben nicht zurechtkommt und scheitert, sind die politischen Bezüge doch so zahlreich und so markant, daß das ›Treibhaus‹ zum Roman der frühen Bundesrepublik geworden ist. Es ist ein Buch, das bei seinem Erscheinen noch wenig Aufsehen erregte und nur begrenzte Zustimmung fand, das aber mit der Zeit, nicht zuletzt wegen seiner hohen literarischen Qualität, als das

[5] Konrad Adenauer, Reden 1917–1967. Hrsg. von Hans-Peter Schwarz. Stuttgart 1975, S. 453.
[6] Der Verfasser benutzt hier die Ausgabe der drei Romane Wolfgang Koeppens in der Bibliothek Suhrkamp. Frankfurt 1986.

bedeutendste literarische Dokument der deutschen Restauration in der Adenauer-Zeit eingeschätzt wurde.

Der Abgeordnete Keetenheuve, die Hauptfigur des Romans, war in den späten Jahren der Weimarer Republik Journalist gewesen; er war vor den Schrecken des Nationalsozialismus in die Emigration ausgewichen und nach dem Ende des Dritten Reiches wieder nach Deutschland zurückgekehrt und sogar in die Politik geraten: »Er hatte nie aufgehört, sich als Deutscher zu fühlen; aber in jenem ersten Nachkriegssommer war es für einen, der elf Jahre weg gewesen war, nicht leicht, sich zu orientieren. Er hatte viel zu tun. Nach langer Brache faßte die Zeit nach ihm und nahm ihn ins Getriebe, und er glaubte damals, daß sich in der Zeit etwas erfüllen würde.«[7]

Keetenheuve engagierte sich für den demokratischen Neuaufbau. Ihm ging es darum, »der Nation neue Grundlagen des politischen Lebens und die Freiheit der Demokratie zu schaffen«, und so kam es, daß er auf der Liste der Sozialdemokratischen Partei in den Deutschen Bundestag gewählt wurde. Zu dem Zeitpunkt, in dem der Roman spielt, irgendwann im Jahre 1952, als im Bundestag und im ganzen Land die Frage der deutschen Wiederbewaffnung heftig diskutiert wurde, war er bereits tief desillusioniert. Er hatte an eine Wandlung geglaubt, doch bald mußte er die Erfahrung machen, daß dieser Glaube töricht war, denn die Menschen waren dieselben geblieben: »Sie dachten gar nicht daran, andere zu werden, weil die Regierungsform wechselte.« Er hatte sich mit Eifer in die parlamentarische Arbeit gestürzt, mußte jedoch nach kurzer Zeit erkennen, daß er Phantomen nachjagte; auch die ewige Opposition gegen die Regierung, zu der er sich kraft seiner Zugehörigkeit zur Oppositionspartei genötigt fühlte, machte ihm mit der Zeit keinen Spaß mehr: »Er fragte sich: kann ich es ändern, kann ich es besser machen, weiß ich den Weg? Er wußte ihn nicht, an jeder Entscheidung hingen tausendfache Für und Wider, Lianen gleich, Lianen des Urwalds, ein Dschungel war die praktische Politik.«[8]

Im Zug, der ihn nach Bonn bringt, um sein Mandat im Bundestag wahrzunehmen, macht er sich Gedanken, ob er für die Politik überhaupt geeignet sei. Als Intellektueller war er ein Zweifler, kein Besserwisser, und als politischer Redner ver-

[7] Ebd., S. 246.
[8] Ebd., S. 252.

mochte er nicht zu überzeugen, weil die Menge ahnte, daß er voller Zweifel über den richtigen Weg war und ihm dies nicht verzieh: »Sie vermißten bei Keetenheuves Auftritt das Schauspiel des Fanatikers, die echte oder die gemimte Wut, das berechnende Toben, den Schaum vor dem Maul des Redners, die gewohnte patriotische Schmiere, die sie kannten und immer wieder haben wollten. Konnte Keetenheuve ein Protagonist des Parteioptimismus sein?« Nein, er konnte es nicht, und weil er es mit den Armen hielt, den Unorganisierten, nicht aber mit den großen organisierten Interessen und nicht einmal so recht mit seiner Partei, war er zu einem politischen Außenseiter geworden. Doch eine Alternative wußte er nicht. »Ihm war das Rückgrat gebrochen.« Er war zwar Volksvertreter, aber er wußte nicht, wer das eigentlich war, das Volk. Von der neuen Demokratie hielt es nicht viel, weil sie nicht begeistern konnte, und über die gerade zurückliegende Diktatur schwieg es. Keetenheuve kam zu dem Schluß, daß er eigentlich der Restauration diente, die er doch hatte verhindern wollen. Aber angepaßt hatte er sich trotzdem nicht: »Er war nicht zu lenken, er war unbequem, er eckte an, er war in seiner Fraktion das enfant terrible; so was bekam einem im allgemeinen schlecht, konnte einem schaden.«

In Bonn angekommen, begegneten ihm die unterschiedlichsten Pflanzen, die im Treibhaus des neuen Staates emporsprossen: Politiker, Beamte, Journalisten, Interessenvertreter, Stellenjäger, Generäle im Wartestand und ehemalige Diplomaten, die ihrer repräsentativen Verwendung im Ausland harrten, und dergleichen mehr. Er macht einen Besuch bei Mergentheim, einem früheren Kollegen aus seiner Journalistenzeit in Berlin, der es verstanden hatte, unter den Nazis Chefredakteur jenes Blattes zu werden, für das sie gemeinsam gearbeitet hatten und der nun ein gesuchter und geförderter Mann des Wiederaufbaus der deutschen Presse in der Nachkriegszeit geworden war. Ein anderer wichtiger Journalist, Nestor der Bonner Korrespondenten, der sich rühmen konnte, die Welt journalistisch vermessen und die Großen der Welt – Hitler und Stalin eingeschlossen – interviewt zu haben, gab ihm einen Tip, mit dem er in der Wiedervereinigungs- und Wiederbewaffnungsdebatte im Bundestag Furore machen könnte. Es handelte sich um ein bisher nicht bekanntes Interview, in dem französische und englische Generäle in der Schaffung der Europäischen Verteidigungsgemeinschaft, um die es in der deutschen Politik so heiß herging, eine Verewigung der deutschen Teilung sahen. Diese

Teilung, so erklärten sie, sei der einzige wirkliche Gewinn des Krieges. Der erfahrene Mann suggerierte Keetenheuve, diese Äußerung in der anstehenden großen Debatte zu verwenden, sie würde dort wie eine Bombe hochgehen.

Keetenheuve besprach die Sache mit Knurrewahn, dem Führer der Oppositionspartei, in dem man unschwer ein leicht verfremdetes Porträt Kurt Schumachers erkennen kann: »Er war ein nationaler Mann, und seine Opposition gegen die nationale Politik der Regierung war sozusagen deutschnational. Knurrewahn wollte der Befreier und Einiger des zerrissenen Vaterlandes werden, schon sah er sich als Bismarck-Denkmal in den Knurrewahn-Anlagen stehen, und er vergaß darüber den alten Traum, die Internationale … Diesmal wollte sich Knurrewahn den nationalen Wind nicht aus dem Segel nehmen lassen. Er war für ein Heer … aber er war für eine Truppe von Patrioten … er war für Generale, aber sie sollten sozial und demokratisch sein … Mit dem nationalen Auftrieb war es überhaupt so eine Sache. Dieser Wind hatte sich vielleicht sogar gelegt, die nationale Regierung, schlauer, fuchsiger, segelte ein wenig mit der internationalen Brise, und Knurrewahn saß in der Flaute, wenn er national aufkreuzen wollte, statt vielleicht international das Rennen zu machen, ein Rennen mit dem Segel neuer Ideale zu neuen Ufern. Er sah sie leider nicht. Er sah weder die neuen Ideale noch das neue Ufer.«[9]

Der Oppositionsführer glaubte, mit diesem Interview endlich einen Beweis für seine These in Händen zu haben, daß die Wiederbewaffnung ein Schlag gegen die Wiedervereinigung sei, doch Keetenheuve war sich sicher, daß die westlichen Regierungen ihre Generäle sogleich desavouieren würden. So kam es denn auch; der Tip erwies sich als unbrauchbar. In seiner Bundestagsrede im Rahmen der großen Wiederbewaffnungsdebatte trug Keetenheuve die bekannten Bedenken und Befürchtungen seiner Partei vor. Er lenkte den Blick auf das geteilte Deutschland, das wieder zusammenzuführen die erste deutsche Aufgabe sei. Doch während er sprach, hatte er das Gefühl: »Es ist zwecklos, wer hört mir zu, wer soll mir auch zuhören, sie wissen, daß ich dies sage und daß ich jenes sagen muß, sie kennen meine Argumente, und sie wissen, daß auch ich kein Rezept habe, nach dem der Patient morgen gesund wird, und so glauben sie weiter an ihre Therapie, mit der sie wenigstens die

[9] Ebd., S. 310f.

Hälfte zu retten meinen, die sie für gesund und lebensfähig halten.«

Am Ende seiner Rede hatte Keetenheuve den Bundeskanzler direkt angesprochen und ihn beschwörend vor den Gefahren einer Remilitarisierung Deutschlands gewarnt. Er wünsche nicht, daß der Kanzler dereinst auf einer Lafette beerdigt werde: »Werden Sie alt, Herr Kanzler, werden Sie uralt, werden Sie Ehrenprofessor und Ehrensenator und Ehrendoktor aller Universitäten. Fahren Sie mit allen Ehren auf einem Rosenwagen zum Friedhof, aber meiden Sie die Lafette – das ist keine Ehrung für einen so klugen, für einen so bedeutenden, für einen genialen Mann!«[10]

Dann trat Keetenheuve ab. »Er war in Schweiß gebadet.« Zu Beginn der Debatte hatte der Kanzler gesprochen: »Er war kein Diktator, aber er war der Chef, der alles vorbereitet, alles veranlaßt hatte, und er verachtete das oratorische Theater, in dem er mitspielen mußte ... Er wies den Mitspielern ihre Plätze an. Er war überlegen. Keetenheuve hielt ihn zwar für einen kalten und begabten Rechner, dem nach Jahren ärgerlicher Pensionierung überraschend die Chance zugefallen war, als großer Mann in die Geschichte einzugehen, als Retter des Vaterlandes zu gelten, aber Keetenheuve bewunderte auch die Leistung, die Kraft, mit der ein alter Mann einen einmal gefaßten Plan beharrlich und euphorisch zuversichtlich verfolgte.«[11]

Keetenheuve war ein entschiedener Pazifist; ihm konnte es darum gar nicht gefallen, daß auch sein Parteivorsitzender Knurrewahn sein Heer haben wollte, wenn auch etwas später und zu anderen Bedingungen: »Es lag ihm am Herzen, den Osten mit dem Westen wieder zu vereinen. Er träumte sich als den großen Vereiner, er hoffte, mit der nächsten Wahl die Mehrheit zu erringen, zur Regierung zu kommen, und dann wollte er das Werk der Einheit vollbringen, danach wünschte er dann das Heer und die Bündnisfähigkeit.«[12]

Keetenheuve verließ nach der Debatte einsam den Bundestag, irrte durch Bonn, die neue Bundeshauptstadt, und wurde sich der Vergeblichkeit all seines Tuns bewußt: »Er empfand alle Hingabe der Jahre seit seiner Rückkehr, all die verzweifelte Bemühung, sich in den Brei zu mischen, die unfruchtbar geblie-

[10] Ebd., S. 402.
[11] Ebd., S. 397.
[12] Ebd., S. 404.

ben war und nicht erlöste.« Auf der Rheinbrücke stehend, wähnte er, daß er auch als Abgeordneter ganz unnütz sei: »Er war sich selbst eine Last, und ein Sprung von dieser Brücke machte ihn frei.«

Dies ist das Ende des Bonn-Romans von Wolfgang Koeppen, der Geschichte des persönlichen und politischen Scheiterns eines Mannes, der mit großen Erwartungen und Hoffnungen aus der Emigration zurückgekehrt war, der seine Kraft und seine Fähigkeiten dem Neuaufbau eines friedlichen und demokratischen Deutschland widmen wollte. Doch er kam mit seinen Ideen nicht zum Zuge. Sein Pazifismus, den er für die selbstverständliche Frucht der Erfahrung aus zwei Weltkriegen gehalten hatte, war binnen weniger Jahre nicht mehr zeitgemäß, seine Individualität, die sich den festgezurrten Parteilinien nicht einordnen wollte, wurde als störend empfunden; sein Privatleben, das sich nicht in eine feste soziale Form fügte, machte ihn auch in der Gesellschaft zu einem Außenseiter.

Auch wenn der Abgeordnete Keetenheuve eine erfundene Figur ist, so kann man doch in ihm den Repräsentanten einer Geisteshaltung sehen, die zumindest in den ersten Jahren der Adenauer-Zeit unter den deutschen Intellektuellen weithin anzutreffen war. Er vertritt eine moralische Position, die sich mit den Bedingungen des politischen Lebens nur schwer vereinbaren läßt: das Festhalten an Maßstäben, die sich im Getümmel politischer Auseinandersetzung und im Kampf der Machtinteressen nicht behaupten lassen. Keetenheuve scheitert als Abgeordneter, weil er moralisch und nicht politisch denkt, weil er die Maßstäbe zu hoch ansetzt. Koeppens Buch vermittelt die Einsicht, daß der einzelne wenig, ja so gut wie nichts zu bewegen vermag, und daß darum gerade der Intellektuelle, der naturgemäß ein Einzelgänger und ein Moralist ist, in der Politik scheitern muß, wenn er sich treu bleiben will.

Man darf ›Das Treibhaus‹ nicht als eine realistische, historisch genaue Schilderung der Anfangsjahre der Adenauer-Ära lesen. Doch Keetenheuves Begegnung mit der Bonner Politik enthüllt – treffend, wenngleich oft zugespitzt – so viele Facetten der Wirklichkeit des politischen Lebens im deutschen »Treibhaus«, daß der Roman zum Verständnis deutscher Politik in der Adenauer-Zeit fast unersetzlich ist. Bis heute ist dieses literarische Bild der Adenauer-Zeit unter dem beherrschenden Gesichtspunkt ihrer restaurativen Tendenzen nicht mehr erreicht worden. Der fiktive Abgeordnete Keetenheuve, ein Repräsentant des Scheiterns, gehört zur Adenauer-Ära wie deren leibhaftige Hauptrepräsentanten, wie Kurt Schumacher, Theodor Heuss und Konrad Adenauer.

II. Kurze Geschichte der Adenauer-Ära

1. Der Beginn einer Ära

Die Adenauer-Ära beginnt mit der Wahl Konrad Adenauers zum ersten Bundeskanzler der Bundesrepublik Deutschland. Sie fand am 15. September 1949 in Bonn statt, das Adenauer am 3. November 1949 endgültig als provisorische Bundeshauptstadt durchsetzte. Nach dem Grundgesetz, das am 23. Mai 1949 in Kraft getreten war und dessen Verfassungsorgane sich nach der Bundestagswahl konstituieren mußten, war für die Wahl des Bundeskanzlers die Mehrheit der Stimmen der Bundestagsmitglieder erforderlich. Mit 202 für ihn abgegebenen Stimmen (von 402) erreichte Konrad Adenauer sie gerade noch. Man hat damals und auch später einiges Aufheben davon gemacht, daß Adenauer sich mit seiner eigenen Stimme gewählt habe, was er auch freimütig zugab, aber dagegen ist nichts einzuwenden. Adenauer wäre bei der Zusammensetzung des ersten Bundestages mit Sicherheit in einem weiteren Wahlgang, falls er notwendig geworden wäre, zum Bundeskanzler bestellt worden.

Der Einsetzung der Bundesregierung durch die Wahl des Bundeskanzlers war am 12. September die Wahl des FDP-Vorsitzenden Theodor Heuss zum Bundespräsidenten vorausgegangen. Am 7. September hatten sich Bundestag und Bundesrat konstituiert und ihre jeweiligen Präsidenten gewählt. Die Bildung der ersten Bundesregierung war komplett, als Bundeskanzler Adenauer am 20. September sein Kabinett, das aus dreizehn Ministern bestand, dem Bundestag vorstellte, vor dem es dann vereidigt wurde. Einen Tag danach trat das Besatzungsstatut in Kraft, in dem die Rechte der westlichen Alliierten, die mittels einer Hohen Kommission noch die Souveränität über die neugegründete Bundesrepublik ausübten, niedergelegt waren. Damit waren knapp vier Monate nach Inkrafttreten des Grundgesetzes die wesentlichen Verfassungsinstitutionen gebildet worden; Grundgesetz und Besatzungsstatut bildeten den rechtlichen Rahmen, innerhalb dessen sie sich zu bewegen hatten. Der Weststaat Bundesrepublik, den zu errichten die westlichen Alliierten nach dreijähriger Besatzungsherrschaft für sinnvoll gehalten hatten, trat nun in sein Leben, die politische Arbeit konnte beginnen.

Für die Regierungsbildung und die personelle Zusammensetzung der Verfassungsorgane war, wie in allen westlichen Demokratien unerläßlich, das Ergebnis der Wahlen zum ersten Deutschen Bundestag Voraussetzung und Grundlage gewesen. Die ersten Bundestagswahlen hatten mitten im Sommer, am 14. August, stattgefunden und ein Ergebnis erbracht, das für die Parteienentwicklung und die damit verbundene Stabilität des politischen Systems der neuen Bundesrepublik nicht sehr viel Gutes erhoffen ließ. Zwar schälten sich die drei Parteien, die bis zum heutigen Tage die politischen Geschicke der Bundesrepublik im wesentlichen bestimmen, nämlich CDU/CSU (31,0 Prozent), SPD (29,2 Prozent) und FDP (11,9 Prozent) schon damals deutlich als die größten Parteigruppierungen heraus, doch kamen sie insgesamt nur auf 70 Prozent der Stimmen, während der Rest sich auf weitere acht kleinere Parteien verteilte, so daß es keineswegs sicher war, ob sich nicht die Parteienmisere der Weimarer Republik in der neuen Bundesrepublik wiederholen würde. Damals hatten die Unfähigkeit der größeren Parteien zu stabiler Mehrheitsbildung sowie die Existenz zahlreicher Splitterparteien entscheidend zur Schwächung und Instabilität der ersten Republik beigetragen. Konrad Adenauer hatte jedoch, wie sich bald zeigte, für eine stabile Regierungsbildung unter seiner Führung rechtzeitig Vorsorge getroffen. Das Kabinett, das er anführte, entsprang einer kleinen Koalition aus CDU/CSU, FDP und Deutscher Partei (DP). Das Zustandekommen dieser bürgerlichen Koalition, die aufgrund des Wahlergebnisses vom 14. August keineswegs zwingend war, geht ganz wesentlich auf die geschickte Aktivität Adenauers selbst zurück. Ihm war es gelungen, in einer inoffiziellen Konferenz, zu der er am 21. August in sein Rhöndorfer Haus bei Bonn eingeladen hatte, die Zustimmung von über zwanzig führenden Persönlichkeiten seiner Partei zur Bildung einer kleinen Koalition mit ihm als Bundeskanzler zu erhalten. Obwohl diese Zusammenkunft nur informellen Charakter hatte, ebnete sie zweifellos den Weg für die Mitte September vollzogene formelle Bildung der bürgerlichen Regierungskoalition unter dem Kanzler Adenauer.

Auch in Adenauers CDU hatte es damals nicht wenige Politiker gegeben, die der Meinung waren, es sei angesichts der Notsituation, in der sich Deutschland befinde, geboten, alle maßgeblichen politischen Kräfte in einer Regierung zusammenzufassen und eine große Koalition mit der SPD einzugehen. Aber es fiel Adenauer am Ende nicht schwer, die Befürworter einer großen Koalition in den Reihen seiner eigenen Partei zu überspielen, zumal er sich rechtzeitig des Interesses der führenden Politiker der FDP und der kleineren Deutschen Partei an einer bürgerlichen Koalition unter seiner Leitung vergewissert hatte.

Im Blick auf die Zusammenarbeit innerhalb der Regierung und auch unter dem Gesichtspunkt eines funktionierenden parlamentarischen Systems, für das eine stabile Mehrheit, der eine starke parlamentarische Opposition gegenübersteht, als optimal gilt, war diese erste Regierungsbildung zweifellos günstig. Es sollte sich freilich für die gesamte Dauer der Ära Adenauer als ein Problem erweisen, daß die parlamentarische Opposition der SPD keine ernsthafte Chance hatte, die bestehende bürgerliche Koalition in der Regierung abzulösen, so daß die Kraft des parlamentarischen Systems, die gerade auch im möglichen Wechsel der Regierungsparteien liegt, sich nicht voll entfalten konnte. Die Zeit dafür war erst nach Adenauer reif; sie begann mit der großen Koalition der beiden Hauptparteien CDU/CSU und SPD 1966 bis 1969 und führte dann zum Machtwechsel des Jahres 1969 mit einer Koalition aus SPD und FDP.

Wie auch bei späteren Kabinettsbildungen konnte Adenauer die Zusammensetzung seines Kabinetts nicht frei bestimmen, sondern mußte auf die Wünsche und Interessen der Koalitionspartner und auf diverse landsmannschaftliche und konfessionelle Ansprüche Rücksicht nehmen. Immerhin waren fast alle wichtigen Ministerien mit Vertretern der CDU/CSU besetzt, doch erst der Alltag der Politik mußte zeigen, ob das politische Durchsetzungsvermögen, das Adenauer bei der Bildung der bürgerlichen Koalition gezeigt hatte, ihm auch in den täglichen Auseinandersetzungen der Politik zu Gebote stand. Es stellte sich indes von Anfang an heraus, daß Adenauer die Richtlinien der Politik souverän bestimmte. Er war die unangefochtene Führungspersönlichkeit der neuen Regierung. Ihm gelang es, aus dem politischen System der Bundesrepublik eine sogenannte *Kanzlerdemokratie* zu formen. Niemand hat wie Konrad Adenauer die vom Grundgesetz geschaffene Möglichkeit einer starken und straffen Regierungsführung durch den Bundeskanzler so erfolgreich gehandhabt; sein Beispiel wurde zum Maßstab, an dem spätere Bundeskanzler immer wieder gemessen wurden. Zugleich haben sich unter seiner politischen Leitung die Institutionen des Verfassungssystems der Bundesrepublik etabliert und eine Verbindlichkeit über die Ära Adenauer hinaus gewonnen, die es erlaubt, die Regierungszeit Adenauers als die Grundlegung der Bundesrepublik zu bezeichnen.

Adenauers erste Regierungserklärung

Am 20. September 1949 gab Bundeskanzler Adenauer vor dem Deutschen Bundestag seine erste Regierungserklärung ab. Sie war gewiß kein rhetorisches Meisterwerk. Sie enthielt, wie es sich gehört, eine Auflistung der wichtigsten Aufgaben, vor die sich die neue Bundesregierung gestellt sah, machte aber auch unmißverständlich klar, daß diese Bundesregierung innerhalb der Grenzen arbeiten mußte, die durch das Besatzungsstatut gezogen waren: »Der einzige Weg zur Freiheit ist der, daß wir im Einvernehmen mit der Hohen Alliierten Kommission unsere Freiheiten und unsere Zuständigkeiten Stück für Stück zu erweitern versuchen.« Wichtig war Adenauers Bekenntnis, »daß wir nach unserer Herkunft und nach unserer Gesinnung zur westeuropäischen Welt gehören«, und es fehlte selbstverständlich nicht die Versicherung, die Teilung Deutschlands, die durch die Spannungen zwischen den Siegermächten hervorgerufen worden sei, wieder rückgängig machen zu wollen. Adenauer schloß mit den Sätzen: »Unsere ganze Arbeit wird getragen sein von dem Geist christlich-abendländischer Kultur und von der Achtung vor dem Recht und vor der Würde des Menschen. Wir hoffen – das ist unser Ziel –, daß es uns mit Gottes Hilfe gelingen wird, das deutsche Volk aufwärts zu führen und beizutragen zum Frieden in Europa und in der Welt.«[1]

2. Die erste Regierung Adenauer (1949–1953)

Die politischen Rahmenbedingungen

Die Koalitionsregierung unter der Führung Bundeskanzler Adenauers hatte nicht nur ein ungeheures Aufgabenpensum vor sich, sie mußte diese Aufgaben auch innerhalb der politischen

[1] Konrad Adenauer, Reden 1917–1967. Hrsg. von Hans-Peter Schwarz. Stuttgart 1975, S. 153 ff.

Rahmenbedingungen zu bewältigen versuchen, die durch die Ausgangssituation gesetzt waren. Entscheidend war hier vor allem, daß die Bundesrepublik noch nicht souverän war. Sie hatte ihr Gegenüber, das sie kontrollierte und das bestimmte wichtige Gebiete ihrer Zuständigkeit und Kontrolle vorbehalten hatte: die Alliierte Hohe Kommission, die auf dem Petersberg bei Bonn residierte. Jede deutsche Regierung mußte bemüht sein, die alliierten Vorbehalts- und Kontrollrechte des Besatzungsstatuts nach und nach abzubauen; aber dies war kein einfacher, sondern ein höchst mühsamer und vielfach gewundener Weg, der schließlich 1955 zur Wiederherstellung der deutschen Souveränität führte. Man kann sich den einschneidenden Charakter dieser alliierten Vormundschaft auf der Basis des Besatzungsstatuts vielleicht am besten daran klarmachen, daß anfangs die deutschen, vom neuen Bundestag erlassenen Gesetze erst durch die Unterschrift der Hohen Kommissare rechtskräftig wurden. Die Bundesregierung war also von Anfang an auf einen sehr engen Kontakt mit den ehemaligen Besatzungsmächten angewiesen, und es war nicht zuletzt das Geschick und das Selbstbewußtsein des ersten Bundeskanzlers, das maßgeblich dazu beitrug, daß diese laufenden Beziehungen zumindest atmosphärisch auf der Basis einer wachsenden Gleichberechtigung und gegenseitigen Respektierung verliefen.

Die zweite wichtige politische Bedingung, die durch die Regierungsbildung im Rahmen der bürgerlichen Koalition geschaffen wurde, war die Rolle der SPD als Opposition unter ihrem Führer Kurt Schumacher. Der neue Oppositionsführer, der seine traditionsreiche und große Partei fest im Griff hatte, wurde in der ersten Legislaturperiode zum großen Widersacher der Politik Adenauers auf fast allen Gebieten. Die SPD hatte sich vom Ausgang der ersten Bundestagswahl am 14. August 1949 ein Mandat für die Regierungsbildung erhofft, worauf sie moralisch wie historisch einen besonderen Anspruch zu haben glaubte, doch der Wähler und die Kunst Adenauers, die kleine Koalition gegen Widerstand in seiner eigenen Partei schnell zusammenzuschmieden, hatten anders entschieden. Die Partei richtete sich zwangsläufig auf die Opposition ein, in der Schumacher einen »notwendigen Bestandteil des Staatslebens in einer parlamentarischen Demokratie« sah. Er definierte die Oppositionsrolle als den »permanenten Versuch, an konkreten Tatbeständen mit konkreten Vorschlägen der Regierung und ihren Parteien den positiven Gestaltungswillen der Opposition aufzuzwingen.«[2]

Es zeigte sich jedoch bald, daß die SPD diese durchaus akzeptable Definition ihrer Oppositionsrolle nicht auszufüllen in der Lage war. Sie konnte der Regierung Adenauer ihren Willen nicht aufzwingen. Sie machte auf fast allen Gebieten der Politik ihre Forderung geltend, es müsse für die Bundesrepublik eine grundsätzlich andere Politik als die der Regierung Adenauer geben. Die SPD, so Schumacher, gehe »von anderen Voraussetzungen, auf anderen Wegen zu anderen Zielen als die bisherige amtliche Politik«[3]. Diese grundsätzliche Oppositionshaltung, die durch das herrische Auftreten und auch die Wortwahl des ersten Vorsitzenden der Nachkriegs-SPD massiv unterstrichen wurde, hat die Anfangsjahre der Bundesrepublik innenpolitisch stark beeinflußt. Sie hat eine Atmosphäre der Polarisierung und des Antagonismus geschaffen, die erst gegen Ende der fünfziger Jahre langsam abgebaut wurde.

Adenauer mußte also, vor allem solange Kurt Schumacher noch am Leben war, mit einer scharfen Opposition gegen seine Politik rechnen und war deshalb besonders darauf bedacht, seine Machtstellung in der Regierung, in seiner Partei und nicht zuletzt in der Wählerschaft auszubauen und zu festigen. Auf der einen Seite war er unablässig bestrebt, die im Besatzungsstatut festgeschriebene Vormundschaft der Alliierten über die Bundesrepublik Stück für Stück abzubauen und im gleichen Zug der vollen Gleichberechtigung der Bundesrepublik in einem neu zu schaffenden Europa und in der westlichen Staatenwelt näherzukommen; auf der anderen Seite ging es ihm darum, die politischen Verhältnisse im Innern zu stabilisieren und die sozialen Lebenschancen der Menschen stetig zu verbessern. Beides ist ihm gelungen. Die Unabhängigkeit und Selbständigkeit der deutschen Innenpolitik hing also auch davon ab, wie schnell und vollständig es gelingen könnte, die Bundesrepublik zu einem souveränen demokratischen Staat zu machen. Insofern gab es natürlich in den Anfangsjahren der Bundesrepublik einen *Primat der Außenpolitik*. Nur durch ein kluges und bedächtiges Arrangement mit den westlichen Alliierten ließ sich die formale Souveränität und Unabhängigkeit der Bundesrepublik erreichen, doch dieser Weg wurde auf fast allen seinen Stationen bekämpft oder

[2] Zitiert nach Kurt Klotzbach, Der Weg zur Staatspartei. Berlin, Bonn 1982, S. 192.
[3] Ebd., S. 193.

zumindest kritisch verfolgt von einer parlamentarischen Opposition, die diese Politik permanent in Frage stellte.

Der Streit um das Petersberger Abkommen

Die erste große Konfrontation zwischen Regierung und SPD-Opposition, die tiefe Spuren hinterlassen sollte, betraf das Petersberger Abkommen. In diesem Abkommen, das am 22. November 1949 unterzeichnet wurde, verpflichteten sich die Alliierten, ihre ursprünglichen Pläne zur Demontage von großen deutschen Industriebetrieben, die Rüstungsgüter produziert hatten, erheblich einzuschränken und deren baldige Beendigung ins Auge zu fassen. Die Bundesrepublik erklärte sich ihrerseits bereit, der alliierten Ruhrbehörde beizutreten, die das dortige Produktionspotential seit 1948 kontrollierte. Da die Gefahr bestand, vor allem von seiten Frankreichs, daß das Ruhrgebiet ähnlich wie die Saar aus der Bundesrepublik herausgelöst werden könnte, war die Mitarbeit in der Ruhrbehörde für Adenauer ein kritischer Schritt, den er jedoch im Vertrauen auf eine bessere künftige Entwicklung und angesichts der Behebung des noch gravierenderen Demontageproblems gehen zu können glaubte. Die Demontagen deutscher Industriebetriebe hatten angesichts der Notwendigkeit des wirtschaftlichen Wiederaufbaus und wegen der hohen Zahl von Arbeitslosen (9 Prozent) für starke Unruhe unter der deutschen Bevölkerung gesorgt, so daß ihre weitgehende Beendigung durchaus als ein politischer Erfolg Adenauers gewertet werden konnte, zumal auch die deutschen Gewerkschaften diese Entscheidung nachdrücklich guthießen.

Die Sitzung des Bundestages vom 25. November, die dem Petersberger Abkommen galt und sich bis in die Nacht hinzog, gehört zu den dramatischsten in der Geschichte der Bundesrepublik. Auf ihrem Höhepunkt schalt Kurt Schumacher Konrad Adenauer einen »Bundeskanzler der Alliierten«, wofür er vom Bundestagspräsidenten für zwanzig Sitzungstage aus dem Parlament verbannt wurde. Die SPD beschuldigte den Bundeskanzler des Verfassungsbruchs und der Mißachtung des Parlaments, weil er das Petersberger Abkommen ohne Hinzuziehung des Parlaments abgeschlossen hätte, wozu er durch die Verfassung jedoch nicht genötigt war.

Warum der erbitterte Streit und weshalb solche Erregung? Hier wurde auf parlamentarischer Ebene – und das Beispiel sollte künftig Schule machen – überdeutlich, daß die politischen Kontrahenten Regierung und Opposition von ganz verschiedenen Positionen ausgingen. Zwar wollten sie beide das gleiche, nämlich die völlige Gleichberechtigung der Bundesrepublik und die möglichst schnelle Beseitigung der alliierten Vorbehaltsrechte. Aber während die Politik Adenauers davon ausging, daß allein eine geduldige Politik der kleinen Schritte, die dem noch bestehenden Mißtrauen und dem Sicherheitsbedürfnis der westlichen Staaten entgegenkam, zu dem angestrebten Ziel führen würde, ging die SPD-Opposition unter Kurt Schumacher davon aus, daß die Bundesrepublik schon jetzt das Recht habe, ihre nationalen Interessen ohne Rücksicht auf die westlichen Alliierten zur Geltung zu bringen. In Verkennung der tatsächlichen Machtverhältnisse verlangte die Opposition, die Westmächte hätten die Bundesrepublik als einen Partner gleichen Rechts zu behandeln. Jedes Zugeständnis an die Interessen der westlichen Alliierten wurde deshalb von der Schumacher-SPD als ein nationaler Ausverkauf gebrandmarkt. Die SPD setzte von Anfang an auf das Prinzip der nationalen Selbstbehauptung und Selbstbestimmung, während Adenauer, der als Regierungschef auch die entsprechenden Erfahrungen im Umgang mit den Hohen Kommissaren sammeln konnte, einzig den Weg einer schrittweisen Verbesserung der deutschen Position gegenüber den Besatzungsmächten für gangbar hielt. Die frühe Konfrontation über das Petersberger Abkommen hat die späteren Auseinandersetzungen zwischen Regierung und Opposition, in denen es in wachsendem Maße um die nationale Frage einer möglichen Wiedervereinigung des getrennten Deutschland ging, geprägt und die Opposition in ein Rollenverständnis getrieben, das es Adenauer und den Parteien der Regierungskoalition möglich machte, die SPD als die Partei der »ewigen Neinsager« abzustempeln.

Saarfrage und Schumanplan

Die nächste große Kontroverse zwischen Regierung und Opposition ließ nicht lange auf sich warten. Frankreich, dessen Außenpolitik nach dem Zweiten Weltkrieg von einem starken Sicherheitsbedürfnis geprägt war, sorgte durch ein Abkommen mit der von ihm gestützten Saar-Regierung für die Fortsetzung der wirtschaftlichen und politischen Abhängigkeit des Saargebietes von der Vierten Republik. Adenauer konnte dies nicht verhindern, während die SPD sich als Opposition nicht schwertat, die sofortige Rückgliederung der Saar an die Bundesrepublik zu fordern. In diese Situation hinein traf am 9. Mai 1950 das Projekt des französischen Außenministers Robert Schuman, zusammen mit den Beneluxstaaten und Italien eine europäische Montanunion ins Leben zu rufen. Obwohl dieser Plan von französischer Seite durchaus auch als ein Mittel gedacht war, das industrielle Potential der Bundesrepublik zu kontrollieren, eröffnete er erstmals eine konkrete Chance für eine Politik der europäischen Zusammenarbeit. Auch hier bedurfte es unzähliger Verhandlungen, bis ein für alle Seiten befriedigendes Ergebnis zustandekam. Doch mit dem Schumanplan war auf jeden Fall der Anfang einer Entwicklung zur europäischen Einigung gemacht worden, eine Entwicklung, auf die Adenauer um so mehr setzte, als er davon überzeugt war, daß die europäische Integration der Bundesrepublik die beste Chance bot, ihr Ziel der Gleichberechtigung und der Kooperation mit den europäischen Nachbarn zu erreichen. »Zweifellos wäre die Eingliederung der Bundesrepublik in die westlichen Demokratien ohne so ganz neuartige Entwürfe wie die Montanunion und später die EWG nicht derart schnell gelungen. Diese Ansätze hatten auch den großen Vorzug, modern zu sein. Ihre Faszination auf die Jugend war daher groß.«[4]

Für Kurt Schumacher stand auch diese erste Öffnung der europäischen Dimension unter dem Verdacht, die deutsche Entwicklung in eine falsche Richtung zu lenken. Für ihn war der Schumanplan kein wirklich europäischer Plan, da er nicht das gesamte demokratische Europa umfaßte, vielmehr lediglich Länder integrierte (neben Frankreich und der Bundesrepublik Italien und die drei Benelux-Staaten), deren Politik er als konservativ, klerikal und kapitalistisch ablehnte. In seiner Sicht war in der Montanunion die geforderte Gleichberechtigung der Bundesrepublik nicht gewährleistet. Hier, wie schon beim Petersberger Abkommen, wurde eine Tendenz zum Alles-oder-Nichts erkennbar, die es der Opposition lange genug schwermachte, die relativen, gleichwohl sehr realen Fortschritte der Bundesrepublik auf dem Weg zur Gleichberechtigung zu sehen und anzuerkennen.

---

[4] Hans-Peter Schwarz, Die Ära Adenauer. Stuttgart, Wiesbaden 1981, S. 103 (Geschichte der Bundesrepublik Deutschland, Bd. 2).

Schon in jenen ersten Auseinandersetzungen hatte sich ein grundsätzliches Nein der parlamentarischen Opposition zur Politik Adenauers artikuliert. Diese Tendenz sollte sich noch verschärfen, als es in den darauf folgenden Jahren um die Frage der deutschen Wiederbewaffnung ging. Sie war das große beherrschende Thema der deutschen Politik in den fünfziger Jahren. »Kein politisches Thema seit dem Zweiten Weltkrieg hat die Westdeutschen so aufgewühlt wie die Auseinandersetzung über die Wiederbewaffnung. Der Streit drohte einige Jahre lang den inneren Frieden des neuen Staates zu zerstören, also genau das, was die junge Demokratie am dringendsten brauchte.«[5]

Der Ausbruch des Kalten Krieges zwischen dem Westen und dem Sowjetblock hatte die Frage der Sicherheit des Westens einschließlich der Bundesrepublik vor der kommunistischen Bedrohung aufgeworfen und 1949 zur Bildung der NATO geführt. Adenauer selbst, der die Gefahr einer weiteren kommunistischen Expansion stets für sehr real hielt, hatte das Thema Sicherheit sowie die Idee eines eventuellen militärischen Beitrags der Bundesrepublik zur Verteidigung des Westens schon zu Beginn seiner Amtszeit in verschiedenen Interviews mehr oder weniger vorsichtig angeschnitten. Der Überfall Nordkoreas auf Südkorea am 25. August 1950 ließ die kommunistische Bedrohung sehr real und für Adenauer zu einer Art Angsttraum werden. Die neue weltpolitische Lage machte rasch den Weg frei für offene Diskussionen und schließlich auch Verhandlungen über einen deutschen Wehrbeitrag. Adenauer sah in der Wiederbewaffnung nicht nur eine notwendige Beteiligung der Bundesrepublik an den Sicherheitsbemühungen des Westens, sondern nicht zuletzt ein Mittel, um sein Ziel der völligen Gleichberechtigung der Bundesrepublik innerhalb des Westens und der Wiedererlangung der staatlichen Souveränität zu erreichen.

Höchst umstritten waren freilich der Weg, der zur deutschen Remilitarisierung führen und insbesondere der Rahmen, innerhalb dessen sie sich vollziehen sollte. Der Aufbau einer *nationalen* deutschen Streitmacht stand nur fünf Jahre nach Beendigung des Zweiten Weltkrieges innenpolitisch wie außenpolitisch außerhalb jeder Diskussion. Die Unterstellung deutscher Streitkräfte unter die NATO, die 1955 schließlich durchgesetzt wur-

[5] Ebd., S. 119.

de, stieß zunächst auf den harten Widerstand Frankreichs. So kam es zur Konzeption einer Europäischen Verteidigungsgemeinschaft (EVG), wie sie zunächst in Gestalt des Pleven-Planes am 24. Oktober 1950 von der französischen Regierung vorgeschlagen wurde. Es war ein Entwurf, der in den darauf folgenden schwierigen Verhandlungen dem deutschen Interesse an Gleichberechtigung und Erlangung der Souveränität mühsam angepaßt wurde. Das Vertragswerk über die EVG und der damit in Verbindung stehende Deutschlandvertrag, der die Ablösung des Besatzungsstatuts und die Wiederherstellung der deutschen Souveränität zum Inhalt hatte, wurden am 26. und 27. Mai 1952 unterzeichnet. Es wurde zum Gegenstand heftiger innenpolitischer Auseinandersetzungen, in denen Adenauer sich zu Hause durchsetzte, um am Ende doch an Frankreich zu scheitern. Der EVG-Vertrag wurde bekanntlich im Sommer 1954 von der französischen Nationalversammlung abgelehnt. Dies war ein schwerer Schlag für Bundeskanzler Adenauer, der mehrere Jahre lang seine ganze Kraft in das Zustandekommen dieses Vertragswerks investiert hatte.

Adenauers Remilitarisierungspolitik, durch die er die Integration der Bundesrepublik in den Westen fester zu verankern hoffte, stellte nicht nur eine Herausforderung für manche Gruppen in seiner Regierungskoalition dar, sie brachte nicht nur eine sich verstärkende Konfrontation mit der Oppositionspartei, sondern war auch eine Herausforderung der öffentlichen Meinung der Bundesrepublik, die darin eine Gefahr für die neue Demokratie und die erstrebte Wiedervereinigung sah. Der anfängliche Widerstand gegen die Wiederaufrüstungspolitik war stark, vor allem in der jungen Generation, und es war klar, daß die Oppositionspartei sich diese Stimmung, die man als »Ohnemich-Haltung« bezeichnet hat, zunutze machen würde. Unter dem Eindruck des Koreakrieges hatte zwar auch die SPD die Notwendigkeit einer verstärkten Sicherheit Westdeutschlands und Westeuropas gegenüber der kommunistischen Bedrohung erkannt, aber sie hielt einen deutschen Wehrbeitrag nicht für opportun, sondern verlangte von den Westmächten, daß sie gegebenenfalls die Bundesrepublik offensiv verteidigten. Mit dem Pleven-Plan und seinen späteren Verbesserungen mochte sich die Partei nicht einverstanden erklären. Dabei spielte mit der Zeit *ein* Argument die alles entscheidende Rolle, nämlich, daß die Integration der Bundesrepublik in das Verteidigungssystem des Westens sie daran hindere, die vom Grundgesetz geforderte

Politik der deutschen Wiedervereinigung zu verfolgen. Außerdem mache ein deutscher Wehrbeitrag eine Revision des Grundgesetzes notwendig, ja es sei sogar geboten, Neuwahlen auszuschreiben, da das 1949 gewählte Parlament für eine Entscheidung über einen Wehrbeitrag kein Mandat besitze. Eine produktive Gegenposition, die eine Aussicht auf die Wiedervereinigung eröffnete, hat die SPD im Laufe der Wiederaufrüstungsdebatte nicht entwickeln können; sie verlor sich am Ende in vage Konzeptionen eines kollektiven Sicherheitssystems, an dem ganz Deutschland in voller Gleichberechtigung teilnehmen sollte.

Der Streit um die Wiedervereinigung

Die Überzeugung, daß der deutsche Wehrbeitrag und die Fortsetzung des Adenauerschen Kurses der Westintegration die deutsche Wiedervereinigung unmöglich mache, war schon die Ursache der Trennung des protestantischen Bundesinnenministers Gustav Heinemann, dem späteren Bundespräsidenten, von Bundeskanzler Adenauer gewesen. Durch die Verknüpfung des Themas der Remilitarisierung mit dem der Wiedervereinigung erhielt der innenpolitische Streit eine zusätzliche Schärfe. Adenauer wurde von seinen politischen Gegnern verdächtigt, an der Wiedervereinigung nicht interessiert zu sein und durch seinen politischen Kurs die Chancen zu verspielen, die sich für eine Politik der Wiedervereinigung zu bieten schienen.

Diese Debatte trieb ihrem Höhepunkt zu, als Stalin in der berühmten Note vom 10. März 1952 den westlichen Regierungen das Angebot machte, die deutsche Einheit unter Wahrung eines Status der Neutralität wiederherzustellen, wobei den Deutschen sogar die Bildung einer Nationalarmee zugebilligt werden sollte. Adenauer vermochte jedoch in der Neutralisierung Deutschlands keinen gangbaren Weg zur Lösung der deutschen Frage zu sehen, aber er hatte es mit einer kritischen öffentlichen Meinung zu tun, die, wie auch die Opposition und einige Politiker in der Regierungskoalition, der Auffassung war, man müsse das sowjetische Angebot genau prüfen und seine Möglichkeiten ausloten. Adenauer und die Westmächte haben sich einer solchen Prüfung verweigert. Der Bundeskanzler wollte das begonnene Werk der Westintegration, in dem er eine Voraussetzung für eine spätere Politik der Wiedervereinigung sah, nicht gefährden. Für ihn war eine Neutralisierung

Deutschlands gleichbedeutend mit der Abhängigkeit von der Sowjetunion, ja sogar der Gefahr der Bolschewisierung.

Eine umfangreiche Literatur hat inzwischen herauszuarbeiten versucht, ob damals tatsächlich eine echte Chance zu einer Wiedervereinigung Deutschlands bestanden hat. Die gewichtigeren Interpreten sind der Auffassung, eine echte und annehmbare Wiedervereinigungschance auf der Basis der Stalin-Note habe es nicht gegeben.

Die heftige innerdeutsche Auseinandersetzung über die Stalin-Note und das Problem der Wiedervereinigung hatte jedoch deutlich gemacht, daß das Thema der deutschen Einheit höchst virulent war. Dies wurde durch den von sowjetischen Panzern niedergewalzten Aufstand vom 17. Juni 1953 in der DDR noch unterstrichen. Der 17. Juni, der später zum Tag der deutschen Einheit erhoben wurde, schien die Notwendigkeit des Festhaltens an der deutschen Einheit mit dem Ziel der Schaffung eines freiheitlichen und friedlichen Gesamtdeutschland zu bestätigen, doch die Sowjetunion und die von ihr abhängige DDR-Regierung dachten nicht daran, die von der Bundesregierung und den Westmächten geforderte Wiedervereinigung auf der Basis gesamtdeutscher freier Wahlen zu ermöglichen. Die offenkundige Schwäche des nicht nachlassenden Bekenntnisses Adenauers zur deutschen Wiedervereinigung lag darin, daß die von ihm betriebene und für notwendig gehaltene Politik der Westintegration die deutsche Spaltung faktisch immer mehr vertiefte, anstatt sie, wie Adenauer verkündet hatte, überwindbar zu machen.

Für die Beurteilung der Politik der Bundesregierung durch die Wählerschaft, auf die es letztendlich ankam, waren jedoch die heftigen Auseinandersetzungen über die deutsche Wiederbewaffnung und die Wiedervereinigung, die auf der parlamentarischen Bühne so sehr im Vordergrund standen, weit weniger wichtig und greifbar als die unmittelbaren Erfahrungen der Bundesbürger hinsichtlich ihrer Lebensverhältnisse. Nicht die Wiederbewaffnung und nicht die vagen Chancen einer Wiedervereinigung bestimmten ihr politisches Urteil, sondern vornehmlich die wirtschaftliche und soziale Entwicklung der neuen Bundesrepublik. Die Wahlen zum 2. Deutschen Bundestag im Herbst 1953 wurden zu einer eindrucksvollen Bestätigung der Adenauerschen Politik. Zwar hatten angesichts des gegebenen Primats der Außenpolitik die großen Auseinandersetzungen über die Politik der Westintegration im Vordergrund des politischen Interesses der Parteien und auch der Träger der öffentlichen Meinung gestanden, doch für das Urteil der Mehrheit der Wählerschaft war maßgeblicher, ob es ihnen unter den neuen politischen Verhältnissen der Bundesrepublik deutlich besser ging. Dies war unstreitig der Fall, auch wenn die Politik des Wiederaufbaus und der sozialen Marktwirtschaft eher im Schatten des öffentlichen Interesses stand.

Der wirtschaftliche Aufstieg und die soziale Stabilisierung

Mit Recht hat man in der wirtschaftlichen Aufwärtsentwicklung, die 1951 richtig einsetzte und die ganzen fünfziger Jahre hindurch anhielt, die Grundlage für die wachsende Zustimmung der Mehrheit der deutschen Wählerschaft zur Regierung Adenauer gesehen, die sich in den Bundestagswahlen von 1953 und erst recht von 1957 so eindrucksvoll zeigen sollte. Als die Bundesrepublik 1949 ins Leben trat, waren die wirtschaftlichen Daten jedoch keineswegs so günstig, daß man schon von einem Erfolg der von Ludwig Erhard im Frankfurter Wirtschaftsrat unmittelbar nach der Währungsreform vom 20. Juni 1948 eingeleiteten Liberalisierungspolitik sprechen konnte. Zwar hatte die Währungsreform zunächst befreiend auf die wirtschaftliche Entwicklung gewirkt, aber kaum war die Regierung im Amt, da mußte der neue Wirtschaftsminister Erhard einen Rückgang der Produktion und eine sich gefährlich vermehrende Arbeitslosenzahl hinnehmen, die im Februar 1950 auf fast 2 Millionen anstieg. Die SPD sah sich durch diese Entwicklung in ihrer Kritik an der sogenannten sozialen Marktwirtschaft bestätigt und empfahl ihre planwirtschaftlichen und dirigistischen Rezepte, von denen sie sich jedoch im Verlauf der weiteren Jahre immer mehr entfernte. Doch Ludwig Erhard, der ein unbeugsamer Verfechter marktwirtschaftlicher Prinzipien war, ließ sich durch die anfänglichen Schwierigkeiten von seinem Kurs nicht abbringen und setzte die Politik der Liberalisierung unverdrossen fort. Von seinen Anfangsproblemen wurde er durch den Koreakrieg befreit, in dessen Gefolge weltweit eine wirtschaftliche Aufwärtsentwicklung in Gang kam, die man den Korea-Boom nannte. Er verlieh der wirtschaftlichen Entwicklung der Bundesrepublik ab 1951 den notwendigen Schub, der sie auf die Straße des Erfolgs führte, für den eine durchschnittliche Wachstumsrate von fast 8 Prozent pro Jahr während der ganzen fünfziger Jahre charakteristisch war. Es war diese Entwicklung, die den Grundstock für den raschen Aufstieg der Bundesrepublik zu einer der größten Wirtschaftsmächte der heutigen Welt legte. Obwohl die sozialdemokratische Opposition durch diese von so großem Erfolg gekrönte Wirtschaftspolitik langsam dazu gebracht wurde, von ihren planwirtschaftlichen Konzeptionen Abstand zu nehmen, hatte sie gleichwohl gute Gründe, die Frage der sozialen Gerechtigkeit wachzuhalten, die ihr stets besonders wichtig war. Die Kapitaleigentümer, denen der Staat eine Fülle von Investitionsanreizen bereitstellte, profitierten nämlich weit mehr von der wirtschaftlichen Aufwärtsentwicklung als die große Masse der Lohnabhängigen, deren Interessen SPD und Gewerkschaften in erster Linie zu wahren suchten. Sozialdemokratische Wirtschaftspolitiker sprachen 1951 von der Bundesrepublik als einem »Paradies der Reichen und einer Hölle der Armen«[6], aber auch wenn die Marktwirtschaft zweifelsohne eine ziemlich ungleiche Verteilung der Einkommens- und Besitzverhältnisse mit sich brachte, die bis in die Gegenwart hinein erhalten blieb, so gelang es in den fünfziger Jahren gleichwohl, durch stetige Lohnsteigerungen und eine Verbesserung der sozialen Leistungen der breiten Masse den zutreffenden Eindruck zu vermitteln, daß nicht nur die Unternehmer, sondern auch sie vom wirtschaftlichen Aufschwung profitierten. Die Frage der sozialen Ausgestaltung der Marktwirtschaft, der Schaffung sozial gerechter Lebensverhältnisse für alle, blieb aus gutem Grund ein Thema der wirtschafts- und sozialpolitischen Auseinandersetzungen der Ära Adenauer. Ludwig Erhards optimistischer Slogan »Wohlstand für alle« vermochte die Tatsache, daß dieser Wohlstand ziemlich ungerecht und ungleich verteilt war, nicht zu verdecken.

Der Kampf um die Mitbestimmung

Während der Streit über die soziale Ausgestaltung der Marktwirtschaft und die Demokratisierung der Gesellschaft gewissermaßen das tägliche Brot der politischen Auseinandersetzung in der Ära Adenauer war und blieb, führte der Kampf auf dem Gebiet der Mitbestimmung in der Industrie, den die im Oktober 1949 neugebildete deutsche Einheitsgewerkschaft zu einem Kernpunkt ihrer Politik erkoren hatte, zu zwei konkreten, allerdings unterschiedlichen Ergebnissen.

[6] Der Wirtschaftsexperte Nölting, zitiert nach Klotzbach, Der Weg zur Staatspartei, S. 241.

In der Eisen- und Stahlindustrie an der Ruhr hatte noch die britische Besatzungsmacht 1947 die gleichwertige (paritätische) Mitbestimmung von Arbeitnehmern und Unternehmern eingeführt. Die Bundesregierung verfolgte zunächst die Absicht, die Vertretung der Arbeitnehmer in den Aufsichtsräten der Montanindustrie ganz zu liquidieren, doch sie provozierte damit den scharfen Widerstand der Gewerkschaften. Konrad Adenauer, der um ein gutes Verhältnis zu dem damaligen Gewerkschaftsführer Hans Böckler bemüht war, und der die Bedeutung einer guten Zusammenarbeit mit den Gewerkschaften für die Weiterentwicklung der deutschen Wirtschaft hoch einschätzte, hat sich mit Erfolg für die Beibehaltung der paritätischen Mitbestimmung in den Montanbetrieben eingesetzt. So kam es am 21. Mai 1951 zum Gesetz über die paritätische Mitbestimmung in der Montanindustrie. Für die Gewerkschaften war dieser Erfolg ein Anreiz, ihre Idee der Wirtschaftsdemokratie in Gestalt der paritätischen Mitbestimmung in der gesamten Industrie durchzusetzen. Gegenstand dieses Streits war die Auseinandersetzung um das Betriebsverfassungsgesetz, bei der die SPD und die Gewerkschaften ihre Forderung nach Parität der Arbeitnehmer jedoch nicht mehr durchsetzen konnten. Die herrschende bürgerliche Mehrheit zeigte den Gewerkschaften nun ihre Grenzen auf. Lediglich ein Drittel der Sitze in den Aufsichtsräten der großen Unternehmen wurde ihnen zugesprochen. Andererseits ist nicht zu leugnen, daß das Betriebsverfassungsgesetz von 1952 insgesamt ein wichtiger und auch fortschrittlicher Beitrag zur Konfliktregelung im Bereich der Wirtschaft gewesen ist und zum sozialen Frieden in der Bundesrepublik beigetragen hat.

Ging es bei der Regelung der Mitbestimmung nicht primär um Fragen der sozialen Gerechtigkeit als vielmehr um wirtschaftliche Macht, so stand das Problem der sozialen Gerechtigkeit im Mittelpunkt der Auseinandersetzung über den *Lastenausgleich*. Der Lastenausgleich wird von Regierungsseite und von den Kommentatoren, welche die Adenauer-Ära im wesentlichen positiv interpretieren, als eine große, der sozialen Gerechtigkeit dienende Solidaritätsaktion des deutschen Volkes gewertet. Es war gewiß ein solidarischer Gedanke, diejenigen, die durch Flucht und Vertreibung alles oder vieles verloren hatten, durch diejenigen zu entschädigen, die wenig oder nichts verloren hatten, aber das Gesetz war weniger durchgreifend als sein Ruf.

Die SPD war primär an einer Egalisierung der Besitzverhältnisse durch den Lastenausgleich interessiert, während das im August 1952 verabschiedete Lastenausgleichsgesetz von den ungleichen individuellen Ansprüchen ausging und die bestehende und sich weiter verfestigende Besitz- und Sozialstruktur relativ unangetastet ließ. Es ist jedoch kein Zweifel, daß der Lastenausgleich für die Integration der Vertriebenen und der Flüchtlinge in die Gesellschaft der Bundesrepublik hilfreich war, auch wenn diese Integration wesentlich stärker den zunehmenden Erfolgen des wirtschaftlichen Aufschwungs zu danken war.

So wichtig alle diese gesetzgeberischen Maßnahmen, wie auch das Bundesvertriebenengesetz von 1953, für die relativ gedeihliche innere Entwicklung der Bundesrepublik und ihren sozialen Frieden gewesen sind, und sosehr sie den Bundestag und seine Ausschüsse sowie die zahlreichen zuständigen Verbände beschäftigten, so waren sie eigentlich doch ziemlich undramatische, eher beiläufige Produkte einer Politik der gesellschaftlichen und wirtschaftlichen Stabilisierung, die von den großen, die Öffentlichkeit intensiv beschäftigenden Themen der Westintegration, der Wiederaufrüstung und der Wiedervereinigung leicht in den Schatten gestellt wurden. Der wirtschaftliche Aufschwung und die Politik der sozialen Stabilisierung waren jedoch die Grundlage für die erfolgreiche Entwicklung der Bundesrepublik zu einer politisch stabilen, dem Westen zugehörigen demokratischen Industriegesellschaft. Für diese Entwicklung den Grund gelegt zu haben, ist das wichtigste und bleibende Ergebnis der Adenauer-Ära, das sich schon am Ende der ersten Legislaturperiode abzuzeichnen begann.

Der Kampf um den Wehrbeitrag

Obwohl der erste deutsche Bundestag mit großen Aufgaben zur Überwindung der Kriegsfolgelasten und zum Neuaufbau von Wirtschaft und Gesellschaft beschäftigt war (Soforthilfegesetz, Bundesvertriebenengesetz, Wohnungsbauförderung, Lastenausgleich, Betriebsverfassungsordnung und vieles andere mehr) und bedeutsame gesetzgeberische Arbeit leistete, war die politische Bühne fast vollständig von den Auseinandersetzungen über die Außenpolitik beherrscht. Zumindest optisch und akustisch stand die erste Legislaturperiode des Bundestages im Banne der Konfrontation über die Politik der Westintegration und die Wiederbewaffnung. Obwohl auch die SPD-Opposition von der Notwendigkeit einer militärischen Sicherheit für die Bundesrepublik überzeugt war, hielt sie Adenauers Vorgehen, dieses Problem durch einen westdeutschen militärischen Beitrag im Rahmen einer europäischen oder nordatlantischen Streitmacht lösen zu wollen, für falsch und gefährlich. Ihr Hauptargument gegen die deutsche Wiederaufrüstung war, daß Westdeutschlands Einbeziehung in ein gegen die Sowjetunion gerichtetes militärisches Bündnis die Wiedervereinigung Deutschlands, welche die SPD als das vorrangige Ziel deutscher Politik betrachtete, unmöglich machen würde. Für Konrad Adenauer, dem die Opposition und ein Teil der öffentlichen Meinung unablässig vorwarfen, die deutsche Wiedervereinigung im Ernst nicht zu wollen, hatte die Einbindung der Bundesrepublik in die militärische Allianz des Westens und in die Strukturen eines sich langsam herausbildenden Westeuropa zweifellos die Priorität. Er sah in dieser Politik eine notwendige Voraussetzung für eine mögliche Wiedervereinigung, die er sich jedoch nur dann als sinnvoll und vertretbar vorstellen konnte, wenn Deutschland dabei fest im Westen verankert sei und bleibe, ganz so, wie sie 1990 dann auch erfolgt ist.

Für die Opposition, die auch nach Kurt Schumachers Tod im August 1952 ihren entschiedenen Kampf gegen Adenauers West- und Europapolitik unbeirrt fortsetzte, war es selbstverständlich, daß sie alle verfassungsmäßigen Mittel ausschöpfen würde, um den 1952 schließlich unterzeichneten Vertrag über die europäische Verteidigungsgemeinschaft zu Fall zu bringen. Die Verträge bedurften der Ratifizierung durch Bundestag und Bundesrat. Dabei machte die SPD-Opposition von Anfang an geltend, der EVG-Vertrag könnte nur ratifiziert werden, wenn zuvor entsprechende Grundgesetzänderungen vorgenommen würden, die sie zu blockieren gedachte, weil dafür eine Zweidrittelmehrheit erforderlich war. Die Regierung vertrat hingegen die Auffassung, daß eine einfache Gesetzgebungsmehrheit genüge. Es lag deshalb nahe, daß das 1951 in sein Amt eingesetzte Bundesverfassungsgericht diese Streitfrage zu entscheiden hätte. Das neue Gericht hatte damals noch relativ wenig Erfahrung; auch war es zum Teil mit Richtern besetzt, die ihre Berufung mehr der politischen Affiliation als der richterlichen Kompetenz zu verdanken hatten. Man glaubte damals deutlich zwischen einem schwarzen Ersten, der CDU gewogenen, und einem roten, der SPD nahestehenden Zweiten Senat unterscheiden zu können, weshalb es wichtig wurde, von welchem der beiden Senate die Überprüfung der Verfassungsmäßigkeit der Verträge behandelt wurde. In dieser Situation entschloß sich der Bundespräsident, das beide Senate umfassende Plenum des Gerichts um ein Gutachten über die Frage zu bitten, ob die Schaffung der EVG mit dem Grundgesetz vereinbar sei. Als nach einigem Hin und Her erkennbar wurde, daß das Urteil des Gerichts gegen die Verfassungsmäßigkeit der Verträge ausfallen könnte, erwirkte der Bundeskanzler beim Bundespräsidenten die Rücknahme seines Antrags auf ein Rechtsgutachten. Alle diese Manöver lösten höchste politische Aufregung aus. Das Bundesverfassungsgericht hat über die Verfassungsmäßigkeit der deutschen Wiederaufrüstung nicht mehr urteilen müssen. Die Verträge sind am 19. März 1953 mit einfacher Mehrheit vom Bundestag verabschiedet worden. Dabei blieb es. Die notwendigen Verfassungsänderungen (Einfügung der Wehrverfassung ins Grundgesetz) ließen sich dank des Wahlergebnisses vom September 1953, das eine Zweidrittelmehrheit für Adenauers Politik erbrachte, dann leicht bewerkstelligen.

Die Wahlen zum zweiten Bundestag

Die Wahl zum zweiten deutschen Bundestag am 6. September 1953 war für Konrad Adenauers Politik eine Bestätigung, wie er sie sich eindrucksvoller kaum wünschen konnte. Die CDU/CSU verbesserte sich von 31 Prozent im Jahre 1949 auf 45,2 Prozent der Stimmen und sogar auf über die Hälfte der Mandate im Bundestag, während die SPD auf dürftige 28,8 Prozent zurückfiel. Zugleich waren, nicht zuletzt dank der Veränderung des Wahlgesetzes, das eine 5-Prozent-Klausel für das gesamte Bundesgebiet festgelegt hatte, die früheren Splitterparteien im wesentlichen erfolglos geblieben, so daß neben der klaren Mehrheit für die Union auch die Konzentration des Parteiensystems auf nur wenige Parteien ein weiteres wichtiges Ergebnis dieser zweiten Bundestagswahl war. Die Wahlen »zogen den Schlußstrich unter eine Periode erheblicher innen- und außenpolitischer Unsicherheit, die allerdings im Sekuritätsgefühl, das sich jetzt rasch ausbreitete, schon nach wenigen Jahren vergessen war.«[7]

Noch vor den Wahlen vom September 1953 hatte die Bundes-

---

[7] Schwarz, Die Ära Adenauer, S. 196.

republik zwei Abmachungen getroffen, die von großer Bedeutung für ihr künftiges Ansehen in der Welt wurden. Bonn übernahm im *Londoner Schuldenabkommen* vom 27. Februar 1953 die Auslandsschulden des ehemaligen Deutschen Reiches und konnte dadurch den Verzicht auf weitere Reparationszahlungen erwirken, und es bekannte sich mit einem am 18. März 1953 einstimmig gebilligten Gesetz zu der Verpflichtung, Entschädigungen und Wiedergutmachung für die Verfolgten und Opfer des NS-Regimes in aller Welt zu leisten. Durch das Schuldenabkommen wurde die internationale Kreditfähigkeit der Bundesrepublik wiederhergestellt, durch das *Wiedergutmachungsgesetz* wurde die moralische Legitimität der Bundesrepublik erwirkt und ihre besondere Verpflichtung gegenüber dem Staat Israel herausgestellt.

Die Wahlen vom September 1953 waren insgesamt eine klare und unmißverständliche Bestätigung der Politik Adenauers, dem es nun, unter weit günstigeren politischen Voraussetzungen, um eine Fortsetzung und Fortentwicklung des in den ersten vier Jahren Erreichten zu tun war. Sie waren der Ausgangspunkt zur erfolgreichen Entfaltung der Adenauer-Ära, die in der zweiten Legislaturperiode von 1953 bis 1957 ihren Höhepunkt erreichte.

3. Adenauer auf dem Höhepunkt seiner Macht (1953–1957)

Der britische Journalist Terence Prittie hat das Wahlergebnis vom September 1953 mit den Worten kommentiert: »Die Bundesrepublik war keine provisorische Notlösung mehr. Sie hatte sich als der erste dauerhafte demokratische deutsche Staat konsolidiert. In diesem Sinne war es wohl Adenauers größte Stunde.«[8]

Der Konflikt mit der FDP

Adenauer hielt selbstverständlich an der alten, von der CDU/CSU geführten bürgerlichen Koalition mit der FDP und der DP fest, die er durch den BHE (Bund der Heimatvertriebenen und Entrechteten) erweiterte, einer Flüchtlingspartei, die trotz

---

[8] Konrad Adenauer 1876/1976. Hrsg. von Helmut Kohl. Stuttgart 1971, S. 297.

gewisser revanchistischer und nationalistischer Tendenzen im wesentlichen auf die Verbesserung der Lebenslage der Vertriebenen und Flüchtlinge bedacht war. Auf diese Weise erhielt er die für alle Verfassungsänderungen notwendige Zweidrittelmehrheit. Für die innenpolitische Situation war die durch die Wahlen erfolgte Bereinigung des Parteiensystems von großer Bedeutung für die weitere Konsolidierung der politischen Verhältnisse. Schon vorher war es gelungen, die Bemühungen der Sozialistischen Reichspartei (SRP), zu einer großen Sammlungsbewegung für ehemalige Nationalsozialisten zu werden, zu vereiteln. Die neonazistische Partei wurde 1952 durch ein richtungweisendes Urteil des Bundesverfassungsgerichts verboten. Auch die Versuche anderer ehemaliger Nationalsozialisten, in die bürgerlichen Parteien, insbesondere die FDP, einzudringen und sie mit rechtsextremistischen Positionen zu infiltrieren (Affäre Naumann), hatten erfolgreich abgewehrt werden können. Es stellte sich jedoch erst in der zweiten Legislaturperiode heraus, daß die FDP, als kleine Regierungspartei stets auf ihre Unabhängigkeit und Selbständigkeit bedacht, kein ganz einfacher Koalitionspartner für die Union war. Adenauer hatte den Justizminister seiner ersten Regierung, Thomas Dehler, nicht mehr in sein zweites Kabinett aufgenommen. Dehler, der 1954 Vorsitzender der FDP wurde, entwickelte sich in dieser Rolle zu einem der leidenschaftlichsten Kritiker der Deutschlandpolitik Adenauers. Um die politisch keineswegs einheitliche FDP unter Druck zu setzen und Dehler als Parteiführer zu verdrängen, ließ Adenauer es geschehen, daß seine Partei den Entwurf für ein neues Wahlgesetz einbrachte, dessen Bestimmungen die FDP aus dem Bundestag zu eliminieren drohte. Die Folgen dieses Anschlags auf die Existenz der Liberalen waren gravierend: Die FDP im Landtag von Nordrhein-Westfalen, die dort ebenso wie in Bonn eine Regierungskoalition mit der CDU eingegangen war, stürzte im Februar 1956 mit der SPD den CDU-Ministerpräsidenten Karl Arnold durch ein konstruktives Mißtrauensvotum und ging eine Regierungskoalition mit den Sozialdemokraten ein. Der Vorgang hatte enorme Auswirkungen auf die FDP als Koalitionspartner Adenauers im Bund, denn die FDP-Bundestagsfraktion zerbrach an dieser Kraftprobe ihrer »Jungtürken«. Der Ministerflügel der Liberalen blieb in der Koalition mit Adenauer, die Mehrheit der Abgeordneten ging in die Opposition. Die Minderheit mit den verbliebenen Ministern gründete eine neue Partei, die Freie Volkspartei, die jedoch bei den nächsten Wahlen ohne jeden Erfolg blieb.

Die Differenzen zwischen CDU/CSU und FDP betrafen nicht nur die Deutschlandpolitik, sondern auch die Kulturpolitik. Nach der erfolgreichen Wahl von 1953 machte sich in der CDU/CSU eine Tendenz zur Durchsetzung katholisch-konfessioneller Interessen bemerkbar, über die unter dem Stichwort Klerikalismus in der deutschen Politik damals heftig gestritten wurde. Diese Politik, deren bekanntester politischer Repräsentant der Familienminister Franz Josef Wuermeling war, hat die CDU und die CSU zeitweilig in den Geruch gebracht, eine reaktionäre Partei, zumindest auf dem Gebiet der Schul- und Kulturpolitik zu sein. Adenauer selbst hat sich mit diesen Themen, die meist auf Länderebene entschieden wurden, kaum befaßt. Er selbst war nicht klerikal. Seine parlamentarische Mehrheit war durch den zeitweiligen Konflikt mit der FDP auch nicht bedroht, ja es gelang ihm sogar, bei den Wahlen zum dritten Bundestag im Herbst 1957 die absolute Mehrheit für seine Partei zu erreichen und von der etwas wackeligen FDP völlig unabhängig zu werden.

NATO-Beitritt und Saarfrage

Dem großen Triumph Adenauers bei den Wahlen vom 6. September 1953 folgte am 30. August 1954 die bittere Erfahrung des Scheiterns. An jenem Tage lehnte die französische Nationalversammlung die Diskussion über den EVG-Vertrag ab. »Am Ende war alles vergebens. Alle Anstrengungen, die der Bundeskanzler unternommen hatte, um eine überstaatliche westeuropäische Armee ins Leben zu rufen, blieben im Ergebnis umsonst. Dabei scheiterte Adenauer nicht im eigenen Lande. Der CDU/CSU-Wahlsieg vom September 1953 verhalf seiner Regierungskoalition ... zu einer Zweidrittelmehrheit im Bundestag und damit zu der Möglichkeit, das Grundgesetz abzuändern. Die Verfassungsänderung vom 26. März 1954 gab den Verträgen von Bonn und Paris den Weg frei.«[9]

Das Interesse der Bundesregierung und der Westmächte an der zu vollziehenden Westintegration war jedoch so stark, daß sich innerhalb weniger Monate ein Weg fand, die militärische Integration sogar unter für Deutschland noch besseren Bedin-

---

[9] Arnulf Baring, Im Anfang war Adenauer. München 1971, S. 541.

gungen zu realisieren, als der EVG-Vertrag sie geboten hatte. Bereits am 23. Oktober 1954 wurden die sogenannten Pariser Verträge unterzeichnet, kraft welcher die Bundesrepublik in die NATO aufgenommen und gleichzeitig die Ära der Besatzungsherrschaft beendet wurde. Die neuen Verträge, durch die das Besatzungsstatut abgelöst und die zu schaffende Bundeswehr der NATO unterstellt wurde, sind dann ohne Verzögerung von den Parlamenten ratifiziert worden. Sie traten am 5. Mai 1955 in Kraft. Dies ist der Tag, an dem die Bundesrepublik ihre formale Souveränität erlangte.

Um die Zustimmung Frankreichs zu den in den Pariser Verträgen fixierten Lösungen zu bekommen, mußte Adenauer jedoch ein Zugeständnis machen, das ihm heftigen Widerspruch nicht nur von der Opposition, sondern auch innerhalb seiner eigenen Koalition, hier vor allem seitens der FDP, eintrug. Da Frankreich nach dem Zweiten Weltkrieg die Saar nicht hatte annektieren können, jedoch eine Art Protektorat über das Saargebiet ausübte, sollte dieses Gebiet nun einen autonomen Status im Rahmen der Westeuropäischen Union erhalten, allerdings weiterhin durch eine Währungs- und Zollunion mit Frankreich verbunden bleiben. Die Saarbevölkerung sollte sich in einer Volksabstimmung dazu äußern, ob sie das europäische Statut annähme oder nicht. Als Adenauer dieser Regelung zustimmte, mußte er davon ausgehen, daß diese Abstimmung zugunsten des europäischen Statuts für die Saar ausfallen würde, und er selbst hat sich in dieser Richtung engagiert. Dank der freien Zulassung politischer Parteien änderte sich das politische Meinungsbild im Saargebiet jedoch plötzlich. Bei der Volksabstimmung am 23. Oktober 1955 votierten zwei Drittel der Stimmberechtigten gegen das Statut, so daß im Grunde nur die Rückgliederung der Saar an die Bundesrepublik blieb, sofern Frankreich dem zustimmte. Die Zustimmung wurde dank der bereits fest etablierten deutsch-französischen Zusammenarbeit in der Tat möglich und am 1. Januar 1957 vollzogen. Das Saarland trat nach Artikel 23 des Grundgesetzes der Bundesrepublik bei, deren elftes Bundesland es wurde.

Adenauer wurde wegen seines Eintretens für das europäische Saarstatut heftig angegriffen. Man sah in der Preisgabe der Saar eine Parallele zu seiner angeblichen Bereitschaft, auch die DDR preiszugeben. Das klare Votum der Saarländer hat ihn aus dieser Schwierigkeit befreit, zumal die Franzosen dann sehr schnell bereit waren, der Eingliederung des Saargebiets in die Bundesrepublik zuzustimmen. So hat sich auch die Saarfrage am Ende positiv für Adenauer ausgewirkt. »Die unvoreingenommene Bereitschaft Frankreichs, die Entscheidung der Saarbevölkerung zu akzeptieren, ermöglichte die weitere Vertiefung der deutsch-französischen Verständigung.«[10]

Die SPD-Opposition hatte auch den Pariser Verträgen von 1954 nicht zugestimmt. Sie hielt auch über diesen Zeitpunkt hinaus an ihrer These fest, die Westintegration sei ein Hindernis für die Wiedervereinigung Deutschlands in Freiheit und bestand auf Viermächte-Verhandlungen, in denen über das künftige Schicksal Deutschlands entschieden werden sollte. Schon auf einer Konferenz der Außenminister der vier Siegermächte im Februar 1954 in Berlin war jedoch deutlich geworden, daß es keine Chance gab, in der deutschen Frage voranzukommen. Dies bestätigte sich auch auf der Gipfelkonferenz im Juli 1955 in Genf, die trotz einer guten Verhandlungsatmosphäre ebenfalls keinen Fortschritt in der Deutschlandfrage brachte. Vielmehr zeigte sich, daß die Sowjetunion die deutsche Spaltung unbedingt aufrechterhalten wollte. Sie erklärte das Deutschlandproblem jetzt zu einer Angelegenheit, welche die beiden deutschen Staaten allein miteinander auszumachen hätten, was die Anerkennung der DDR durch die Bundesrepublik bedeutet hätte. Jedenfalls war durch die inzwischen vollzogene Westintegration eine neue Situation entstanden, die auf eine Verfestigung der deutschen Spaltung hinauslief. Die Supermächte zeigten sich nach vollendeter Einbeziehung der beiden deutschen Staaten in ihren jeweiligen Machtbereich an einer Lösung der deutschen Frage im Sinne einer irgendwie gearteten Wiedervereinigung nicht mehr interessiert. Es dauerte noch einige Zeit, bis die SPD erkannte, daß mit ihrem Pochen auf Viermächte-Verhandlungen in der Deutschlandfrage nichts auszurichten war. Sie war jedoch bereit, nach der Entscheidung über den deutschen Wehrbeitrag an der Gesetzgebung über die Ordnung und Stellung der Streitkräfte im demokratischen Staat mitzuarbeiten. Auf diese Weise hat die Opposition maßgeblich daran mitgewirkt, die rechtlichen Grundlagen für eine demokratische Bundeswehr zu schaffen.

[10] Anselm Doering-Manteuffel, Die Bundesrepublik Deutschland in der Ära Adenauer. Darmstadt 1983, S. 85.

Die Europapolitik

In der Europapolitik, die 1957 in die Römischen Verträge zur Schaffung der Europäischen Wirtschaftsgemeinschaft (EWG) mündete, kam die SPD mit der Zeit zu einer positiveren Bewertung. Der Europagedanke war ursprünglich auf die Schaffung einer politischen Einheit mit dem Ziel der Vereinigten Staaten von Europa gerichtet gewesen. Die EVG war ein schwacher, am Ende erfolgloser Versuch, diese Einheit auf militärischem Gebiet zu verwirklichen. Mit dem Scheitern dieses Planes geriet auch die Zielvorstellung einer europäischen politischen Gemeinschaft mehr und mehr aus dem Blick und aus der Diskussion. Immerhin hatte sich die 1950 entstandene Montanunion als ein höchst wirksames Instrument zur europäischen Zusammenarbeit auf dem Sektor von Kohle und Stahl erwiesen. Es war darum nur folgerichtig, diese Zusammenarbeit auf den gesamten Bereich der Wirtschaft auszudehnen, ohne damit die Vorstellung einer politischen Vereinigung Westeuropas intensiv weiter zu verfolgen. In den Römischen Verträgen, die die EWG schufen, waren die auf Kooperation gerichteten wirtschaftlichen Interessen der beteiligten Nationalstaaten beherrschend, nicht mehr die Idee eines auch politisch geeinten freien Europa. Als 1958 Charles de Gaulle in Frankreich an die Macht kam, hat er mit seiner Idee eines »Europe des patries«, eines Europas der Nationalstaaten, den am Anfang so starken, auch von Adenauer mitgetragenen Hoffnungen auf eine echte europäische Einigung einen Stoß versetzt, der bis heute nachwirkt. Die Europapolitik der Bundesregierung war dessenungeachtet ein erfolgreicher Weg zur Eingliederung der Bundesrepublik in das Westeuropa der Nachkriegszeit.

Die Atomdebatte

Mit der Ratifizierung der Pariser Verträge waren die innerpolitischen Auseinandersetzungen über die deutsche Wiederbewaffnung im wesentlichen zum Abschluß gekommen. Es zeigte sich überdies, daß eine Lösung der Deutschlandfrage angesichts des Interesses der Supermächte an einer Erhaltung des Status quo nicht mehr zu erwarten stand, auch wenn man deutscherseits an der Forderung nach Wiedervereinigung festhielt. So kam es, unterstützt durch eine vorübergehende Abschwächung des Kalten Krieges zwischen Ost und West, zu einer gewissen

Beruhigung auch an der innerpolitischen Front, zumal die Regierungskoalition selbst durch ihre internen Probleme (Spaltung der FDP und deren Rückzug aus der Regierungskoalition) stark in Anspruch genommen war. Doch noch bevor die Mehrheit der deutschen Wählerschaft Adenauer und seine Partei in den Wahlen vom Herbst 1957 noch eindrucksvoller bestätigen sollte als schon 1953, kam es zu einer höchst emotionalen politischen Auseinandersetzung, die trotz des eindeutigen Ergebnisses der Bundestagswahlen auch danach noch anhielt. Sie gilt als Beispiel für die erste politisch motivierte *soziale Bewegung* in der Bundesrepublik. Es handelte sich um die »Kampf dem Atomtod«-Bewegung, die im Zusammenhang mit den Plänen Adenauers und seines forschen Verteidigungsministers Franz Josef Strauß entstand, eine atomare Bewaffnung der Bundeswehr anzustreben. Beide waren sie überzeugt, daß die neue militärische Streitmacht der Bundesrepublik die modernsten Waffen haben sollte, die es gibt, was eine atomare Bewaffnung nicht ausschloß. In Wirklichkeit handelte es sich nur darum, daß die Bundeswehr mit Trägersystemen ausgestattet werden sollte, die auch Atomwaffen befördern können, wobei jedoch die Verfügungsmacht über den Einsatz dieser atomaren Waffen allein bei der amerikanischen Regierung verbleiben sollte.

Die Diskussion über die angemessene Strategie gegenüber dem Sowjetblock war innerhalb der NATO schon seit längerem in Gang, aber die deutsche Öffentlichkeit begann sich erst 1957 intensiver damit zu beschäftigen. Ausgelöst wurde die deutsche Debatte durch eine große Anfrage der SPD vom 2. April 1957, in der die Opposition von der Regierung Auskunft über die Pläne einer möglichen atomaren Bewaffnung der Bundeswehr erheischte. Adenauer gab sich bei seiner Antwort so unwissend oder ungeschickt, taktische Atomwaffen als eine Art verbesserte Artillerie hinzustellen, daß nicht zuletzt durch seine Äußerungen der Eindruck erweckt wurde, die Bundesregierung strebe tatsächlich die Verfügung über taktische Atomwaffen an. Von nachhaltiger Bedeutung war in diesem Zusammenhang die Göttinger Erklärung von 18 angesehenen deutschen Atomwissenschaftlern, die darauf hinwiesen, welche ungeheure Zerstörungsmacht auch den taktischen atomaren Waffen innewohne, und daß es darum für die Bundesrepublik zwingend sei, »ausdrücklich und freiwillig auf den Besitz von Atomwaffen jeder Art« zu verzichten. Adenauer kanzelte die Wissenschaftler zunächst als politisch unerfahren ab, einigte sich aber später mit ihnen auf der Basis der wohlfeilen Forderung nach allgemeiner Abrüstung. Die SPD, unterstützt durch zahlreiche kirchliche und pazifistische Organisationen, verlangte nicht nur den Verzicht auf die atomare Ausrüstung der Bundeswehr, sondern auch die Verhinderung der Lagerung von Atomwaffen auf dem Gebiet der Bundesrepublik durch andere NATO-Streitkräfte. Aus dieser Debatte entwickelte sich ein verschärftes Bewußtsein für die Gefährdung nicht nur des eigenen Landes, sondern der gesamten Menschheit im Atomzeitalter, ein Thema, das seitdem in der öffentlichen Meinung der Bundesrepublik präsent geblieben ist.

Für die am 15. September 1957 abgehaltenen Wahlen zum dritten Deutschen Bundestag, die der CDU/CSU die absolute Mehrheit der Stimmen und erst recht der Sitze bescherte, war die Atomdebatte offensichtlich ohne Wirkung, aber sie war damit nicht zu Ende. Sie erreichte erst im Jahre 1958 ihren Höhepunkt mit der sozialen Bewegung »Kampf dem Atomtod«, die zunächst wesentlich von der SPD und den Gewerkschaften getragen wurde, jedoch von radikalen Gruppierungen und pazifistischen Organisationen flankiert war, die sich später in der Ostermarsch-Bewegung zusammenfanden. Nach einer Kampagne zugunsten von Volksbefragungen, die jedoch vom Verfassungsgericht für verfassungswidrig erklärt wurden, da Plebiszite im Grundgesetz nicht vorgesehen waren, fiel die Bewegung wieder in sich zusammen, und die SPD zog sich zurück. Inzwischen war durch das Ultimatum, mit dem der Sowjetführer Nikita S. Chruschtschow den Westteil Berlins in seiner Freiheit bedrohte, deutlich genug geworden, daß es unverzichtbar war, die Sowjetunion auch durch die Androhung eines eventuellen Einsatzes von Atomwaffen *(flexible response)* militärisch in Schach zu halten.

Der Wahltriumph

In der zweiten Legislaturperiode war die politische Verankerung der Bundesrepublik im Westen vollzogen worden; die wirtschaftliche Einigung Europas war auf dem besten Wege, und die Bundesrepublik, deren wirtschaftliche Entwicklung von einer ungebrochenen Dynamik war, schickte sich an, zu einer Wirtschaftsgroßmacht und zu einer wichtigen und verläßlichen politischen Macht im Westen zu werden. Auch der Sozialstaat war durch die Einführung der dynamischen Rente im

Jahre 1957 um eine bedeutsame Neuerung bereichert worden. So war es kein Wunder, daß Adenauer bei den Wahlen am 15. September 1957 die Früchte dieser erfolgreichen Politik ernten konnte. Erstmals und einmalig in der Geschichte der Bundesrepublik errang er für seine Partei die absolute Mehrheit (50,2 Prozent der Stimmen). Doch, wie so oft im Leben, leitete der größte Triumph keine noch glänzendere Periode ein. Die noch verbleibenden sechs Jahre von Adenauers Kanzlerschaft waren weit weniger glanzvoll als die ersten acht. Doch das Fundament der Bundesrepublik war bereits gelegt.

4. Stärke und Schwächen (1957–1961)

Die Aussichtslosigkeit der Wiedervereinigung

Adenauer war nie müde geworden, seine Politik der Westintegration auch als den richtigen Weg zur Erreichung des Hauptziels aller deutschen Politik, der Wiedervereinigung, hinzustellen. Beim Abschluß der Pariser Verträge war es ihm besonders wichtig gewesen, die Westmächte auf das politische Ziel der Wiedervereinigung Deutschlands in Frieden und Freiheit vertraglich zu verpflichten. Nach der Einfügung Deutschlands in das westliche Militärbündnis und in die neuen Strukturen der europäischen Zusammenarbeit hat Adenauer verschiedene Versuche unternommen, die Frage der Wiedervereinigung diplomatisch zu verfolgen, freilich ohne sichtbaren Erfolg. Das Interesse an der Wiedervereinigung stand auch hinter seinem Besuch in Moskau im Jahre 1955, bei dem diplomatische Beziehungen zwischen der Bundesrepublik und der Sowjetunion vereinbart wurden. In der Wiedervereinigungsfrage stieß Adenauer bei seinen sowjetischen Gastgebern jedoch auf Granit. Um den Alleinvertretungsanspruch der Bundesrepublik, d. h. ihr Recht, für das gesamte deutsche Volk zu sprechen, auch nach der Aufnahme der Beziehungen zu Moskau aufrecht zu erhalten, beschloß die deutsche Diplomatie die Anwendung der sogenannten *Hallstein-Doktrin,* die immerhin eine Zeitlang dafür sorgte, daß die DDR nicht von Staaten außerhalb des Ostblocks anerkannt wurde. Der Bundeskanzler mußte jedoch bald die Erfahrung machen, daß nicht nur die Sowjetunion sich mit dem in Europa erreichten Status quo, der auf der Teilung Deutschlands beruhte, identifizierte, sondern auch die Westmächte immer weniger bereit zu sein schienen, ihrer vertraglichen Verpflichtung zur Unterstützung der deutschen Wiedervereinigung nachzukommen. Mit dem Vollzug der Westintegration der Bundesrepublik verlegte sich Moskau ganz auf die Konsolidierung des eigenen Machtbereiches, zu dem die DDR gehörte, und arbeitete zielstrebig auf jene völkerrechtliche Anerkennung der Ergebnisse des Zweiten Weltkriegs hin, die schließlich 1975 auf der KSZE-Konferenz in Helsinki von 35 Staaten in Ost und West vertraglich bestätigt wurden. Zwar wurde diese Entwicklung zur *Entspannung*, die eine Entschärfung des Kalten Krieges mit sich brachte, immer wieder unterbrochen, so 1956 bei der Niederschlagung der ungarischen Revolution und 1958 beim Berlin-Ultimatum Chruschtschows, aber die Siegermächte hatten ein wachsendes Interesse an der Aufrechterhaltung des bipolaren Status quo in Europa und zeigten darum begreiflicherweise wenig Neigung, die üblichen westdeutschen Forderungen nach einer Veränderung der Verhältnisse in Europa durch eine Wiedervereinigung Deutschlands und eine Regelung der Oder-Neiße-Frage zu ihrer politischen Zielsetzung zu machen. Im Gegenteil: In den letzten Jahren der Regierung Adenauers und bis in die sechziger Jahre hinein wuchs eine Kluft zwischen dem deutschen Wiedervereinigungswunsch und dem auf Entspannung gerichteten Interesse der beiden Großmächte, die sich mit der Teilung Deutschlands und der jeweiligen Rolle der beiden deutschen Staaten innerhalb ihres Machtbereichs bestens zu arrangieren wußten.

Die Vereinigten Staaten als Führungsmacht des Westens hatten mehr und mehr die Vorteile zu schätzen gelernt, die sie aus einem durch die Blockbildung festgefügten, wenn auch gespaltenen Europa ziehen konnten, wohingegen Versuche, die Teilung zu überwinden, destabilisierende Risiken mit sich bringen mußten. »Der Bereitschaft der Sowjetunion, nach 1955 eine Stabilisierung des europäischen Status quo anzustreben, kam man daher auf westlicher Seite entgegen. Anstatt sich mit der deutschen Wiedervereinigung zu beschäftigen, bemühte sich die Ost-West-Diplomatie um eine leichter realisierbare und ebenso befriedigende politische Lösung auf der Basis eines geteilten Deutschlands und Europas.«[11]

[11] Wolfram Hanrieder, Deutschland, Europa, Amerika. Die Außenpolitik der Bundesrepublik Deutschland 1949–1989. Paderborn 1990, S. 192.

Die dritte Amtsperiode Adenauers war außenpolitisch von zwei wichtigen Vorgängen bestimmt, in der die neue weltpolitische Lage zwischen West und Ost sich bereits deutlicher abzeichnete: den Plänen für ein sogenanntes *disengagement* in Europa und der *Berlin-Krise*, die durch das Ultimatum Chruschtschows im November 1958 ausgelöst wurde. Die *disengagement*-Pläne waren Vorschläge zur gegenseitigen Rüstungskontrolle, so insbesondere zur Schaffung einer atomwaffenfreien Zone in Mitteleuropa. Sie blieben Papier. Für die Deutschlandpolitik der Regierung bestand das Problem aller dieser Pläne darin, daß sie auf der Tatsache der deutschen Teilung basierten und eine Anerkennung der DDR in der einen oder anderen Weise notwendig machten. Für Adenauer waren sie wegen ihrer Nähe zu den Neutralisierungskonzepten der frühen fünfziger Jahre gefährlich. Er drängte die Westmächte mit aller Entschiedenheit, den Status quo der deutschen Spaltung und der Spaltung Europas nicht hinzunehmen, war jedoch wegen dieser starren Grundhaltung nicht in der Lage, den in Gang kommenden internationalen Entspannungsprozeß seinerseits zu unterstützen.

Die Berlin-Krise, die Chruschtschow durch sein Ultimatum vom 27. November 1958 ausgelöst hatte, wurde erst am 13. August 1961 durch den Bau der Berliner Mauer beendet. Chruschtschow hatte den Vier-Mächte-Status Berlins aufgekündigt, den Abzug der westlichen Truppen aus der ehemaligen Hauptstadt verlangt und für Berlin den Status einer entmilitarisierten freien Stadt mit eigener Regierung gefordert. Sollte dies innerhalb eines halben Jahres nicht geschehen, dann werde die DDR die Kontrolle der Verkehrswege nach Berlin übernehmen. Zugleich sollte mit der DDR ein separater Friedensvertrag abgeschlossen werden.

Auch in diesem Fall hat das Problem der Anerkennung der deutschen Zweistaatlichkeit eine wesentliche Rolle gespielt. Chruschtschows Ziel, auf dem Weg über den Zugang zu Westberlin die internationale Anerkennung der DDR durchzusetzen, war auch nach etlichen Konferenzen der Alliierten nicht erreicht worden. Doch waren die Westmächte mit Ausnahme von de Gaulles Frankreich durchaus in Versuchung, ein Arrangement mit der Sowjetunion auf Kosten Bonns zu erwägen, bis schließlich die Errichtung der Mauer in Berlin eine ganz neue

Situation schuf. Die Spaltung Berlins durch den Mauerbau zeigte jedoch, daß es jetzt der Bundesregierung nicht mehr möglich war, das Deutschland- und das Berlinproblem miteinander zu verbinden. Da die Lebensfähigkeit Westberlins, um deren Erhaltung es den Westmächten in erster Linie zu tun war, durch den Bau der Mauer nicht angetastet wurde, unternahmen sie außer Protesten nichts dagegen. Die Deutschen mußten die bittere Erfahrung machen, daß die Westmächte die faktische Trennung zwischen West und Ost auch für Berlin anerkannten und nichts gegen die hermetische Abtrennung der ehemaligen Hauptstadt, der die Errichtung unüberwindbarer Grenzen im ganzen Land vorausgegangen war, unternahmen. Auch wenn die Sicherheit Westberlins nach der Berlinkrise gewährleistet blieb, so zeigte sich jetzt doch mehr und mehr, daß die Politik der Wiedervereinigung, die der Verankerung der Bundesrepublik im Westen auf dem Fuß folgen sollte, so gut wie aussichtslos war. Die Westmächte hatten angesichts des atomaren Patts mit der Sowjetunion weder das Interesse noch die Mittel, die Deutschlandpolitik Adenauers zu unterstützen. Seine letzten Amtsjahre wurden von wachsenden außenpolitischen Unstimmigkeiten, insbesondere mit den Vereinigten Staaten, belastet, die unter dem Präsidenten John F. Kennedy zügig auf eine Entspannung zwischen Ost und West hinarbeiteten. Die Entspannung war jedoch allein auf der Basis des Status quo eines geteilten Deutschland und damit auf der Grundlage eines faktischen Verzichts auf die Wiedervereinigung möglich.

Die Errichtung der Berliner Mauer war zwar ein Beweis dafür, daß die Forderung der Bundesrepublik nach Wiedervereinigung an den faktischen Machtverhältnissen zwischen Ost und West zerbrochen war, doch sie bedeutete im Rahmen des Wettstreits der Systeme auch einen großen Erfolg für die Bundesrepublik, war doch die Mauer errichtet worden, um die immer stärker werdende Fluchtbewegung von DDR-Bürgern in die Bundesrepublik auf dem Umweg über Berlin ein für allemal zu stoppen. Das ist der DDR zwar gelungen, aber es hat zugleich offenbart, wie brüchig im Innern und wie legitimitätsschwach die DDR unter Walter Ulbricht war. Doch hat Adenauers ursprüngliche Hoffnung und Erwartung, ein starker Westen mit einer starken und attraktiven Bundesrepublik werde am Ende die Sowjetunion veranlassen, die »Zone« herauszugeben, sich nicht erfüllen lassen; im Gegenteil: Der Bau der Berliner Mauer war der Beginn einer selbständigen, wenn auch durch die sowjetische Militärmacht abgesicherten Entwicklung der DDR als zweiter deutscher Staat. An eine Wiedervereinigung war nun erst recht nicht mehr zu denken, auch wenn die westdeutsche Politik an ihrem Ziel festhielt, die deutsche Frage offen zu halten. Die Berlinkrise hatte offenbart, daß die westlichen Alliierten, insbesondere die USA, zwar alles taten, um das freie West-Berlin zu sichern und die westliche Präsenz dort zu behaupten, aber für die deutsche Frage im Sinne einer möglichen Wiedervereinigung hatten sie angesichts der realen Verhältnisse, die zwischen den Großmächten eingetreten waren, kaum mehr ein Interesse. »Während die Frage der deutschen Wiedervereinigung in den fünfziger Jahren eine prominente Rolle in der Viererdiplomatie der Siegermächte spielte und in eine Reihe von Vorschlägen und Gegenvorschlägen des Westens eingebettet war, die sich konkret auf Deutschland bezogen, wurde die deutsche Frage in den sechziger Jahren eher zum untergeordneten Bestandteil von Plänen, ein gesamteuropäisches Sicherheitssystem zu erstellen.«[12]

Adenauer hat sich als Bundeskanzler nach Kräften gegen diese Tendenz des internationalen Systems, die auf eine Entspannung auf der Basis des Status quo zulief, gewehrt. Seine Skepsis gegenüber der neuen, durch Kennedy repräsentierten Entspannungspolitik der Vereinigten Staaten machte ihn geneigt, den eigenwilligen politischen Interessen de Gaulles, der 1958 Präsident der neuen französischen Republik geworden war, entgegenzukommen.

Das deutsch-französische Verhältnis

Seit der für die Bundesrepublik so glücklichen Lösung der Saarfrage und dank der positiven Entwicklung der europäischen Gemeinschaft hatten sich die deutsch-französischen Beziehungen, die zu Anfang der Adenauer-Ära noch schwierig waren, ziemlich reibungslos und positiv weiterentwickelt. Sie erfuhren eine Intensivierung durch die Rückkehr Charles de Gaulles in die französische Politik als Präsident der neuen V. Republik. De Gaulle hatte große außenpolitische Perspektiven und Visionen. Er wollte das sich formierende neue Europa, das er jedoch nicht als eine politische Union, sondern als ein Europa der Vaterländer konzipierte, zu einem wirtschaftlichen und politischen Ge-

[12] Ebd., S. 210.

gengewicht zur Führungsmacht des Westens, den Vereinigten Staaten, machen. Aufgrund der bedeutsamen Stellung, die die Bundesrepublik dank ihrer erfolgreichen wirtschaftlichen und sozialen Entwicklung innerhalb der EWG bereits einnahm, suchte er Adenauer für eine möglichst enge Zusammenarbeit Frankreichs mit der Bundesrepublik als den beiden Kernstaaten der Europäischen Gemeinschaft zu gewinnen. Das Ergebnis dieser Initiative war der Deutsch-Französische Vertrag, der am 22. Januar 1963 unterzeichnet wurde. Die feierliche Zeremonie im großen Dom von Reims gehört zu den Höhepunkten der politischen Laufbahn Konrad Adenauers, die in den letzten Jahren seiner Amtszeit nicht mehr so zahlreich waren. Vor allem war damit ein zentraler Punkt seiner Außenpolitik besiegelt worden, nämlich die dauerhafte Aussöhnung zwischen Deutschland und Frankreich. Die antiamerikanische Tendenz, die der de Gaulleschen Politik und auch diesem Vertragswerk zweifellos innewohnte, wurde bei der Ratifikationsdebatte im Deutschen Bundestag am 16. Mai 1963 durch eine Präambel korrigiert, die die Bindung der Bundesrepublik an die NATO und die übrigen Staaten in der EWG deutlich hervorhob. Für de Gaulle war damit der Vertrag seines eigentlichen Sinnes beraubt worden, doch ist er eine Quelle der auch weiterhin positiven deutsch-französischen Zusammenarbeit bis zum heutigen Tag geblieben. Das deutsch-französische Verhältnis stand fortan auf einem festen Grund.

Adenauers Spiel mit dem Amt des Bundespräsidenten

Der Gegensatz zwischen Adenauer und seiner Partei bzw. der CDU/CSU-Bundestagsfraktion, der zehn Jahre lang so gut wie inexistent oder unsichtbar gewesen war, brach erstmals in aller Schärfe auf, als es darum ging, einen Nachfolger für den Bundespräsidenten Heuss zu finden. Theodor Heuss, der wegen seiner bedächtigen und geistvollen Repräsentation an der Spitze des Staates als ein Glücksfall für die neue Bundesrepublik angesehen wurde, war 1954 mit allgemeiner Zustimmung ein zweites Mal für fünf Jahre gewählt worden; seine nochmalige Wiederwahl im Jahr 1959 hätte eine Änderung der Verfassung zur Voraussetzung gehabt. Man liebäugelte damals mit dieser Möglichkeit, doch Theodor Heuss ließ sich dazu nicht herbei. Er winkte ab. Heuss hatte überdies das Amt des Bundespräsidenten so stark im Sinne einer eher unpolitischen und unparteilichen, vorwiegend kulturellen Repräsentation geprägt, daß man für seine Nachfolge nach einer Persönlichkeit ähnlicher Statur Ausschau hielt. Die damals aus der permanenten Opposition wegstrebende SPD nutzte diese Situation, indem sie Carlo Schmid, der als ihr geistvollster Politiker hohes Ansehen genoß, als ihren Kandidaten nominierte. Doch dazu wollte die Union sich nicht bereit finden; sie suchte nach einem eigenen Kandidaten und nominierte den nach Adenauer bekanntesten und populärsten CDU-Politiker, Wirtschaftsminister Ludwig Erhard. Bei Adenauers Bemühungen, Ludwig Erhard zur Kandidatur zu bewegen, war es nicht ganz fair zugegangen. In der Fraktion und in der Presse sah man hinter dieser Nominierung nichts anderes als einen Versuch des listigen Adenauer, Erhard von seiner möglichen Nachfolge als Bundeskanzler auszuschließen. Erhard bestand bei seiner Zusage jedoch auf einer einstimmigen Nominierung durch die Fraktion und die Parteiführung. Da dies nicht zu bewerkstelligen war, verzichtete er auf seine Kandidatur. Angesichts dieser Situation entschloß sich Adenauer überraschend selbst zur Kandidatur für das Amt des Bundespräsidenten, was allgemein als eine Sensation empfunden wurde. Adenauer hatte sich vorgestellt, bzw. suggerieren lassen, daß er als Bundespräsident ähnlich politisch wirksam sein könne wie Präsident de Gaulle in Frankreichs V. Republik. Er könne, so wähnte er, die Außenpolitik der Regierung überwachen und seinen Nachfolger bestimmen. Das war ein Trugschluß. Adenauers Vorstellung von den Befugnissen des Bundespräsidenten war mit dem Grundgesetz schwerlich in Einklang zu bringen. Die Mehrheit der CDU/CSU-Fraktion stimmte seiner Kandidatur zwar zu, favorisierte aber sofort Ludwig Erhard und nicht Adenauers Wunschkandidaten, den Finanzminister Franz Etzel, als künftigen Bundeskanzler. Adenauer verschärfte daraufhin seine schon des öfteren geübte Kritik an Ludwig Erhard, dem er als Wirtschaftsminister zwar hohes Lob zollte, ihn aber für ungeeignet hielt, die Bundesrepublik politisch – und dies hieß für Adenauer in erster Linie außenpolitisch – zu führen. Als er merkte, daß er Erhard als Kanzlernachfolger nicht würde verhindern können, zog er seine Kandidatur wieder zurück.

Nicht ohne Grund hat man in Adenauers Manöver den Beginn des Autoritätsverlustes gesehen, der vier Jahre später zu seinem völligen Rückzug aus der Politik führen sollte. Der Schweizer Publizist Fritz René Allemann schrieb damals:

»Nachdem der Kanzler einmal die Chance vergeben hatte, auf dem Zenit seiner Bahn, nach einem Jahrzehnt der atemberaubenden Erfolge, das aus diesen Erfolgen genährte Prestige als Autoritätsreserve zu bewahren und für den Staat in neuer Funktion nutzbar zu machen, war die allmähliche Abnutzung und Verwitterung dieser Autorität nicht mehr aufzuhalten.«[13]

Schließlich fand die CDU/CSU in dem Landwirtschaftsminister Heinrich Lübke ihren Kandidaten für die Wahl des Bundespräsidenten. Er löste nach seiner Wahl am 1. Juli 1959 den unvergeßlichen Theodor Heuss ab, blieb aber in diesem Amt trotz seines zeitweiligen Bemühens um politische Selbständigkeit eine eher blasse Figur, die, vor allem in der zweiten Amtsperiode, für die sogar die SPD gestimmt hatte, das Präsidentenamt sichtlich abgewertet hat.

In der innenpolitischen Krise um die Heuss-Nachfolge hatte sich gezeigt, daß Adenauer nicht mehr auf die vorbehaltlose Unterstützung durch die Bundestagsfraktion und seine Partei rechnen konnte. Die Mehrheit in der CDU/CSU setzte auf Ludwig Erhard als Bundeskanzler, weil er den besseren Wahlerfolg versprach, was für eine Partei durchaus verständlich ist. Die Tatsache, daß Ludwig Erhard, der als Wahllokomotive der CDU/CSU so wichtig gewesen war, schon drei Jahre nach Beginn seiner Amtszeit als Bundeskanzler seinen Abschied nehmen mußte und der Großen Koalition geopfert wurde, zeigt freilich, wie schnell die christdemokratischen Parteien ihre Führungspersönlichkeit fallen lassen, wenn sie keine Fortune mehr hat.

Der Kurswechsel der SPD

Für die Sozialdemokratische Partei, die nach Schumachers Tod von dem redlichen, aber blassen, der alten Parteilinie noch weitgehend verhafteten Erich Ollenhauer angeführt wurde, war das Wahlergebnis von 1957 enttäuschend, ja niederschmetternd, obwohl die SPD sich ein wenig verbessert hatte. Die schon früher hie und da unternommenen Bemühungen um eine Reform der Partei, insbesondere um eine Ausweitung ihrer Wählerschaft auf alle Schichten der Bevölkerung (Volkspartei), wurden nach dieser Wahl intensiviert. Man beschloß die Ausarbeitung eines Grundsatzprogramms, das die SPD als eine Partei

[13] Fritz René Alleman, Zwischen Stabilität und Krise. München 1963, S. 76.

des ganzen Volkes vorstellte und mit allen marxistischen Relikten, die zum Teil noch in der Partei am Leben geblieben waren, aufräumte. Entscheidend für den Schritt zum Godesberger Programm von 1959 war die Bereitschaft der SPD-Opposition, die innere Ordnung der Bundesrepublik im Prinzip anzuerkennen und sich mit ihrer Politik auf den Boden der durch Adenauers Regierung geschaffenen Tatsachen zu stellen. Der Wandel der Partei wurde nach der Verabschiedung des Godesberger Programms, das ein Jahr später in Herbert Wehners Rede vom 30. Juni 1960 durch die Anerkennung der Westintegration und ihrer Außenpolitik ergänzt wurde, auch am Wechsel ihrer Führung erkennbar. 1961 war Willy Brandt, der durch seine Rolle als Regierender Bürgermeister in der Berlin-Krise zu weltweitem Ansehen gelangt war, erstmals Kanzlerkandidat der SPD. Zwar setzten Adenauer und seine Partei ihre stereotype Kritik an der politischen Unverläßlichkeit der SPD auch weiterhin fort, doch konnten sie nicht übersehen, daß die SPD durch ihren Kurswechsel zu einem möglichen Partner für eine gemeinsame Politik im Rahmen einer großen Regierungskoalition geworden war. Die SPD drängte nach 1960 mit Nachdruck auf eine Regierungsbeteiligung. Ihr politisches Ziel war eine große Koalition mit der CDU/CSU. Zu ihr kam es zwar erst 1966, nach dem Scheitern von Adenauers Nachfolger Erhard, aber noch Adenauer selbst erlebte 1961 eine Situation, in der führende Vertreter seiner Partei mit der nur mehr scheinbar permanenten Oppositionspartei SPD über eine große Koalition verhandelten, auch wenn dies damals noch nicht zu einem Ergebnis führte.

Die Bundestagswahlen von 1961

Adenauers Wendemanöver in der Bundespräsidentenfrage war im politischen Alltag der Kanzlerdemokratie rasch der Vergessenheit anheimgefallen. Als der Wahlkampf für die Bundestagswahlen von 1961 begann, schienen die Aussichten für die Union wiederum günstig zu stehen, doch der Bau der Berliner Mauer am 13. August 1961 veränderte schlagartig die Situation. Berlin, dessen Regierender Bürgermeister Willy Brandt Kanzlerkandidat der SPD war, stand nun im Mittelpunkt des öffentlichen Interesses. Adenauer beging den schwerwiegenden Fehler, nicht sofort nach Berlin zu fahren, sondern den Wahlkampf fortzusetzen, als sei nichts geschehen, wobei er sich noch die

Unverfrorenheit leistete, Brandt wegen seiner Emigration und wegen seiner Herkunft (er war unehelich geboren) anzugreifen. Allerdings kam die CDU/CSU am Wahltag mit 45 Prozent der Stimmen noch relativ gut davon, doch die absolute Mehrheit von 1957 war endgültig dahin, d.h. die Partei war wieder auf einen Koalitionspartner angewiesen. Die SPD hatte sich immerhin von 31,8 Prozent auf 36,3 Prozent gesteigert, doch noch beachtlicher war der Anstieg der FDP, die unter ihrem neuen Vorsitzenden Erich Mende auf 12,8 Prozent der Stimmen kam. Sie hatte den Wahlkampf mit der Parole geführt: »Mit der CDU/CSU ohne Adenauer!«

5. Bundeskanzler auf Abruf (1961–1963)

Nach der Wahl von 1961 war die Regierungsbildung besonders schwierig und langwierig. Wenn Adenauer, was für ihn selbstverständlich war, an der Macht bleiben wollte, dann mußte er die FDP als von ihm gewünschte Koalitionspartnerin dazu bringen, ihren erfolgreichen Wahlspruch zu korrigieren, oder, wie es in der harten Umgangssprache der Politik hieß, umzufallen. Adenauer gelang es schließlich, die FDP in eine Regierung unter seiner Führung einzubinden, nicht zuletzt dadurch, daß er in der Zwischenzeit auch Verhandlungen mit der SPD über eine große Koalition führen ließ, bei denen die Sozialdemokraten sich jedoch zu wenig beherzt zeigten, um das Abenteuer einer Regierungsbeteiligung mit dem traditionellen politischen Gegner zu wagen. So kam es zur Erneuerung der bürgerlichen Koalition mit der FDP.

Obwohl die Liberalen um Adenauer als Bundeskanzler nicht herumkamen, konnten sie ihm doch entscheidende Zugeständnisse abringen. So mußte er zugunsten von Gerhard Schröder auf seinen bewährten und loyalen Außenminister Heinrich von Brentano verzichten und sich sogar auf einen regelrechten Vertrag, ein Koalitionsabkommen, zwischen den beiden Koalitionsparteien einlassen. Noch belastender war für ihn persönlich, daß er sich bereit erklären mußte, sein Amt noch vor Ablauf der Legislaturperiode aufzugeben, wenngleich der Termin seines Rücktritts noch nicht festgelegt wurde.

An diesen Zugeständnissen wird deutlich, daß Adenauer in seiner letzten Legislaturperiode als Bundeskanzler längst nicht

mehr der mächtige und unangefochtene Repräsentant einer sogenannten Kanzlerdemokratie war, sondern ein Bundeskanzler
auf Abruf, der seine besten Tage als Regierungschef bereits hinter sich hatte. Dabei waren es weniger sachliche Gegensätze, die
die Zusammenarbeit im vierten Kabinett Adenauers trübten, als
vielmehr die Atmosphäre des Mißtrauens, die vor allem von der
FDP unterhalten wurde, und die noch immer unerledigte Frage
der Nachfolge des Bundeskanzlers. Die unter vielen Schwierigkeiten zustandegekommene vierte Regierung Adenauer wurde
fast genau ein Jahr später durch den geschlossenen Rücktritt der
fünf FDP-Minister und später auch der übrigen Minister aufge-
löst. Die Bundesregierung wurde am 11. Dezember 1962 neu
gebildet. Es war die letzte Regierung Adenauer. Ursache dieser
Regierungsneubildung war die ›Spiegel‹-Krise, die den Abgang
des Bundeskanzlers beschleunigt und sein einst so großes Ansehen noch weiter gemindert hat.

Die ›Spiegel‹-Affäre

Durch die ›Spiegel‹-Affäre wurde Adenauer, der eine kritische
Presse als eher lästige Beigabe einer freiheitlichen Demokratie
betrachtete, auch in seinem Ansehen als Repräsentant des demokratischen Rechtsstaats erschüttert. Die ›Spiegel‹-Affäre of-
fenbarte nämlich, daß die Regierung auch in rechtsstaatlicher
Hinsicht nicht gerade »pingelig« war. Sie scheute sich nicht,
ihre Machtmittel einzusetzen, um ein ärgerliches und einfluß-
reiches Organ der öffentlichen Meinung zu verfolgen und in
seiner Wirkung auf die öffentliche Meinungsbildung zu beein-
trächtigen. Der Hergang war folgender:
Am 8. Oktober 1962 erschien im ›Spiegel‹ ein umfangreicher
Artikel, in dem aus Anlaß eines Manövers (FALLEX 62) gra-
vierende Mängel in der Verteidigungsbereitschaft der neuen
Bundeswehr dargestellt und kritisiert wurden. Der Artikel erregte einiges Aufsehen. Er schien militärische Geheimnisse
preiszugeben, und die für ihn Verantwortlichen gerieten in Verdacht, »Landesverrat« begangen zu haben. Ein Gutachter des
Verteidigungsministeriums kam im Auftrag der Bundesanwalt-
schaft zu dem Schluß, daß der Beitrag solche Geheimnisse ent-
halte, weshalb von der Exekutive angeordnet wurde, die Redak-
tionsräume des ›Spiegel‹ in Hamburg und in Bonn zu durchsu-
chen, um eventuelles Beweismaterial für den angenommenen
Geheimnisverrat sicherzustellen. Die Durchsuchung fand unter

dramatischen Umständen mitten in der Nacht statt; außerdem wurden mehrere Redakteure, darunter auch Rudolf Augstein, der Herausgeber des Magazins, verhaftet. Ebenfalls verhaftet wurde der sich zur fraglichen Zeit in Spanien befindende verantwortliche Redakteur des Artikels, Conrad Ahlers. Dies war auf das emsige Betreiben des damaligen Verteidigungsministers Franz Josef Strauß geschehen, der wiederholt vom ›Spiegel‹ scharf angegriffen worden war.

Es konnte nicht überraschen, daß die ›Spiegel‹-Affäre von Anfang an eine ungeheure Resonanz in der deutschen und auch in der internationalen Öffentlichkeit fand. Es stand in der Tat nichts Geringeres auf dem Spiel als die Pressefreiheit und die Rechtsstaatlichkeit der Bundesrepublik. Der Bundeskanzler selbst beging den Fehler, daß er, ohne die genauere Prüfung der Justiz abzuwarten, den ›Spiegel‹ im Bundestag verurteilte und von einem »Abgrund von Landesverrat« sprach. Die SPD-Opposition hielt sich in dieser Affäre ziemlich zurück, die kritische Öffentlichkeit der Bundesrepublik war aber um so mehr besorgt und beunruhigt, so daß sich rasch eine große Protestwelle bildete, die über den Kreis der üblichen linken Protestgruppen hinausreichte. Die Formierung dieser inneren Opposition war ein wichtiger Schritt auf dem Wege zum Machtwechsel des Jahres 1969.

Im Mittelpunkt des weiteren Verlaufs der ›Spiegel‹-Affäre stand sehr bald die Untersuchung des Verhaltens von Bundesverteidigungsminister Strauß. Er hatte, wie sich zweifelsfrei herausstellte, die parlamentarische Öffentlichkeit über seinen Anteil an dieser Aktion unzureichend und falsch informiert. Nach den parlamentarischen Gepflogenheiten, die es nicht hinnehmen, daß ein Minister das Parlament belügt, hätte Strauß eigentlich zurücktreten müssen. Als er dazu keine Anstalten machte, erklärte der FDP-Vorsitzende Mende, daß die FDP nicht mehr mit Strauß in einer Regierung verbleiben werde. Er verlieh dieser Forderung den notwendigen Nachdruck, indem er die fünf FDP-Minister veranlaßte, geschlossen zurückzutreten. Um den Weg für die Bildung einer neuen Regierung in einer Koalition mit der FDP freizumachen, traten schließlich auch die Minister der CDU/CSU von ihren Ämtern zurück, so daß Adenauer eine neue Regierung bilden konnte, in der Franz Josef Strauß nicht mehr vertreten war. Dies war die vordergründig greifbarste Folge der ›Spiegel‹-Krise, aber ihre Wirkung ging weiter und tiefer.

Die ›Spiegel‹-Affäre ist negativ wie positiv interpretiert worden. Man konnte in ihr eine üble Fortsetzung der unheilvollen historischen Tendenz deutscher Regierungen sehen, das vermeintliche Staatsinteresse über die Prinzipien und Vorschriften der rechtsstaatlichen Ordnung zu stellen – und tatsächlich ging es ja bei der Aktion rechtsstaatlich nicht einwandfrei zu –, oder man konnte sie in ihrem Gesamtverlauf interpretieren als ein Beispiel für die gewachsene Stärke des deutschen Rechtsstaates, denn es gelang immerhin, die Regeln der demokratischen Verfassung gegen diese Aktion der Exekutive zur Geltung zu bringen und die Regierung in ihre Schranken zu weisen. In der ›Spiegel‹-Krise hat sich in der Tat gezeigt, daß die deutsche Öffentlichkeit demokratisch reif und stark genug war, um sich gegen die laxe Behandlung rechtsstaatlicher Prinzipien seitens der Exekutive mit Erfolg zur Wehr zu setzen. »Die öffentlichen Proteste gegen das Verhalten der Regierung waren ein Plebiszit. Sie zeigten, daß während der Adenauer-Ära nicht nur die politische und ökonomische Stabilisierung der Bundesrepublik erreicht worden war, sondern auch eine Stabilisierung der demokratischen Grundordnung und des Demokratieverständnisses in der Bevölkerung.«[14]

Der mit der Präsidentenkrise von 1959 anhebende Vertrauensverlust des Bundeskanzlers in der Öffentlichkeit wie auch in seiner Partei und bei seinem Koalitionspartner erhielt durch die ›Spiegel‹-Affäre den letzten schweren Stoß. Gut ein Jahr zuvor hatte Adenauer durch einen Spruch des längst selbstbewußt gewordenen Verfassungsgerichts ebenfalls eine schwere Niederlage hinnehmen müssen. Das Gericht verbot die von Adenauer betriebene Einrichtung eines bundeseigenen, von der Regierung gesteuerten Deutschen Fernsehens. Stattdessen kam es zur Gründung einer Länderanstalt in Mainz, dem Zweiten Deutschen Fernsehen (ZDF).

Das Ende einer Ära

Die am 11. Dezember 1962 gebildete neue Regierung, das fünfte Kabinett unter Adenauers Leitung, konnte ohnehin nur zehn Monate, nämlich bis zum Herbst 1963, amtieren. Die Nachfolge Adenauers war zu diesem Zeitpunkt freilich noch immer nicht geklärt, weil dieser sich vehement gegen den von der

[14] Doering-Manteuffel, Die Bundesrepublik, S. 245.

Mehrheit beider Koalitionsfraktionen favorisierten Ludwig Erhard zur Wehr setzte. Doch selbst seine eigene Fraktion war nicht bereit, ihm darin zu folgen. Sie beschloß am 23. April 1963, Ludwig Erhard zum Nachfolger Adenauers zu küren. So verbrachte der Bundeskanzler die letzten Monate und Wochen seiner Amtszeit im Bewußtsein einer Niederlage und in der nicht unbegründeten Sorge, daß sein Nachfolger nicht im Stande sein würde, das von ihm geschaffene Werk abzusichern und erfolgreich fortzuführen.

Am 15. Oktober 1963 trat die letzte Bundesregierung Adenauers zurück, um einem Kabinett mit Ludwig Erhard als Bundeskanzler Platz zu machen. Der zwei Tage später gewählte zweite Bundeskanzler sollte eine Ära des Übergangs in der Geschichte der Bundesrepublik Deutschland einleiten, die bis zur Bildung der sozial-liberalen Koalition im Herbst 1969 andauerte. Adenauer wurde vom Bundestagspräsidenten Eugen Gerstenmaier mit großen Worten verabschiedet, wobei die übliche Formel, er habe sich um das Vaterland verdient gemacht, nicht fehlen durfte. Der Mann, der die Bundesrepublik von Anfang an vierzehn Jahre lang regiert hatte, ließ sich in seiner Abschiedsrede nichts davon anmerken, daß die Regelung seiner Nachfolge nicht seinen Vorstellungen entsprach. Er nutzte die Gelegenheit in erster Linie, um dem deutschen Volk zu danken: »Wenn wir vieles, nicht alles, wieder aufgebaut haben, und wenn der deutsche Name im Ausland wieder seinen Klang hat, dann, meine Damen und Herren, wäre das nicht möglich gewesen ohne das deutsche Volk selbst.«[15] Vieles sei noch nicht erreicht worden; dies gelte insbesondere für die Wiedervereinigung Deutschlands, aber auch dieser Tag könne kommen, »wenn wir achtsam und vorsichtig und geduldig sind«. Schließlich dankte Adenauer auch der Opposition, weil sie die notwendigen Pflichten einer parlamentarischen Opposition erfüllt habe; auch sei die Opposition inzwischen milder geworden als früher. Und er betonte abschließend die Notwendigkeit einer verläßlichen Politik: »Gerade für ein geschlagenes Volk, wie wir es waren, nach einem Krieg, der von den Deutschen vom Zaun gebrochen war, ist die Stetigkeit in der Politik eine Grundbedingung.«

In der Öffentlichkeit herrschte beim Abgang Adenauers das Bewußtsein vor, daß mit ihm eine Ära in der Geschichte der

[15] Adenauer, Reden 1917–1967, S. 453.

Bundesrepublik zu Ende gegangen war. Zwar gab es verschiedene Auffassungen darüber, ob diese Ära nicht schon einige Jahre zuvor an ihr Ende gelangt war, nämlich 1959 oder 1961, aber auch wenn in den letzten Jahren seiner Amtszeit seine Erfolge und seine Popularität nachgelassen hatten, so hatte es doch keinen Raum für eine andere Politik gegeben, solange Adenauer Bundeskanzler war. Die Ära Adenauer ist die Ära seiner vierzehnjährigen Amtszeit als Bundeskanzler von 1949 bis 1963, andere Einteilungen machen keinen Sinn. Adenauers Abgang wider Willen und ohne Zuversicht in das Kommende stand in einem schroffen Gegensatz zu der außerordentlichen Bedeutung, die er für die Geschichte des neuen deutschen Staates gehabt hat. In seiner Ära vollzog sich die Grundlegung der Bundesrepublik. Unter seiner Kanzlerschaft ist dieser westdeutsche Teilstaat, der fast aus dem Nichts geschaffen werden mußte, zu einem wirtschaftlich blühenden, innenpolitisch relativ stabilen, demokratisch einigermaßen zuverlässigen Staat geworden, der innerhalb des westlichen Bündnissystems wachsende Bedeutung gewann. Dieses Ergebnis steht in einem bemerkenswerten Gegensatz zu dem eher ruhmlosen Abgang des »Alten«, den man selbst in seiner eigenen Partei nicht länger haben wollte. Konrad Adenauer, der am 19. April 1967 starb, hat nicht mehr selbst erlebt, wie das in seinen letzten Amtsjahren weitgehend vorherrschende kritische Urteil über seine Persönlichkeit, seine Politik und seine Amtsführung sich wenige Jahre später ins grundsätzlich Positive wandelte. Aber schon damals, als er sich an den Schreibtisch seines Rhöndorfer Hauses zurückzog, um seine ausführlichen Memoiren zu verfassen, war den meisten Zeitgenossen klar, daß mit seinem Abgang ein neuer Abschnitt in der Geschichte der Bundesrepublik begonnen hatte. Die Ära Adenauer war zu Ende, doch war noch eine Zeitlang nicht erkennbar, was auf sie folgen würde. »In jedem Fall war im Oktober 1963 eine ungewöhnliche Konstellation am Ende. Eine Kombination von Kräften und Menschen, die in dieser Weise nie wiederkehren würde.«[16] Diese Konstellation der Adenauer-Ära hat gleichwohl den Grund gelegt für den weiteren Weg der Bundesrepublik bis in die Gegenwart.

[16] Arnulf Baring, Gründungsstufen, Gründungsväter. Der lange Weg der Bundesrepublik zu sich selbst. In: Walter Scheel (Hrsg.), Nach dreißig Jahren. Stuttgart 1979, S. 22.

6. Stimmungsbilder am Ende der Ära Adenauer

Von den zahlreichen Beurteilungen und Bewertungen der Politik am Ende der Ära Adenauer, die unter dem unmittelbaren Eindruck des Geschehens veröffentlicht wurden, greife ich im folgenden zwei heraus, die mir für eine mehr konservative und mehr progressive Denkrichtung charakteristisch zu sein scheinen. Ihre Verfasser sind unabhängige Publizisten, von denen der eine, Rüdiger Altmann, dem bürgerlichen Lager zuzurechnen ist (er wurde in der Regierungszeit Erhards dessen Berater), während der andere, Klaus Bölling, der gemäßigten Linken zugehört. Er war später in der Regierung des SPD-Kanzlers Helmut Schmidt eine Zeitlang Regierungssprecher.

Rüdiger Altmann: ›Das Erbe Adenauers‹

Diese seinerzeit vielbeachtete Schrift war schon 1960 erschienen. Sie wurde 1963 nach dem Abgang Adenauers mit einem längeren Vorwort als Taschenbuch neu aufgelegt[17]. Altmann beurteilt die Situation der Bundesrepublik am Ende der Ära Adenauer alles andere als positiv. Adenauer habe ein zweifelhaftes Erbe hinterlassen. Man müsse sich fragen, ob er ein schöpferischer Staatsmann oder nur ein Vollzugsgehilfe der geschichtlichen Entwicklung gewesen sei. Altmann bekräftigt den zeitgenössischen Eindruck, daß Adenauers Uhr abgelaufen war und er seinen Nachfolgern mehr Probleme als feste Grundlagen für die weitere Arbeit hinterlassen habe. Adenauer habe die Bundesrepublik in einer gefährlichen Schwäche zurückgelassen. Das Buch verfolgt die Absicht, einige dieser Schwächen und Probleme der Bundesrepublik im Ausgang der Ära Adenauer näher zu analysieren und zu umschreiben.

Da ist zunächst die Erbschaft der Kanzlerdemokratie. Sie habe das Parlament entmachtet und die Regierungspartei zu einem bloßen Instrument des Kanzlers gemacht. Adenauer sei nicht Exponent, sondern Herr der CDU gewesen. Nicht anders habe es Adenauer mit seiner Regierung gehalten. Die Minister seien ganz von ihm und seinen Richtlinien abhängig gewesen, von einem echten Regierungskollegium könne nicht die Rede sein. Den Hauptakzent seiner kritischen Analyse legt Altmann je-

---

[17] Rüdiger Altmann, Das Erbe Adenauers. Eine Bilanz. München 1963; daraus die nachfolgenden Zitate.

doch auf die »pluralistische Kanzlerdemokratie«, die so beschrieben wird: »Die Industrie hat darin ihr Appartement, Protestanten und Katholiken üben sich in der Parität, der linke Flügel kämpft um eine Eigentumswohnung, und die Landwirtschaft braucht nicht im Hinterhaus zu wohnen.« Dadurch werde eine Politik des Sich-Arrangierens untereinander und mit dem Kanzler selbst vorherrschend, während sich in Partei, Fraktion und Regierung eine geistige Leere ausbreite. Die Folge sei ein Substanzverlust sowohl im Kabinett wie im Parlament. Altmann weiß sich sicher, daß der Mann, der das Gesicht der Bundesrepublik so entscheidend geprägt habe, keine politische Tradition hinterlassen werde, weder eine Lehre noch Schüler.

An dieser Stelle kann man erkennen, wie sehr auch kluge Analytiker krasse Fehlurteile hervorbringen können, wenn sie noch mitten im Getümmel stehen und selber leidenschaftlich engagiert sind. In anderer Hinsicht jedoch trifft Altmann ein wichtiges Ergebnis der Ära Adenauer, wenn er betont, daß er »die deutsche Innenpolitik auf den Status quo gebracht« habe. Gemeint ist damit die organisierte Gesellschaft, mit der sich jeder Politiker auseinandersetzen muß und in deren Rahmen er zu handeln genötigt ist. Während Altmann jedoch in der Herrschaft der Verbände und der Interessen eher ein Problem für die Zukunft der Bundesrepublik sieht, hat Adenauer in seiner Regierungszeit in der Tat entscheidend dazu beigetragen, daß sich das System der organisierten Gesellschaft entwickelt, entfaltet und gegenseitig arrangiert hat. Im Pluralismus der Gesellschaft sieht Altmann den eigentlichen Motor des modernen Wohlfahrtsstaates. Der konservative Kritiker sieht in der Ära Adenauer jedoch eine Auslieferung der traditionellen Staatsidee an die Gesellschaft, die er für problematisch hält. Er kommt trotz einer verbalen Anerkennung beachtlicher Erfolge Adenauers zu dem Schluß: »Als Ganzes ist die Politik Adenauers gescheitert.«

Dies läßt sich natürlich am Beispiel der Wiedervereinigung leicht zeigen, aber für Altmann greift auch die erreichte europäische Integration viel zu kurz. Er verlangt ein Konzept, das der westlichen Welt ein positives Ziel solidarischen Handelns setze. Es fehle nach dem Abgang Adenauers in der deutschen Politik an Persönlichkeiten, die mit ihrer politischen Philosophie und ihrer geistigen Selbständigkeit ein solches Konzept verwirklichen könnten. So kommt dieses Buch zu dem Schluß, Adenauer habe sein Haus nicht gut bestellt. Das Problem, das Adenauer der Bundesrepublik als Erbe hinterlassen hat, ist nach dieser Interpretation Adenauer selbst, er bringe die Bundesrepublik durch seinen Abgang in eine schwierige Lage.

Noch kurioser ist Altmanns Zurechnung der Ära Adenauer, die jetzt an ihr Ende komme, zu einer ganzen Epoche unserer Geschichte, die sich vom wilhelminischen Kaiserreich bis eben zur Ära Adenauer erstrecke. Adenauer sei kein Neuanfang gewesen, sondern stehe am Ende einer Epoche. Sein »Verdienst« wird darin gesehen, dieser Epoche einen Abschluß gegeben zu haben, aber gerade darin liege das Problem für seine Nachfolger, die nun ganz neu ansetzen müßten.

Dieser Autor sieht also das Erbe, das Adenauer hinterläßt, höchst problematisch und schwierig zu bewältigen. Altmanns Buch ist ein Beispiel für die damalige Tendenz, auch bei konservativen rechtsorientierten Intellektuellen, die Leistungen Adenauers in seiner Ära als eine höchst zwiespältige Erbschaft zu sehen, auf der sich nicht so einfach weiterbauen lasse. Aus heutiger Sicht ein bemerkenswertes Fehlurteil.

Klaus Bölling: ›Die Zweite Republik‹

Bölling, der damals noch Journalist war, schrieb am Ausgang der Ära Adenauer ein Buch über die Bundesrepublik[18]. Darin macht er den Versuch, den Weg der Bundesrepublik und die sie bestimmenden politischen Kräfte zu beschreiben und sie unter dem Gesichtspunkt zu beurteilen, wie es um die demokratische Qualität dieser zweiten deutschen Demokratie stehe. Bölling, dessen Position als die eines linksliberalen Intellektuellen charakterisiert werden kann, beurteilt die Bundesrepublik am Ende der Ära Adenauer im ganzen eher positiv, wenn er sie auch noch mit vielen Einseitigkeiten und Schwächen behaftet sieht. Adenauer erscheint in dieser Darstellung als der autoritäre Kanzler, dessen Partei, die CDU, sich ganz ihrem Führer ausgeliefert habe. Adenauer habe auch nichts dafür getan, den linken, in den Sozialausschüssen organisierten Flügel seiner Partei, der in der unmittelbaren Nachkriegszeit noch geistig führend gewesen war, zu stärken und zu stützen. Auch den Bundestag habe er nur als ein notwendiges Übel betrachtet und dementsprechend behandelt. Die herablassende Art des Regierungschefs habe dem Parlament nicht gutgetan. An anderer Stelle jedoch lobt Bölling das große politische Talent des Kanzlers; er

[18] Klaus Bölling, Die Zweite Republik. Köln 1963; daraus die nachfolgenden Zitate.

habe den Rock des Staatsmanns bestens ausgefüllt. Nur so sei es ihm möglich gewesen, die Barrikaden abzutragen, die anfangs um den neuen deutschen Staat aufgebaut waren. Adenauers Einsatz in der auswärtigen Politik wird gewürdigt, doch habe er es deswegen versäumt, sich um die inneren Probleme zu kümmern. Weder in der Sozialpolitik noch in der Wirtschaftspolitik habe er Zeichen gesetzt, Widerspruch habe er nicht geduldet und die Opposition besonders schlecht behandelt. Gewiß habe sich Adenauer den Rang eines Staatsmannes erworben, aber der Autor zweifelt, ob man ihn auch als einen echten Demokraten bezeichnen könne. Stets sei ihm die Festigung seiner Macht wichtiger gewesen als alles andere, und inzwischen seien viele, auch im eigenen Lager, der autoritären Formen seiner Machtausübung überdrüssig geworden. »Die Ära Adenauer ist nicht so zu Ende gegangen, wie der Mann es verdient hätte.« Gleichwohl habe die Bundesrepublik ihm viel zu danken.

Das Deutschland-Konzept Adenauers, das über eine feste Verankerung der Bundesrepublik im Westen und einer darauf aufbauenden Politik der Stärke schließlich zur Herausgabe der DDR durch die Sowjetunion führen sollte, wird von Klaus Bölling als unrealistisch kritisiert. Der Adenauerschen Wiedervereinigungspolitik habe eine »fahrlässig ungenaue Einschätzung der Kraft der Sowjetunion« zugrunde gelegen. Nicht die Westpolitik Adenauers sei falsch gewesen, denn sie habe der Bundesrepublik Sicherheit und Freiheit gegeben, »die Schuld des Regierungschefs liegt darin, daß er nicht viel früher offen bekannt hat, daß sich die Wiedervereinigung mit der von ihm für richtig gehaltenen Politik nicht vereinbaren lasse«.

Das Bild Adenauers in der deutschen Öffentlichkeit – dies zeigen die zitierten Bücher beispielhaft – war am Ende seiner Ära weit entfernt von dem sehr viel positiveren Bild, das sich etwa ein Jahrzehnt später herauszubilden begann. Es bedurfte erst der Erfahrungen der nachfolgenden Abschnitte der bundesdeutschen Geschichte, um einen Vergleichsmaßstab für die Leistung Adenauers als Bundeskanzler zu gewinnen. Erst der historische Abstand machte es möglich, zu einem unbefangeneren und begründeteren Urteil zu gelangen, als dies inmitten der aufgeladenen Atmosphäre der letzten Jahre seiner Regierung der Fall war.

III. Die Bundesrepublik in der Adenauer-Ära

1. Eine neue Gesellschaft

Die Bevölkerungsentwicklung

Am Beginn der Bundesrepublik lebten auf dem Territorium des neuen Weststaates knapp 50 Millionen Menschen, ca. 200 Personen pro Quadratkilometer. Am Ende der Ära Adenauer (Zahlen von 1965) war die Bevölkerungszahl auf 59 Millionen gestiegen (ca. 240 pro Quadratkilometer). Sie hat sich in den nachfolgenden Jahren bis zur deutschen Einigung im Jahre 1990 auf 61 Millionen zubewegt. Der beachtliche Bevölkerungszuwachs von 9 Millionen, der noch in Adenauers Regierungszeit fällt, ist im wesentlichen drei Wanderungsströmen zu verdanken, die vor allem in der Anfangsphase der Bundesrepublik den neuen Staat vor außerordentliche Herausforderungen stellten.

Die erste Wanderungsbewegung, die allerdings Anfang der fünfziger Jahre im wesentlichen abgeschlossen war, resultierte aus der Massenflucht und der Vertreibung aus den ehemals zum Deutschen Reich gehörenden Ostgebieten und anderen Teilen Osteuropas. Die alliierten Siegermächte hatten diese Vertreibung der Deutschen beschlossen und im Potsdamer Abkommen vom 2. August 1945 legalisiert. Die genaue Zahl der Vertriebenen läßt sich nicht ermitteln. Die Volkszählung des Jahres 1950 hat knapp 8 Millionen als Vertriebene registriert, deren Zahl dann bis 1960 noch einmal um 1,5 Millionen auf ca. 9,5 Millionen anwuchs. Der Anteil der Vertriebenen an der Gesamtbevölkerung der Bundesrepublik lag 1950 bei 16,5 Prozent und hielt sich bis zum Beginn der sechziger Jahre in etwa dieser Größenordnung. Während der Besatzungszeit waren es die britische und die amerikanische Zone, die den Hauptanteil der Vertriebenen aufzunehmen hatten, da die Franzosen ihre Zone für den Zuzug von Vertriebenen sperrten. Schleswig-Holstein, Niedersachsen und Bayern wurden zu den Hauptaufnahmeländern. In Schleswig-Holstein lag der Anteil der Vertriebenen an der Gesamtbevölkerung bei einem ganzen Drittel, in Ländern wie Niedersachsen und Bayern bei immerhin einem Fünftel der Bevölkerung.

Während die Vertreibung sich im wesentlichen vor und während der Besatzungszeit vollzog, traf die zweite Einwanderungswelle weitgehend die neue Bundesrepublik. Es handelte sich um Flüchtlinge aus der sowjetischen Besatzungszone bzw. der DDR. Von diesen Flüchtlingen waren bereits anderthalb Millionen bis zum Jahre 1950 in die Westzonen, bzw. die Bundesrepublik gekommen, aber zwischen 1950 und 1961 zählte man nicht weniger als 3,1 Millionen Flüchtlinge, die aus der DDR in die Bundesrepublik übersiedelten. An der zeitlichen Verdichtung der Flüchtlingszahlen läßt sich übrigens auch ein Stück DDR-Geschichte ablesen; jede neue Verschärfung des Kurses der Sowjetisierung des anderen Deutschland trieb mehr Menschen nach Westen. Der Zustrom von Flüchtlingen aus der DDR war im Jahre des Aufstandes vom 17. Juni 1953 am größten; zwischen 1955 und 1957, dem Zeitraum der Zwangskollektivierung, wurde die durchschnittliche Flüchtlingszahl für das Jahrzehnt weit überschritten. Erst der Mauerbau vom 13. August 1961 machte der deutschen Flüchtlingsbewegung von Ost nach West ein abruptes Ende.

Die dritte Wanderungsbewegung war eine Folge der beginnenden ökonomischen Prosperität der Bundesrepublik und des damit in Zusammenhang stehenden Arbeitskräftemangels. Er führte zu einer vermehrten Einwanderung von Gastarbeitern aus den europäischen Nachbarländern. Diese Wanderungsströmung aus europäischen Ländern löste den ab 1961 versiegten Strom der Flüchtlingswanderung ab und erreichte schnell außerordentliche Dimensionen. Wurden im Jahre 1961 erst knapp über eine halbe Million ausländischer Einwanderer gezählt, so waren es Mitte der siebziger Jahre bereits über vier Millionen. Das Ausländerproblem hat allerdings die Ära Adenauer noch nicht tangiert.

Die entstehende Bundesrepublik sah sich durch diese enormen Wanderungsbewegungen vor außerordentlich große Probleme gestellt. Diese Wanderungsbewegung war größer als je zuvor eine in der Geschichte Westdeutschlands. »Für die Bundesrepublik Deutschland bedeuteten Vertreibungen und Sowjetzonenflucht als Wanderungsbewegungen in ein selbst von Kriegsfolgen und Zerstörungen betroffenes Gebiet eine politische, wirtschaftliche und soziale Belastung. Abgesehen davon, daß diese Bewegung sich politisch mit der Forderung auf Rückkehr akzentuierte und in den fünfziger Jahren mit dem GB/BHE in Länderparlamenten und 1953 bis 1957 auch im Bundestag vertreten war, brachten Aufnahme und Eingliederung wirtschaftliche und soziale Probleme größten Ausmaßes, die die Anfänge der Bundesrepublik Deutschland belasteten.«[1]

Allein die rasche wirtschaftliche Aufwärtsentwicklung der Bundesrepublik in den fünfziger Jahren hat eine relativ reibungslose Integration dieser Millionen Zuwanderer in die Bundesrepublik ermöglicht. Als im Jahre 1958 die Vollbeschäftigung auf dem Arbeitsmarkt praktisch erreicht war, war auch die soziale Eingliederung der Vertriebenen und Flüchtlinge im wesentlichen vollzogen, obgleich ihre spezifischen politischen und landsmannschaftlichen Organisationen in der Bundesrepublik noch lange eine gewisse Rolle spielten, anfangs politisch, später vorwiegend kulturell.

Die Bundesregierung unter Konrad Adenauer hat sich ebenso selbstverständlich wie notgedrungen der Aufgabe und Verpflichtung zur Integration der Zuwanderer angenommen, zumal sich zeigte, daß mit den Vertriebenen und Flüchtlingen ein qualifiziertes Arbeitskräftepotential hereinkam, das man nach und nach der erstarkenden Wirtschaft zuführen konnte.

Die Integration der Flüchtlinge in die Gesellschaft der Bundesrepublik konnte sich auch darum relativ reibungslos vollziehen, weil es sich im wesentlichen um deutsche Volksangehörige handelte. Zwar waren vor allem in den ersten Jahren die Probleme der Anpassung besonders gravierend und konnten durch großzügige Eingliederungshilfen im wesentlichen nur materiell erleichtert werden, aber die Gewöhnung und die Partizipation am wirtschaftlichen Fortschritt und Wohlstand beseitigten die anfänglich starken Interessengegensätze zwischen Eingesessenen und Flüchtlingen und führten zu einer relativ reibungslosen Integration der Flüchtlinge und Vertriebenen in die deutsche Gesellschaft.

Insofern stellte sich das Problem der Integration für diese deutschen Wanderungsgruppen ganz anders dar als das Problem der Integration von ausländischen Einwanderern, das mit der wachsenden Aufnahme von Gastarbeitern in den sechziger Jahren begann und bis heute ein Problem von innenpolitischer Brisanz geblieben ist.

Die Aufnahme von nahezu 10 Millionen Flüchtlingen und Vertriebenen in die Gesellschaft der Bundesrepublik hatte auch

---

[1] Wolfgang Köllmann, Die Bevölkerungsentwicklung der Bundesrepublik. In: Werner Conze, Rainer M. Lepsius (Hrsg.), Sozialgeschichte der Bundesrepublik Deutschland. Stuttgart 1985, S. 73.

weitreichende Konsequenzen für die Gesellschaftsstruktur des neuen Staates: »Es ist leicht einzusehen, daß all dies zu einer tiefgreifenden Veränderung der überlieferten Gliederung führen mußte. Jede Flucht und jede Vertreibung wie auch manche andere Kriegseinwirkung war mit einer Enteignung verbunden, mit einer Entwurzelung aus überkommenen Verhältnissen und oft auch mit einem Verlust der bisherigen sozialen Stellung. Zumal die an den Boden gebundenen Klassen der Landbesitzer und der Bauern verloren ihre Grundlage und wechselten, da sie eine gleiche nur in Ausnahmefällen wiederfanden, zwangsläufig ihre Rolle in der Gesellschaft. Indem nun in der Bundesrepublik nahezu jeder vierte Einwohner in einer solchen Lage war und diese Millionenschar, aus den angestammten örtlichen Zusammenhängen gerissen, verstreut und eingegliedert wurde, ergab sich mit Notwendigkeit die beschleunigte Fortsetzung und Verstärkung der ansatzweise schon vor 1945 eingeleiteten Einebnung der Klassenunterschiede. Es entstand eine neuartige Gesellschaft.«[2]

Die Gesellschaftsstruktur

Allein schon durch die enormen Wanderungsbewegungen war die Gesellschaftsstruktur der Bundesrepublik in ständiger Bewegung begriffen. Die nationalsozialistische Herrschaft und nicht zuletzt die Kriegsfolgen hatten zu Deklassierungs- und Nivellierungsprozessen geführt, die erst im Zuge der Entwicklung der Bundesrepublik zu einer modernen Industriegesellschaft zu einer lockeren Sozialstruktur führten. Wenn es richtig ist, wie die Soziologen behaupten, daß der Stand der wirtschaftlichen Entwicklung und die daraus resultierende Arbeitsteilung sowie die Organisation des Produktionsprozesses die Grundstruktur jeder Gesellschaft bestimmen[3], dann hat sich gerade in der Bundesrepublik der Übergang zu den kennzeichnenden Merkmalen der modernen Industriegesellschaft besonders rasch vollzogen. Die moderne Industriegesellschaft zeichnet sich dadurch aus, daß der primäre Wirtschaftsbereich, die Landwirtschaft, wirtschaftlich immer stärker zurückfällt und immer weniger Menschen beschäftigt, während der industrielle Produk-

[2] Eberhard Jaeckel, Zeitgeschichtliche Betrachtungen. Stuttgart 1989, S. 236.
[3] Vgl. Rainer M. Lepsius, Sozialstruktur und soziale Schichtung in der Bundesrepublik Deutschland. In: Richard Löwenthal, Hans-Peter Schwarz (Hrsg.), Die zweite Republik. Stuttgart 1974, S. 269 ff.

tionsbereich, der zweite Sektor, knapp 50 Prozent der Arbeitskräfte beschäftigt und tendenziell schwächer wird zugunsten des tertiären Sektors, des Bereichs der sogenannten Dienstleistungen, der stetig zunimmt und schließlich den primären und sekundären Sektor überflügelt. 1950 waren noch 22 Prozent der Erwerbspersonen in der Landwirtschaft beschäftigt, 1960, gegen Ende der Ära Adenauer, nurmehr 13 Prozent; der tertiäre Sektor beschäftigte anfangs nur 20 Prozent; hier kam der große Durchbruch erst in den sechziger und siebziger Jahren. Ebenfalls charakteristisch für die Entwicklung zur voll entfalteten modernen Industriegesellschaft ist der Umstand, daß der Anteil der selbständig Beschäftigten immer mehr abnimmt. Er lag 1950 noch bei 28 Prozent und fiel Anfang der sechziger Jahre unter 20 Prozent. Das heißt, die Masse der Bürger sind Arbeitnehmer. Darum gewinnen in den sozialen Auseinandersetzungen die Interessen der Arbeitnehmer, ihre berufliche und soziale Sicherung, eine wachsende Bedeutung für die Politik. Die moderne kapitalistische Industriegesellschaft beruht zwar auf dem freien Unternehmertum, aber sie ist, quantitativ betrachtet, eine vielfältig differenzierte Arbeitnehmergesellschaft, in der die Möglichkeit des Aufstiegs und die soziale Sicherung auf allen Ebenen zu einer vorrangigen politischen Aufgabe wird. Diese Tendenz war schon in der Ära Adenauer festzustellen, sie hat sich seitdem noch verstärkt.

In der Kriegs- und Nachkriegszeit waren tiefgreifende soziale Deklassierungs- und Nivellierungsprozesse vor sich gegangen, die angesichts der allgemeinen Not zu einer Vereinheitlichung der Lebenslage der breiten Massen geführt hatten, so daß die von dem Soziologen Helmut Schelsky für die bundesdeutsche Gesellschaft geprägte Formel von der »nivellierten Mittelstandsgesellschaft« zunächst allgemeine Anerkennung fand. »Es wurde deutlich, daß die gesellschaftliche und politische Vorrangstellung des Adels endgültig gebrochen war. Große Teile des Besitzbürgertums hatten ihr Vermögen eingebüßt. Das ›kulturelle Kapital‹ des Bildungsbürgertums war in der Wiederaufbausituation der Nachkriegszeit zum Teil entwertet, andererseits hatte sich die qualifizierte Angestelltenschaft rapide vergrößert. Viele Arbeiter hatten eine Qualifizierung und gesellschaftliche Integration erlebt. Hinzu kam die Besserung der materiellen Lebensverhältnisse und Konsumchancen nahezu der gesamten Bevölkerung seit den fünfziger Jahren und die Ausrichtung der Lebensführung auf materiellen Wohlstand. All dies erzeugte bei vielen Beobachtern den Eindruck, soziale Ungleichheit sei im Verschwinden begriffen.«[4]

Der konservative Soziologe Schelsky glaubte, die »Herausbildung einer nivellierten, kleinbürgerlich-mittelständischen Gesellschaft, die ebensowenig proletarisch wie bürgerlich ist«, beobachten zu können. Er bestritt das Vorhandensein einer Klassengesellschaft und sprach statt dessen von der Vorherrschaft einer »sehr breiten, verhältnismäßig einheitlichen Gesellschaftsschicht«, die sich durch eine relativ starke Mobilität auszeichne. Schelskys These von der nivellierten Mittelstandsgesellschaft hat dem kritischen Urteil anderer Soziologen nicht lange standgehalten. Eine Reihe von nachfolgenden empirischen Studien zeigte, daß die neue »nivellierte Mittelstandsgesellschaft« nicht so einheitlich war, wie dieser Begriff suggerierte, daß es vielmehr in der Bundesrepublik sehr wohl und sehr rasch wieder einen Unterschied zwischen oben und unten gab und daß es darum angemessener wäre, von der Gesellschaft der Bundesrepublik, wie sie sich bereits in der Ära Adenauer ausprägte, als einer »Schichtungsgesellschaft« zu sprechen. Die Theorie der Schichtungsgesellschaft verwarf zwar ebenso wie Schelsky die vom Marxismus inspirierte Theorie der Klassengesellschaft, aber sie stellte die Gesellschaft der Bundesrepublik als eine »durchaus ungleiche Gesellschaft mit deutlich höher und tiefer stehenden Bevölkerungsteilen dar«[5]. Der Begriff der sozialen Schichtung wurde anfangs vorwiegend aufgrund der subjektiven Einschätzung von Gesellschaftsangehörigen ermittelt. Im weiteren Verlauf der soziologischen Forschung wurde jedoch deutlich, daß soziale Schichtung auch mit objektiven Faktoren zu tun hat. Es war die Ära Adenauer, die durch ihre wirtschaftliche und soziale Entwicklung solche objektiven Unterschiede in den Lebensbedingungen der Gesellschaft hervorgebracht hat. Schelskys Theorie war zu einseitig von der Beobachtung der sozialen Auf- und Abstiegsprozesse in der unmittelbaren Nachkriegszeit geprägt gewesen, als daß sie der Analyse der neuen Faktoren und Strukturen, die für die Ungleichheit der Lebensbedingungen verantwortlich waren, hätte auf Dauer standhalten können.

---

[4] Vgl. Stefan Hradil, Individualisierung, Pluralisierung, Polarisierung: Was ist von den Schichten und Klassen geblieben? In: Rolf Hettlage (Hrsg.), Die Bundesrepublik. Eine historische Bilanz. München 1990, S. 112.

[5] Zitat nach Hradil, Individualisierung, S. 113.

Hatten Krieg und Nachkriegszeit die gesellschaftlichen Unterschiede in Deutschland stark eingeebnet, so begann mit dem wirtschaftlichen Wiederaufstieg erneut ein Prozeß gesellschaftlicher Differenzierung, der mit der Kategorie der sozialen Klasse nicht mehr zu erfassen war. Eine dynamische Gesellschaft mit einer differenzierten sozialen Schichtung schreibt dem einzelnen nicht mehr seine Position in der gesellschaftlichen Hierarchie vor, sondern gibt ihm die Chance der Mobilität und des sozialen Aufstiegs. Der rasche wirtschaftliche Wiederaufbau auf der Grundlage einer kapitalistischen Wirtschaftsorganisation wurde zum Motor für soziale Mobilität und soziale Aufstiegsprozesse mit sich stetig erweiternden Ansprüchen, wie sie für die Gesellschaft der Bundesrepublik charakteristisch wurden. »In der Tat hatte die Währungsreform ungeahnte Bedürfnisse und Energien freigesetzt, die vorher kaum sichtbar und bewußt gewesen waren ... So kam jener Prozeß in Gang, bei dem hinter eben befriedigten Wünschen immer neue Bedürfnisse auftauchten und bei Befriedigung ihrerseits als Dauererwartungen eines neuen Anspruchsniveaus eingestellt wurden. Diese fortlaufende Ausweitung und ja denn auch Verfeinerung der Bedürfnisstrukturen ist nicht nur als Trieb, es wieder zu etwas zu bringen, Motor der wirtschaftlichen Entwicklung gewesen, sondern hat die Lebenseinstellung der Bevölkerung tief und umfassend geprägt.«[6]

Erstmals in der deutschen Geschichte entwickelte sich die gesamte Gesellschaft zu einer bürgerlichen Gesellschaft, in der das private Interesse des einzelnen vor dem Interesse am Ganzen, an der nationalen Gemeinschaft rangierte. Das Interesse und die Energie der Menschen in der sich entfaltenden Bundesrepublik waren auf die Gestaltung und Verbesserung der privaten Existenz gerichtet, und die wirtschaftliche Entwicklung erlaubte den meisten ein stetiges Wachstum ihrer Lebensmöglichkeiten. Es war darum nicht verwunderlich, daß gerade der Besitz eines Automobils zum Inbegriff einer freien und mobilen Lebensgestaltung wurde, auch wenn die Entwicklung zur »Autogesellschaft«, unter der wir inzwischen leiden, damals erst in den Anfängen steckte.

Diese Fixierung der Westdeutschen auf die Verbesserung ih-

---

[6] Friedrich H. Tenbruck, Alltagsnormen und Lebensgefühle in der Bundesrepublik. In: Löwenthal, Schwarz, Die zweite Republik, S. 294.

rer privaten Lebensverhältnisse und Verfügungsmöglichkeiten durch Arbeit, Fleiß und Disziplin wirkte auch ins Politische hinein. Sie führte zu einer echten pluralistischen Gesellschaft, in der es keine beherrschende soziale Gruppe oder politische Institution gibt, in der vielmehr die Machtverhältnisse im Fluß sind, weil eine Konkurrenz der Interessen besteht, deren Ergebnis nicht von vornherein feststeht. Ralf Dahrendorf hat diesen Sachverhalt in einem Aufsatz über die neue Gesellschaft der Bundesrepublik bereits 1962 so formuliert: »Entscheidend und neu an der westdeutschen Sozialentwicklung der Nachkriegszeit ist, daß keiner dieser Bereiche und keine soziale Gruppe permanent alle Zügel der Macht in ihren Händen hält, daß die Gesellschaft daher hinreichend flexibel bleibt, um jeden zu seiner Stunde zu seinem Recht kommen zu lassen.«[7]

Adenauer und andere christdemokratische Politiker haben den Hang zu Individualismus und Materialismus in ihren Reden immer wieder kritisieren zu müssen gemeint, aber er war die Frucht einer erfolgreichen Wirtschaftsordnung, deren Motor das individuelle Interesse an Gewinn und einer stetigen Verbesserung der Lebenschancen war. Die Aufgabe der Politik und damit des Staates bestand deshalb in erster Linie darin, diesen primär auf individuelle Bedürfnisbefriedigung gerichteten Interessen so gut wie möglich gerecht zu werden und die Konflikte auszugleichen, die sich innerhalb des organisierten Pluralismus der Parteien und gesellschaftlichen Verbände im Kampf um die Verteilung des »Kuchens« ergaben. Adenauers Politik konnte deshalb so rasch das Vertrauen der Mehrheit erringen, weil sie diese elementaren Interessen in wachsendem Maße befriedigen und überdies ein Gefühl der Sicherheit vermitteln konnte. Nicht zu Unrecht hat der konservative Staatsrechtslehrer Ernst Forsthoff die Bundesrepublik als den »Staat der Industriegesellschaft« bezeichnet, eine Formulierung, der zwar widersprochen wurde, die aber doch die Situation insoweit traf, als in der Bundesrepublik entgegen der bisherigen deutschen Geschichte der Staat nicht über der Gesellschaft stand, sondern die politische Organisation der Gesellschaft zur Befriedigung der individuellen und gesellschaftlichen Bedürfnisse war. Die deutsche Industriegesellschaft schuf sich gewissermaßen ihren Staat.

---

[7] Ralf Dahrendorf, Die neue Gesellschaft. Soziale Strukturwandlungen der Nachkriegszeit. In: Hans Werner Richter (Hrsg.), Bestandsaufnahme. Eine deutsche Bilanz. München 1962, S. 216.

Die politischen Parteien und gesellschaftlichen Organisationen (Verbände) waren die Repräsentanten des neuen Pluralismus und der hinter ihm stehenden sozialen Interessen und Bedürfnisse und führten diese in den politischen Prozeß der repräsentativen Demokratie ein. Dahrendorf hat recht behalten, als er schon 1962 schrieb: »Zum ersten Mal in der deutschen Geschichte (ist) eine Sozialstruktur entstanden, auf deren Grund die Verfassung der repräsentativen Demokratie gedeihen kann.«[8]

In der Gesellschaft der Bundesrepublik waren die relativ starren sozialen Strukturen der Vorkriegsgesellschaft, die das Funktionieren der Demokratie so sehr erschwert hatten, einer beweglicheren und differenzierten sozialen Struktur gewichen, die freilich nicht nur der kapitalistischen Marktwirtschaft, sondern auch den sozialen Umwälzungen des Dritten Reiches zu danken war. Erstmals in der deutschen Geschichte war in der Bundesrepublik eine echte bürgerliche Gesellschaft entstanden, eine freie Gesellschaft, die, im Gegensatz zur bisherigen deutschen Geschichte mit der Maxime ernst machte, daß der Staat für die Menschen da zu sein habe und nicht umgekehrt die Menschen für den Staat.

In der zeitgenössischen Auseinandersetzung wurde diese Einsicht dadurch etwas verdunkelt, daß viele Kritiker in Adenauer einen autoritären Kanzler und insoweit einen Repräsentanten der konservativen, von Hegel her kommenden Staatsauffassung zu sehen meinten, die den Staat über die Gesellschaft erhebt. Doch es handelt sich hier um die Verwechslung einer straffen demokratischen Staatsführung mit der traditionellen deutschen Staatsideologie. Die pluralistische Gesellschaft, die sich aus dem individuellen Interesse des einzelnen speist, war für Adenauer keine Herausforderung des Staates, sondern die selbstverständliche Grundlage für staatliches Handeln.

[8] Ebd., S. 216.

2. Die Wirtschaft als Grundlage der Stabilität

Wirtschaftspolitische Grundentscheidungen

Das positive Urteil der meisten Historiker und Zeitgenossen über die Ära Adenauer als Grundlegung des Erfolgs der Bundesrepublik wäre vermutlich weniger ausgeprägt, wenn dieser Zeitraum nicht von einer außergewöhnlichen wirtschaftlichen Aufwärtsentwicklung begleitet gewesen wäre. Die erstaunliche Wirtschaftsentwicklung in der Ära Adenauer hat die materielle Grundlage für den wachsenden Wohlstand, den sozialen Frieden und die politische Stabilität der Bundesrepublik gelegt. Nie zuvor habe es, so der Wirtschaftshistoriker Knut Borchardt[9], in der Wirtschaftsgeschichte 25 Jahre einer so raschen wirtschaftlichen Entwicklung gegeben wie in dem Vierteljahrhundert nach 1948. In diesem Zeitraum, der die Ära Adenauer einschließt, gab es einerseits ein stetiges Wachstum des Sozialprodukts bei weitgehender Vollbeschäftigung, andererseits einen geglückten Wandel der Wirtschaftsstruktur. Es war der Übergang von der traditionellen Industriegesellschaft mit dem Vorrang der Industrieproduktion in die Richtung einer modernen Dienstleistungsgesellschaft, wie sie heute besteht. Borchardt drückt sich noch vorsichtig aus, wenn er formuliert: »Ja, man wird sagen können (ohne daß dafür ein strenger Beweis zu führen wäre), daß die rasche wirtschaftliche Entwicklung zur Stabilität der politischen Ordnung in der Bundesrepublik beigetragen hat«, aber seine Feststellung unterliegt keinem Zweifel. Er hält das »Wirtschaftswunder« für ein wichtiges Element der faktischen Verfassung der Bundesrepublik[10].

Das rasche Wirtschaftswachstum hat dazu beigetragen, daß eine große Zahl von sozialen und politischen Problemen, die sonst die Gesellschaft und das politische System stärker belastet hätten, mit seiner Hilfe gelöst werden konnte. Dies galt vor allem für die Eingliederung von neun bis zehn Millionen Vertriebenen und Flüchtlingen in den westdeutschen Wirtschaftsprozeß; dies gilt auch für den durch die technische Entwicklung notwendig werdenden Strukturwandel, der vor allem die Landwirtschaft betraf und der nur deshalb so friedlich vonstatten

[9] Knut Borchardt, Die Bundesrepublik in den säkularen Trends der wirtschaftlichen Entwicklung. In: Conze, Lepsius, Sozialgeschichte, S. 20.
[10] Ebd., S. 20.

ging, weil die im primären Bereich Beschäftigten im wachsenden Maße im sekundären oder tertiären Wirtschaftssektor unterkommen konnten.

Als Konrad Adenauer mit seiner politischen Arbeit als Bundeskanzler begann, war zwar hinsichtlich der Wirtschaftsordnung bereits die Hauptentscheidung gefallen, nämlich für eine am Markt orientierte Wirtschaftspolitik der konsequenten Liberalisierung auf der Basis einer reformierten Währung. Aber ein »Wirtschaftswunder« schien sich noch keineswegs anzukündigen, denn die Umstellung auf die neue Wirtschaftspolitik des freien Marktes unter Ludwig Erhard ließ die Arbeitslosenquote zunächst bedrohlich ansteigen. Erst der sogenannte Korea-Boom ab 1950 hat die Wirtschaft der Bundesrepublik auf den Weg des Erfolgs gebracht, der schon damals mit dem Namen Ludwig Erhards, des Wirtschaftsministers, identifiziert wurde. Die Währungsreform war noch von der amerikanischen Besatzungsmacht vorbereitet worden, doch Erhards Verdienst als Direktor der Verwaltung für Wirtschaft in Frankfurt, der Vorgängerin des Bundeswirtschaftsministeriums, war es, die Einführung der Deutschen Mark mit einem radikalen Programm der Liberalisierung, d.h. der Herausnahme von Gütern aus dem Bewirtschaftungsprozeß, zu verbinden. Die Währungsreform hat freilich durch ihre Bevorzugung von Personen, die über Eigentum an Grund und Boden, Produktionsmitteln und Waren verfügten, keineswegs zu jener Gesellschaft von Gleichen geführt, als welche die Deutschen am 20. Juni 1948 erschienen, die ihr Kopfgeld von 40 DM an den Bankschaltern abholten. Sie hat vielmehr die sozialen Unterschiede, die während der Jahre des Mangels eine Zeitlang außer Kraft gesetzt zu sein schienen, wieder zur Geltung gebracht und von neuem dynamisiert. Es kam rasch zu einer Wiederherstellung der überkommenen Besitzstruktur und zu teilweise spektakulären Erfolgskarrieren von Persönlichkeiten, die es im Wirtschaftswunderland innerhalb von wenigen Jahren zu viel Geld, Besitz und wirtschaftlicher Macht brachten. Diese sogenannten Neureichen haben das gesellschaftliche Klima und die wirtschaftlichen Umgangsformen der Bundesrepublik mitgeprägt, nicht gerade im Sinne der traditionellen Werte einer bürgerlichen Gesellschaft.

Wirtschaftsminister Ludwig Erhard hatte für seine Politik die theoretische Unterstützung einer Gruppe von illustren Nationalökonomen, die man die Neo-Liberalen nannte und deren bedeutendster Kopf der in Freiburg i. Br. lehrende Walter Eucken war. Als Erhard die politische Verantwortung für die Wirtschaftspolitik der Westzonen übernahm, hatte ein anderer Professor, der später sein Staatssekretär im Wirtschaftsministerium wurde, Alfred Müller-Armack, den Begriff der sozialen Marktwirtschaft bereits geprägt. Er wurde binnen kurzem zum Gütezeichen der Wirtschaftspolitik in der Ära Adenauer.

Walter Eucken und seine Freiburger Schule hatten eine Lehre von den Wirtschaftsordnungen entwickelt. Sie nannten den Neo-Liberalismus, den sie propagierten und in dem sie das wirtschaftliche Pendant zur politischen Demokratie sahen, Ordo-Liberalismus. Im Gegensatz zum alten Liberalismus, der keinerlei politische Eingriffe in den Wirtschaftsprozeß duldete, sah der Neo-Liberalismus durchaus eine aktive Rolle des Staates zugunsten der Wirtschaft vor, doch nicht als Planer und Akteur im Wirtschaftsleben selbst, sondern allein als Garant für die Schaffung und Aufrechterhaltung der Rahmenbedingungen, unter denen sich eine freie Marktwirtschaft entfalten kann. Die soziale Komponente der Marktwirtschaft, die zu Beginn der Bundesrepublik noch relativ klein geschrieben wurde, verpflichtete den Staat, für die wirtschaftlich Schwachen so weit Sorge zu tragen, daß sie ein menschenwürdiges Leben führen konnten. Im übrigen hielt man eine gute Wirtschaftspolitik für die beste Sozialpolitik.

Seit Beginn seiner Liberalisierungspolitik und dann natürlich auch in den Anfangsjahren der Bundesrepublik lag Ludwig Erhard im Clinch mit den Sozialdemokraten, die überzeugt waren, der extrem schwierigen Situation der deutschen Wirtschaft in den ersten Nachkriegsjahren sei nur durch eine bewußte Lenkung des Wirtschaftsprozesses und die Vergesellschaftung der Schlüsselindustrien beizukommen. Die SPD sah sich anfangs in ihrer Kritik bestätigt, als die Marktwirtschaft steigende Arbeitslosenzahlen brachte und zu krassen sozialen Unterschieden führte, aber sie wurde in den fünfziger Jahren durch die unbestreitbaren Erfolge der Erhardschen Wirtschaftspolitik zum Umdenken veranlaßt und zu einer Anpassung an die Grundlinien dieser Politik bei stärkerer Betonung des Moments der sozialen Gerechtigkeit genötigt.

Marktwirtschaft im Sinne Erhards bedeutete, daß der Staat nicht direkt, durch eigene Interventionen in den Wirtschaftsprozeß eingriff, wohl aber durch die Gesetzgebung die Bedingungen beeinflussen konnte, unter denen sich das Wirtschaftsgeschehen vollzog. Dies geschah in erster Linie durch steuerliche Anreize für Investitionen. Es ging darum, die Kapitalbildung zu verbessern und die Faktoren, die zum Wirtschaftswachstum beitrugen, zu stärken. In den Anfangsjahren der Bundesrepublik ist ein großer Teil der Mittel für neue Investitionen von den Firmen selbst aufgebracht worden, und zwar durch die sogenannte Selbstfinanzierung, aber die Regierung achtete später darauf, daß auch günstige Bedingungen für die Verwendung von Fremdkapital geschaffen wurden. Die Marktwirtschaft wurde von der Regierung nicht als eine strenge Doktrin gehandhabt. Ein bemerkenswertes Beispiel für das vorübergehende Abweichen vom Vertrauen in die heilende Kraft des Marktes war das Investitionshilfegesetz von 1952. Mit Hilfe dieses Gesetzes sollten Engpässe, die im Kohlebergbau, in der Stahlindustrie und in der Energiewirtschaft bestanden, mit Hilfe eines Betrags von einer Milliarde DM überwunden werden, die durch die gewerbliche Wirtschaft insgesamt aufgebracht werden mußten. Dadurch wurde ein stabileres Gleichgewicht zwischen den verschiedenen Branchen in der deutschen Wirtschaft hergestellt; staatliche Subventionen für notleidende Industriezweige waren schon damals möglich.

Die Steuergesetzgebung, die die privaten Investitionen und die Kapitalbildung förderte, aber auch im boomenden Wohnungsbau eine wichtige Rolle spielte, hatte zur Folge, daß die Bundesrepublik sich von der für manche erstrebenswerten Idee einer egalitären Gesellschaft ohne allzu große Unterschiede des Besitzes immer weiter entfernte. Nicht nur wurden einzelne der großen Industrievermögen restauriert (die Flicks, die Quandts, die Krupps, die Gerlings etc.), es bildeten sich auch große neue Vermögenskonzentrationen, so daß die wachsende Ungleichheit der Vermögen und der Besitzverhältnisse zu einem kritischen Punkt in der Bilanz der Ära Adenauer wurde. Immer wieder haben zeitgenössische Kritiker auf die ungleichen Besitz- und Vermögensverhältnisse hingewiesen, so daß auch die bürgerliche Regierung unter Adenauer nicht umhin konnte, gewisse Korrekturen dieser Entwicklung in die Wege zu leiten. Dies geschah durch erste Ansätze einer Politik der Vermögensbildung in Arbeitnehmerhand (312-Mark-Gesetz), die allerdings kaum geeignet waren, die entstandenen und auch weiterhin entstehenden Unterschiede wirksam auszugleichen.

Ein Hauptanliegen Ludwig Erhards war die Verabschiedung eines Gesetzes gegen Wettbewerbsbeschränkung, das »marktwirtschaftliche Grundgesetz«, das Machtkonzentrationen in der Wirtschaft (Monopolen und Oligopolen) einen Riegel vorschieben sollte. Dieses Gesetz, das nach langen Verhandlungen 1957 schließlich verabschiedet wurde, war in der CDU und in der Wirtschaft sehr umstritten. Sein Inhalt entsprach am Ende nur höchst unzulänglich der reinen Lehre des ökonomischen Liberalismus. Immerhin ist dieses Gesetz zur Grundlage der Tätigkeit des Berliner Kartellamts geworden, das seither die Aufgabe hat, wirtschaftliche Machtkonzentrationen zu kontrollieren und gegebenenfalls zu blockieren. Verglichen mit der reinen Lehre des Ordo-Liberalismus, die Ludwig Erhard vertrat, war der Inhalt des Gesetzes allerdings weit eher ein Ausdruck der wirtschaftlichen Machtverhältnisse in der Bundesrepublik, die durch den Bundesverband der Industrie kontrolliert wurden, dem Adenauer zumeist näherstand als seinem Wirtschaftsminister. Ein zeitgenössischer Wirtschaftsjournalist beurteilte das Gesetzeswerk folgendermaßen: »Stück für Stück wurden dem Gesetzentwurf durch jahrelange Bemühungen der Industrielobby die scharfen Bestimmungen herausgebrochen und das anfängliche scharfe Verbotsprinzip in ein weicheres mit vielen Ausnahmen abgewandelt. Die Diskussion um das Kartellrecht löste den einzigen nennenswerten Disput zwischen der christdemokratischen Regierung und der Industrie aus, auf deren Konsens sonst das Staatsgeschick basierte. Am Ende kam ein ›Gesetz gegen Wettbewerbsbeschränkung‹ heraus, das in dem klassischen Kartell-Land Deutschland fast alles beim alten beließ.«[11]

Wirtschaftspolitik braucht theoretische Grundlagen und Prinzipien, an denen sie sich orientiert. Die Praxis selbst ist vielfach ein Kompromiß zwischen der Theorie und dem Druck konkreter Interessen. Für die Wirtschaftspolitik der Ära Adenauer unter Ludwig Erhard kann gelten, daß die Grundlinien des Modells einer sozialen Marktwirtschaft auch im Kampf der sozialen Interessen noch deutlich erkennbar blieben. Maßstab für den politischen Erfolg ist nicht die Anwendung der Theorie, sondern die Leistungsbilanz der Volkswirtschaft. Diese Leistungsbilanz, schon in der Adenauer-Zeit als deutsches Wirtschaftswunder gepriesen, ist neben der Politik der Westintegration zum Markenzeichen für die Erfolgsgeschichte der Bundesrepublik in der Adenauer-Ära geworden.

[11] Leo Brawand, Das ungerechte Wunder. In: Karl Dietrich Bracher (Hrsg.), Nach 25 Jahren. Eine Deutschland-Bilanz. München 1970, S. 93.

Die Gesamtleistung einer Volkswirtschaft wird im Bruttosozialprodukt ausgedrückt. Für die Adenauer-Ära war ein relativ hohes jährliches Wachstum des Bruttosozialprodukts charakteristisch. Zwischen 1950 und 1955 gab es einen durchschnittlichen Anstieg des Wachstums von 9 Prozent pro Jahr, zwischen 1955 und 1960 einen von 6 Prozent pro Jahr. Das gesamte Sozialprodukt ist innerhalb von zehn Jahren um das Dreifache gestiegen, eine enorme Wachstumssteigerung, die als das Wirtschaftswunder in die Geschichte eingegangen ist. Maßgeblich für diese enorme Wachstumssteigerung war neben dem kriegsbedingten Nachholbedarf die ständige Ausdehnung der deutschen Ausfuhr; das Wirtschaftswunder ist in hohem Maße dem Exporterfolg der deutschen Industrie zu danken. Ursachen für diesen Erfolg waren »die günstige Weltmarktentwicklung, eine glückliche Struktur der deutschen Industrie, die relativ vorsichtige Geld- und Finanzpolitik in Deutschland, die Exportförderungspolitik der Bundesregierung und generell eine Unterbewertung der Deutschen Mark.«[12] Günstig war die deutsche Industriestruktur, weil sie zu festen und attraktiven Preisen Güter auf dem Weltmarkt anbieten konnte, die dort besonders stark nachgefragt wurden. Das waren in erster Linie Maschinen und Fahrzeuge, elektrische und chemische Erzeugnisse. Auf diesen Industriezweigen beruht auch heute noch die Stärke der deutschen Ausfuhr.

Die deutsche Wirtschaft wurde dank ihrer großen Exportkapazität schnell in den Weltmarkt integriert. Schon im Oktober 1949 war die Bundesrepublik Mitglied der Organization for European Economic Cooperation (OEEC) geworden. Sie trat 1950 dem General Agreement on Tariffs and Trade (GATT) bei und wurde 1952 Mitglied des Internationalen Währungsfonds (IMF). Während zu Beginn der Bundesrepublik die Einfuhren die Ausfuhr noch überwogen, drehte sich ab 1952 das Verhältnis um. Die Bundesrepublik hatte seitdem eine positive Handelsbilanz, d.h. das Gewicht ihrer Ausfuhren war stets größer als das der Einfuhren. Es waren die fünfziger Jahre, in denen die Bundesrepublik Deutschland wirtschaftlich zu einer Weltmacht wurde, die 1960 mit ihrer Kapazität bereits hinter den USA an zweiter Stelle rangierte.

[12] Gustav Stolper, Deutsche Wirtschaft seit 1870. 2. erg. Aufl., Tübingen 1966, S. 281.

Politisch relevant war jedoch vor allem die wachsende Steigerung der Einkommen. Zwischen 1950 und 1962 erhöhte sich das Einkommen der beschäftigten Arbeitnehmer um das Zweieinhalbfache, d. h. die Verbesserung der Lebensverhältnisse war für den einzelnen in der Regel unmittelbar spürbar. Sie zahlte sich in der mehrheitlichen Zustimmung der Bevölkerung zu einer Politik aus, die versprach, vor allem im wirtschaftlichen Bereich »keine Experimente« zu machen, und durch Ludwig Erhard, den Vater des Wirtschaftswunders, damit auftrumpfte, »Wohlstand für alle« zu schaffen. Obwohl dieser wachsende Wohlstand höchst ungleich verteilt war und weiterhin so verteilt wurde, blieb bei den einkommensschwächeren Schichten der Gesellschaft doch so viel hängen, daß die Verbesserung der Lebensverhältnisse für die große Masse der Bundesbürger zu einer realen Erfahrung wurde, die es ihr erleichterte, sich mit dem neuen Staat und seiner demokratischen Ordnung zu identifizieren.

Für die Regulierung des Wirtschaftsprozesses mittels der Geldpolitik spielte die noch von den Alliierten errichtete *Bank deutscher Länder* als Zentralbank eine wichtige und wachsende Rolle. Durch die Veränderung des Diskontsatzes und andere Maßnahmen wirkte sie auf die wirtschaftliche Entwicklung ein und berührte damit auch politische und wirtschaftliche Interessen. Im Mai 1956 kam es zu einem scharfen Konflikt zwischen der Wirtschaft und der Zentralbank, weil diese zur Dämpfung der Konjunktur den Diskontsatz erhöht hatte. Adenauer kritisierte damals seinen Wirtschaftsminister Erhard und seinen Finanzminister Fritz Schäffer, weil sie die Diskonterhöhung gutgeheißen hatten, und stellte sich auf die Seite der Industrie, ohne freilich die Zentralbank zu einer Kurskorrektur veranlassen zu können. In diesem Zusammenhang wurden die Pläne zur Errichtung einer *Deutschen Bundesbank* in die Tat umgesetzt. Im Juli 1957 wurde das Bundesbankgesetz verabschiedet, das dieser Bank – im Gegensatz zu anderen westlichen Ländern – eine sehr weitgehende Unabhängigkeit gegenüber der Regierung verleiht. Die Bundesbank wurde so zu einer der Währung und ihrer Stabilität verpflichteten Institution.

Zur Geschichte der Finanzpolitik in der Adenauer-Ära gehören auch die Errichtung und die Abtragung des »Juliusturms« (im Julius-Turm von Spandau war einst der deutsche Kriegsschatz von 1871 verwahrt worden). Der Finanzminister hatte zwischen 1952 und 1956 gewaltige Geldüberschüsse bei der

Bank deutscher Länder gehortet und so dem Wirtschaftskreislauf entzogen. Als dies bekannt und kritisiert wurde, wuchs die Begehrlichkeit der Parlamentarier, die mit diesen Geldern ihren Wählern verbesserte Leistungen bieten wollten. So kam es zur raschen Auflösung der gehorteten Milliarden und der in der Folge immer wieder erneuerten Praxis einer Politik der Wahlgeschenke, die das Ziel verfolgte, den Wähler für die Regierung und ihre Parteien geneigt zu machen. Für die Bundesbank, aber auch für die Regierung war die Verhinderung einer inflationären Entwicklung, gegenüber der man in Deutschland aus historischen Gründen besonders sensibel war, eines der wichtigsten Ziele. Verglichen mit anderen Ländern war auch auf diesem Gebiet der Erfolg der Bundesbank beachtlich.

Die Deutsche Mark entwickelte sich so günstig, daß man Ende 1958 zusammen mit einigen anderen Ländern in der Lage war, sie gegenüber der Leitwährung der Nachkriegszeit, dem US-Dollar, konvertibel zu machen. Innerhalb von zehn Jahren war die Deutsche Mark zu einer harten Währung geworden, was sie bis heute geblieben ist.

Man kann den deutschen Wirtschaftsaufschwung auch damit erklären, daß der Anteil der Investitionen am Sozialprodukt stets relativ hoch war. Er betrug im Jahre 1950, 22,8 Prozent und stieg innerhalb der nächsten fünfzehn Jahre (1965) auf 28,8 Prozent. Investitionen galten als ein Gradmesser für die wirtschaftliche Fortentwicklung. Der Anteil der Investitionen am Sozialprodukt war gerade in der Adenauer-Ära vergleichsweise hoch.

Man hat die Entwicklung des deutschen Wirtschaftslebens in bildhafter Ausdrucksweise mit verschiedenen Wellen verglichen. So stand am Anfang die Freßwelle; ihr folgten die Bekleidungswelle, die Wohnwelle, die Reisewelle, dann die Motorisierungswelle in den verschiedenen Etappen vom Motorrad über das Kleinmobil bis zum Auto als Gebrauchsartikel für fast jedermann. Die stetig expandierende Wirtschaft trug so auch zu einer entscheidenden Veränderung des Lebens der Menschen in der modernen Industriegesellschaft bei, die sich in eine Freizeitgesellschaft verwandelte. In der Ära Adenauer standen diese Entwicklungen noch am Anfang, aber die Richtung war bereits vorgegeben. Nach der Überwindung der Entbehrungen der Nachkriegszeit schoben sich in der Bundesrepublik die materiellen Interessen immer stärker nach vorn. In Verbindung mit der technologischen Entwicklung hatte das Wirtschaftssystem rasch eine Eigendynamik gewonnen, die von der Politik nicht mehr beherrscht werden konnte. Diese sah ihre wichtigste Aufgabe darin, durch die ständige Vermehrung des Wachstums den wirtschaftlichen Prozeß in Gang zu halten, weil nur auf diesem Wege die Lebensverhältnisse laufend verbessert und die vielfältigen Leistungen des modernen Staates, insbesondere die soziale Sicherung, stetig verbessert und ausgebaut werden konnten.

Die Gewerkschaften und die Unternehmerverbände

Die deutschen *Gewerkschaften* waren ein Machtfaktor, mit dem jede Regierung gerade in der Wirtschaftspolitik rechnen mußte. Wenige Wochen nach der Konstituierung der Bundesrepublik schlossen sich die schon bestehenden 16 Einzelgewerkschaften im DGB (Deutscher Gewerkschaftsbund) zu einer Einheitsgewerkschaft mit Sitz in Düsseldorf zusammen. Dies war eine bewußte Abkehr von der Tradition der politischen Richtungsgewerkschaften, die die Schlagkraft der Gewerkschaftsbewegung in der Weimarer Republik beeinträchtigt hatten. Auf dem Münchener Gründungskongreß im Oktober 1949, auf dem der vierundsiebzigjährige Franke Hans Böckler zum Vorsitzenden gewählt wurde, verabschiedete der DGB ein Gründungsprogramm, das die Vergesellschaftung der Schlüsselindustrien und die Verwirklichung einer Wirtschaftsdemokratie zur planvollen Lenkung der Wirtschaft zum Programm erhob. Die maßgeblichen Stichworte für die wirtschaftliche Neuordnung hießen: Wirtschaftsplanung, Gemeineigentum und Mitbestimmung. Die kapitalistische Wirtschaftsordnung habe versagt, sie müsse deshalb durch eine sozialistische Neuordnung abgelöst werden.

Dafür war es nach der erfolgreichen Einführung der Marktwirtschaft und der Ausschaltung der SPD aus der Bundesregierung freilich zu spät, so daß das Grundsatzprogramm unausgeführt blieb. Der DGB teilte das Schicksal der SPD, der er nahestand, mit seinen wirtschafts- und sozialpolitischen Vorstellungen bei der Gründung der Bundesrepublik nicht zum Zuge zu kommen und sich mit seinem Programm und seiner Politik mehr und mehr auf die vom Erfolg der sozialen Marktwirtschaft geschaffenen Bedingungen einstellen zu müssen.

Nicht alle Gewerkschafter billigten diesen Kurs allmählicher Anpassung an die Verhältnisse, der zur Folge hatte, daß die Gewerkschaften sich nicht, wie manche Funktionäre, z.B. Victor Agartz, es für notwendig hielten, zu einer politisch relevanten *Gegenmacht* gegen die Regierung und die von ihr vertretenen kapitalistischen Interessen formierten, sondern zu einem – wenn auch besonders wichtigen – Teil der pluralistischen Interessenorganisation der Gesellschaft wurden. Trotz verbaler Zugeständnisse an die Klassenkampfideologie der gewerkschaftlichen Linken verfolgte der DGB in den fünfziger Jahren eine eher moderate Politik des Arrangements mit den wirtschafts- und außenpolitischen Gegebenheiten. Das Ende dieses Weges war das Grundsatzprogramm des DGB vom Jahre 1963, in dem, analog zum Godesberger Programm der SPD, die Neuordnungsforderungen von 1949 fallengelassen wurden. An ihre Stelle trat das Verlangen nach einer Modernisierung der Wirtschaftspolitik im Interesse des Wachstums und der Vollbeschäftigung. »Somit hatten sich am Ende der Ära Adenauer auch die Gewerkschaften mit dem neuen Staat und seiner gesellschaftlichen Ordnung arrangiert.«[13]

Der größte Erfolg des DGB war 1951 die Aufrechterhaltung der paritätischen Mitbestimmung in der Montanindustrie, die dem vertrauensvollen Zusammenspiel von Hans Böckler (der bald darauf starb) und Konrad Adenauer zu danken war. Doch der große Mißerfolg folgte auf dem Fuße. Es gelang dem DGB nicht mehr, die paritätische Mitbestimmung auch im 1952 verabschiedeten Betriebsverfassungsgesetz zu verankern. Die Gewerkschaft nahm diese Niederlage hin, ohne ihre potentiellen Machtmittel wirksam zur Geltung zu bringen. Der Verzicht auf einen Generalstreik war gewiß gut für die noch nicht gesicherte demokratische Ordnung der Bundesrepublik, aber er bedeutete auch die Preisgabe des Konzeptes der gewerkschaftlichen Gegenmacht. Der DGB war nach dem Urteil eines seiner schärfsten Kritiker zu einer »blinden Macht« (Theo Pirker) geworden. Der DGB konzentrierte sich in seiner weiteren Arbeit mehr und mehr auf den von den Einzelgewerkschaften dominierten Bereich der Tarifpolitik. Er war zu einem Sozialpartner der pluralistischen Gesellschaft mit kapitalistischer Wirtschaftsorganisation geworden und ist in dieser Rolle verblieben.

Den Gewerkschaften standen die *Verbände der Wirtschaft* gegenüber. Als Tarifpartner der Gewerkschaften kam vor allem

[13] Anselm Doering-Manteuffel, Die Bundesrepublik Deutschland in der Ära Adenauer. Darmstadt 1983, S. 85.

der Bundesverband der Deutschen Arbeitgeberverbände (BDA) in Betracht, daneben gab es den Deutschen Industrie- und Handelstag, der die zentrale Organisation der Industrie- und Handelskammern und eine Körperschaft des öffentlichen Rechts war, doch der politisch schlagkräftigste und für Adenauer und seine Politik wichtigste Verband wurde binnen kurzem der im Januar 1950 gegründete Bundesverband der Deutschen Industrie (BDI). Er vertrat die Unternehmerinteressen und war das Sprachrohr der deutschen Großindustrie, die im Zuge der wirtschaftlichen Aufwärtsentwicklung immer größer und mächtiger wurde. Sein Präsident war jahrelang der selbständige Unternehmer Fritz Berg, der beste Beziehungen zum Bundeskanzler unterhielt und sich einmal rühmte, er könne einen Gesetzentwurf des Wirtschaftsministers, der nicht die Billigung der Industrie finde, vom Tisch bringen, indem er direkt zum Bundeskanzler gehe.

Adenauer ist wegen seiner Bereitschaft, Interessenvertreter unmittelbar im Bundeskanzleramt zu empfangen, des öfteren kritisiert worden. Diese Kritik wurde zu einem festen Bestandteil des Streitkomplexes Kanzlerdemokratie. Was den BDI anbetraf, so waren Adenauers gute Beziehungen zu Fritz Berg nicht nur seiner Außenpolitik dienlich, die der BDI ausdrücklich unterstützte, sondern auch der Parteikasse der CDU. Umgekehrt war es auch für den BDI von Nutzen, in seinem Präsidenten einen verläßlichen Vertrauten des Bundeskanzlers zu haben. Trotz dieser guten Beziehungen war der Bundeskanzler kein Erfüllungsgehilfe des BDI. Das zeigte sich 1951 bei der paritätischen Mitbestimmung in der Montanindustrie, aber Adenauer hatte gerade in seiner Westintegrations- und Europapolitik im BDI stets eine wichtige Stütze.

Für alle Industrieverbände war es das Hauptanliegen, die Gewerkschaften nicht zu mächtig werden zu lassen. Deren Rolle im Rahmen der Tarifautonomie wurde auch von Unternehmerseite anerkannt, aber die Gewerkschaft, die weitergehende gesellschafts- und wirtschaftspolitische Forderungen erhob, sollte auf die reine Tarifpolitik beschränkt werden. Ein wichtiger Schritt auf dem Wege zur Zähmung und Einbindung der Gewerkschaften war die erfolgreiche Abwehr der Forderung nach paritätischer Mitbestimmung im Betriebsverfassungsgesetz von 1952; die Arbeitnehmervertreter erhielten nur ein Drittel der Sitze in den Aufsichtsräten der großen Unternehmen. Dem in den fünfziger Jahren noch häufig anzutreffenden verbalen Radikalismus in den Gewerkschaften entsprach auf Unternehmerseite die Ideologie des freien Unternehmertums als Grundlage der Demokratie und die scharfe Verurteilung aller sozialistischen Bestrebungen, die vom BDI gern mit dem Kommunismus in eins gesetzt wurden. Auch war die Sprache, mit der man seine Forderungen vorbrachte, in den Anfangsjahren der Bundesrepublik noch ziemlich massiv und von einem zivilisierten Pluralismus weit entfernt. Doch dies gab sich mit der Zeit. Theodor Eschenburgs seinerzeit geäußerte Warnung vor einer »Herrschaft der Verbände« war ein Indiz für die teilweise starken Ausschläge pluralistischer Interessenvertretung in den Anfangsjahren, doch zeigte es sich bald, daß es im organisierten Pluralismus, der sich in der Bundesrepublik rasch formierte, weniger auf eine scharfe Rhetorik als auf die reale Macht der Interessen ankam. Auch in den durch die gegensätzlichen Interessen bedingten Konflikten zwischen Unternehmerverbänden und Gewerkschaften war im Laufe der Adenauer-Ära das Ende der Ideologien gekommen.

Die Sozialpolitik

Im Artikel 20 des Grundgesetzes heißt es: »Die Bundesrepublik Deutschland ist ein demokratischer und sozialer Bundesstaat.« Der Begriff des Sozialstaates kommt als solcher in der Verfassung zwar nicht vor, ist aber längst zu einem anerkannten und integralen Bestandteil des Verfassungsgefüges der Bundesrepublik Deutschland geworden.

In der Situation der unmittelbaren Nachkriegszeit und in der neu entstandenen Bundesrepublik kamen zu den klassischen Aufgaben der Sozialpolitik – Linderung der Armut, Absicherung gegen und bei Arbeitslosigkeit, Hilfe in den sogenannten Wechselfällen des Lebens, Schutz bestimmter sozialer Gruppen wie Mütter, Kinder, Jugendliche und Familien sowie Gesundheitsfürsorge – die durch den Krieg verursachten neuen sozialen Probleme hinzu. Dies waren vor allem die Unterstützung der Opfer nationalsozialistischer Verfolgung, die Versorgung der Kriegsbeschädigten und Kriegshinterbliebenen, die Hilfe für die Vertriebenen, Ausgebombten u. a. m. Die alten wie die neuen sozialen Probleme, die sich in der Nachkriegszeit gewaltig aufgetürmt hatten, sollten nach dem Willen des Grundgesetzes »sozial« behandelt werden.

Der Begriff »sozial« war vieldeutig, doch hat sich unter den verschiedenen Interpretationen, die zunächst im Schwange waren, relativ schnell eine Haupttendenz herausgebildet, die in der Sozialgesetzgebung und Sozialpolitik der Adenauer-Ära konkrete Gestalt annahm und das Sozialsystem der Bundesrepublik auch in der weiteren Zukunft maßgeblich bestimmt hat: »Der Hauptstrom der Meinungen richtete sich von vornherein auf einen Sozialstaat, der dem Schwächeren hilft, der die Teilhabe an den wirtschaftlichen Gütern nach den Grundsätzen der Gerechtigkeit mit dem Ziele ordnet, jedermann ein menschenwürdiges Dasein zu gewährleisten. So entschieden das Grundgesetz die Freiheitsrechte des Menschen als einen Kernbestand der Verfassung begriff, so deutlich war auch die Absicht der Verfassungsgeber, daß diese Freiheitsrechte real werden müßten, daß also der Staat auch die Verpflichtung habe, den Menschen Zugang zu jenen Gütern zu verschaffen, die sie brauchten, um ein Leben in Menschenwürde zu führen.«[14]

Da die Verfassung selbst den Begriff des Sozialstaates nicht näher konkretisiert hatte, entfaltete er sich im Zuge der laufenden Sozialgesetzgebung und der damit verbundenen Rechtsprechung. In der Ära Adenauer sind die Konturen des deutschen Sozialstaats von heute in den Grundzügen erarbeitet worden. Vordringlich war zunächst der Kampf gegen die durch den Krieg bedingte Not und Armut. In einer frühen Entscheidung des Bundesverfassungsgerichts (Bd. 1, S. 97) hieß es, der Sozialstaat sei »insbesondere dazu verpflichtet, sich ... um die Herstellung erträglicher Lebensbedingungen für alle die zu bemühen, die durch die Folgen des Hitlerregimes in Not geraten sind«. Die Auffassung, daß es die Verpflichtung des Staates ist, »jenes Existenzminimum zu gewähren, das ein menschenwürdiges Dasein überhaupt erst ausmacht«, hat sich schnell Geltung verschafft. Hinzu kam die traditionelle Verpflichtung, dem einzelnen in den sogenannten Wechselfällen des Lebens ein gewisses Maß an sozialer Sicherheit zu gewährleisten, nicht zuletzt aber die gegenüber dem klassischen Liberalismus herausgestellte neue Aufgabe des modernen Staates, auf mehr Gleichheit unter den Menschen hinzuarbeiten: »Er (der Sozialstaat) soll Wohlstandsdifferenzen abbauen und Abhängigkeitsverhältnisse, die aus Ungleichheit hervorgehen, aufheben, mindern oder sonstwie unter Kontrolle bringen. Es ist der Staat, der

[14] Hans. F. Zacher, in: Norbert Blüm und Hans F. Zacher (Hrsg.), Vierzig Jahre Sozialstaat Bundesrepublik Deutschland. Baden-Baden 1989, S. 28.

den Schwächeren schützt.«[15] Dieses Sozialstaatsverständnis war – ungeachtet gewisser unterschiedlicher Akzentuierungen bei den verschiedenen Trägern der Sozialpolitik – eine breite Grundlage für die schrittweise Bewältigung der großen sozialen Aufgaben des Wiederaufbaus.

Vordringlich für die Sozialpolitik der frühen Bundesrepublik war die Bewältigung der Folgelasten des nationalsozialistischen Systems, der Niederlage und der Vertreibung. Hier ging es zum einen um die Regelung von Ansprüchen der Kriegsbeschädigten und Kriegshinterbliebenen, sodann um die Schaffung rechtlicher Voraussetzungen für die Eingliederung der Vertriebenen (im Bundesvertriebenengesetz von 1953), schließlich um den Lastenausgleich, der schon 1948 durch die Alliierten vorbereitet worden war, sodann aber vom Bundesgesetzgeber fortgeführt und 1952 verabschiedet wurde. Ziel des Lastenausgleiches war es, die Verluste und Schäden des verlorenen Krieges gerechter und gleichmäßiger auf die Gesamtbevölkerung zu verteilen. Das Lastenausgleichsgesetz hat zwar nicht zu einer weitgehenden Egalisierung der Vermögens- und Lebensverhältnisse in der Bundesrepublik geführt, zumal es in einem Zeitalter wirtschaftlichen Aufschwungs, der neue Ungleichheiten produzierte, wirksam wurde, aber es war immerhin ein Ansatz zu einer maßvollen Politik des sozialen Ausgleichs.

Parallel zu diesen Bemühungen liefen die gesetzgeberischen Aktivitäten im Bereich des Arbeits- und Sozialrechts. Es bestand ein Bedürfnis nach einer Neuordnung der Organisation des sozialen Leistungssystems. Adenauer selbst war der Auffassung, daß nach den ersten notwendigen Bemühungen um eine Behebung der Kriegsfolgelasten der Zeitpunkt gekommen wäre, eine umfassende Gesetzgebung im Sozialbereich zu initiieren und kündigte dies 1953 an. Zu dieser umfassenden Neugestaltung des sozialen Leistungssystems ist es jedoch nicht gekommen. Immerhin steht am Ende dieser Bemühungen eine durchschlagende moderne und neuartige Reform, die Einführung der dynamischen Rente 1957, an der Adenauer entscheidenden Anteil hatte. Der kühne Schritt war die Anbindung der Renten an die allgemeine Lohnentwicklung. Sinn der bedeutsamen sozialpolitischen Maßnahme war nicht nur eine merkliche Erhöhung der Renten, sondern die

[15] Ebd., S. 29.

laufende Anpassung der Rentenhöhe an den wirtschaftlichen Fortschritt.

Man hat Adenauer oft nachgesagt, er sei so stark von seinen außenpolitischen Interessen absorbiert gewesen, daß er der Sozialpolitik kaum Aufmerksamkeit geschenkt habe. Diese Auffassung ist von der neueren Forschung, insbesondere durch die Arbeiten von Hans-Günther Hockerts, korrigiert worden. Sie zeigt, daß Adenauer sich sehr wohl bewußt war, wie wichtig gerade die Sozialpolitik für die Absicherung der Gesamtpolitik ist. Im einzelnen läßt sich zeigen, daß Adenauer dem Gang der Sozialpolitik nicht einfach freien Lauf gelassen, sondern seinen Einfluß zugunsten sozialpolitisch wirksamer Lösungen immer wieder geltend gemacht hat. Dies gilt für die Einführung der paritätischen Mitbestimmung im Montanbereich vom Jahre 1951, für den Lastenausgleich, für die Kriegsopferversorgung und nicht zuletzt für die große Rentenreform des Jahres 1957.

Leitlinie seines sozialpolitischen Interesses, das freilich nicht im Vordergrund seines politischen Horizonts stand, war seine Überzeugung, daß der innere, der soziale Friede im Lande gesichert werden müsse, weil nur auf der Basis eines sozialen Friedens die wirtschaftliche und politische Aufwärtsentwicklung der Bundesrepublik und ihre Integration in den Westen gelingen könnten. Die große Rentenreform, durch die das durchschnittliche Rentenniveau seinerzeit um ca. 65 Prozent angehoben und die Rentner mittels der dynamischen Rentenformel direkt am Wachstum der Wirtschaft beteiligt wurden, hat Adenauer auch gegen Widerstände aus der Wirtschaft durchgesetzt. Sie erwies sich als eine Maßnahme, die für seinen großen Wahlerfolg von 1957 unmittelbar wirksam geworden ist und die führende Rolle der CDU/CSU im deutschen Parteiensystem für die nächsten Jahre festigen half.

In der Ära Adenauer wurden die Grundlagen für unser auch noch heute geltendes System der sozialen Leistungen gelegt. Alle wichtigen gesetzgeberischen Maßnahmen, die den Sozialstaat Bundesrepublik geprägt haben, fallen in diese Zeit, auch wenn sich natürlich in späteren Jahren die Akzente der Sozialpolitik verlagert haben: »Die ersten beiden Legislaturperioden hatten in einer historisch einmaligen Leistung dem gesamten gesellschaftlichen Leben neue Ordnungen gegeben. Sie mußten nun erst einmal gelebt werden. Viele Gesetze, die in jenen beiden Legislaturperioden geschaffen worden waren, erwiesen sich hier und da als nachbesserungsbedürftig, aber große Neuanfänge wurden nunmehr zur Ausnahme.«[16]

Während die Anfänge der bundesdeutschen Sozialpolitik naturgemäß noch von der Bewältigung der ungeheuren Aufgaben geprägt waren, welche die NS-Herrschaft und der verlorene Krieg hinterlassen hatten, ging es im Zuge der positiven wirtschaftlichen Gesamtentwicklung dann um den Aufbau einer sozialen Ordnung, die einerseits geprägt war vom Prinzip der Leistungsgerechtigkeit, andererseits aber auch die Idee der Bedarfsgerechtigkeit und das Prinzip der sozialen Umverteilung nicht vernachlässigte. Nach der Ära Adenauer, die sozialpolitisch den Rahmen für die weitere Entwicklung geschaffen hatte, wurde die Hebung des allgemeinen Wohlstandes und die gerechtere Partizipation an diesem Wohlstand zu einem wichtigen Inhalt der Sozialpolitik. Diese neuere Entwicklung setzte jedoch bereits die dynamische moderne Industriegesellschaft voraus, die sich in der Ära Adenauer überraschend schnell durchgesetzt hatte.

3. Die politischen Parteien und das Parteiensystem

Die parteipolitische Neuordnung

Das Grundgesetz hatte sich für ein parlamentarisches System entschieden. Für dessen Funktionieren kommt es, wie man in der Weimarer Republik zum Leidwesen der ersten deutschen Demokratie hatte erfahren müssen, entscheidend auf die Struktur des Parteiensystems und die Verfassungsloyalität der Parteien an. In der Ära Adenauer wurde die Grundlage geschaffen für ein auf wenige Parteien konzentriertes System, dessen Glieder auf dem Boden der demokratischen Verfassung standen und in der Lage waren, als die wesentlichen Träger der politischen Willensbildung die notwendige Vermittlung zwischen Gesellschaft und Staat herzustellen. In der Adenauer-Ära bildete sich die Parteiendemokratie der Bundesrepublik heraus und wurde binnen kurzem als eine unverzichtbare und sinnvolle Organisation des politischen Lebens von der großen Mehrheit der Bevölkerung akzeptiert. Hatten in der Weimarer Republik die politi-

[16] Ebd., S. 56.

schen Parteien zu den bestgehaßten Erscheinungen des politischen Lebens gehört, so trug nun das Verhalten der politischen Parteien, aber auch das gewachsene demokratische Bewußtsein, zu einer Verankerung der Parteiendemokratie im neuen Staate bei.

Zu Beginn der Bundesrepublik, bei den ersten Bundestagswahlen vom August 1949, war dies freilich noch nicht erkennbar. Damals zogen die beiden großen Parteien CDU/CSU und SPD nur 60 Prozent der Stimmen auf sich, während die übrigen auf acht weitere kleinere Parteien entfielen, was u. a. dadurch möglich geworden war, daß man nur in einem Bundesland, nicht aber im Gesamtstaat 5 Prozent der Stimmen erreichen mußte. Im nächsten Wahlgesetz, das ab 1953 galt, sorgte die auf das Bundesgebiet bezogene Sperrklausel für eine Verringerung der Zahl der Parteien. 1953 gab es im Bundestag nurmehr sechs Parteien, vier Jahre später noch vier und seit 1961 gab es lediglich drei Fraktionen im Deutschen Bundestag.

Diese für die politische Stabilität der Bundesrepublik so entscheidende Parteienkonzentration war bereits in der Besatzungszeit vorbereitet worden. Die Besatzungsmächte hatten nur vier politische Parteien zugelassen: Christdemokraten, Liberale, Sozialdemokraten und Kommunisten. Mit Ausnahme der Kommunisten, die bald ein Opfer ihrer Ideologie und der von ihnen verteidigten Politik in der sowjetisch besetzten Ostzone wurden, waren dies auch diejenigen, die das weitere Schicksal der Bundesrepublik bestimmen sollten. Die Konzentration des Parteiensystems in den fünfziger Jahren kam fast ausschließlich der CDU/CSU zugute, hatte es sich doch bei den kleinen Parteien des Anfangs um regionale, interessen- und ideologiegebundene Gruppierungen gehandelt, die dem bürgerlichen Lager zuzurechnen waren. Adenauers erfolgreiche Politik ließ diese Parteien in den Augen der Wähler bald überflüssig werden.

Erst 1950 konnten politische Parteien sich überhaupt frei bilden, und es gab zwischen 1950 und 1952 eine Reihe von neuen Parteigründungen, doch sie konnten sich mit Ausnahme des BHE (Bund der Heimatvertriebenen und Entrechteten) in der Bundespolitik nicht durchsetzen. Der Gefahr der Wiederauferstehung einer nationalsozialistischen Nachfolgepartei schob das Bundesverfassungsgericht einen Riegel vor, als es die potenteste dieser Gruppierungen, die auch in einigen Ländern bereits beachtliche Wahlerfolge errungen hatte, die Sozialistische Reichspartei (SRP), durch ein richtungweisendes Urteil im Jahre 1952 als verfassungswidrig verbot. Vier Jahre später ereilte die KPD das gleiche Schicksal, obwohl sie ab 1953 gar nicht mehr im Bundestag vertreten und auch keine ernsthafte politische Gefahr mehr war.

Die positive Entwicklung des Parteiensystems war durch den Artikel 21 des Grundgesetzes untermauert worden, in dem die Parteien eine verfassungsmäßig bedeutsame Rolle zugewiesen bekamen und ein Trennungsstrich gezogen wurde zwischen verfassungsloyalen und verfassungswidrigen Parteien, die auf Antrag der Bundesregierung vom Bundesverfassungsgericht verboten werden konnten. Für die Gestaltung des Parteiensystems der Bundesrepublik war es jedoch noch wichtiger, daß sich ein neuer Parteientypus herauszubilden begann, den man Volkspartei oder, in Anlehnung an eine treffende Charakterisierung des Politologen Otto Kirchheimer, *Catch-all-Party* oder Allerweltspartei nannte. Die CDU repräsentierte den neuen Parteitypus in beispielhafter Weise: Die moderne Volkspartei war unideologisch, sie wollte unter pragmatischen Gesichtspunkten, die Kompromisse einschlossen, für alle großen sozialen Gruppen und Schichten des Volkes wählbar sein und nach Möglichkeit auch allen etwas bringen. Sie war in ihrem Erfolg bei den Wählern abhängig von der Fähigkeit, eine starke Führungspersönlichkeit herauszustellen, welche die Partei personifizierte und mit der sich Mitglieder und Wähler identifizieren konnten.

Adenauer führte seine CDU auf dieser Basis von Erfolg zu Erfolg und zwang schließlich auch die SPD auf den Weg zu einer modernen Volkspartei, die sich, allerdings erst nach der Adenauer-Ära, auf den Weg machte, die CDU/CSU als die führende deutsche Regierungspartei abzulösen. Freilich konnte die SPD diesen Weg zur Volkspartei erst dann mit einigem Erfolg gehen, als sie sich dazu bereitfand, die durch Adenauers Politik geschaffenen Grundlagen der Bundesrepublik, vor allem in außenpolitischer Hinsicht, zu akzeptieren. Erst nach Godesberg, mit dessen Programm sie 1959 allen ideologischen Ballast der traditionellen Klassenpartei abgeworfen hatte, und nach der Wehner-Rede vom Juni 1960, mit der sie Adenauers Westintegration bejahte, wurde sie zu einer echten Konkurrenzpartei für die CDU/CSU.

Die Adenauer-Ära hat diese Entwicklung zwar vorbereitet, war aber noch nicht wesentlich von ihr bestimmt, denn die SPD und das bürgerliche Lager standen sich fast während der gesamten fünfziger Jahre in zum Teil schroffer Gegensätzlichkeit gegenüber. Dieser erst langsam sich abmildernde Gegensatz war anfangs durch die Polarität der beiden Parteiführer Adenauer und Schumacher personifiziert. In dem hart ausgefochtenen politischen Kampf zwischen Regierungsparteien und Opposition ging es in den Anfangsjahren der Republik um nichts Geringeres als um die Richtungsbestimmung für den neuen Staat sowohl im Blick auf die äußeren wie auf die inneren Verhältnisse. Adenauer und die CDU standen für Westintegration und Marktwirtschaft, Schumacher und sein Nachfolger Ollenhauer mit der SPD für eine Politik nationaler Unabhängigkeit mit dem Ziel der Wiedervereinigung und für eine sozialistisch ausgerichtete Wirtschafts- und Gesellschaftspolitik. Es brauchte fast die ganze Adenauer-Zeit, bis dieser Antagonismus sich abschliff. Als er dank des Wandels der SPD weitgehend verschwunden war, meinten allzu kritische Politologen im deutschen Parteiensystem der sechziger Jahre sogar die Konturen eines Einparteienstaates erkennen zu können. Sie hielten fälschlicherweise ideologische Gegensätzlichkeit für das Muster eines demokratischen Parteiensystems und übersahen geflissentlich, daß trotz der gemeinsamen Bejahung der verfassungsmäßigen und strukturellen Grundlagen der Bundesrepublik die beiden großen Volksparteien keineswegs miteinander identisch waren.

Karl Dietrich Bracher hat bei seiner Analyse der Entwicklung des deutschen Parteiensystems in den beiden ersten Jahrzehnten der Bundesrepublik drei Grundzüge hervorgehoben:

»1. Die Konzentration der politischen Gruppierungen, die Interessen- und Weltanschauungsverbände übergreifen – mit der Folge einer leichter überschaubaren Mehrheits- und Oppositionspolitik im Parlament und vor der Öffentlichkeit, einer klareren Regierungsbildung und Kontinuität, einer größeren Festigkeit des politischen Systems.

2. Die Integrationswirkung weniger koalitionsfähiger Parteien, die zum ersten Mal in der deutschen Geschichte die zentrifugalen Kräfte ideologischer, sozialer und politischer Zerspaltung in freier demokratischer Konkurrenz zu vereinigen und zu überschreiten vermögen.

3. Die Lockerung des Verhältnisses zwischen Partei, Wählerschaft und Interessengruppen im Sinne größerer Mobilität und Durchlässigkeit der Strukturen. Über die Jahre hinweg aus der längeren Dauer einer von großen Krisen verschonten Parla-

mentsdemokratie erwuchs zugleich ein höheres Maß an Wechselbeziehung und Grundkonsens der Parteieliten, die in Zusammenarbeit wie Konfrontation systemgerechtes Verhalten lernen und praktizieren.«[17]

Die Adenauer-Zeit brachte ein stabiles, den demokratischen Verfassungsstaat bejahendes und stützendes Dreiparteiensystem hervor, dem jedoch die Fähigkeit zum demokratischen Machtwechsel fehlte, weil die Opposition noch nicht stark genug war, ihn zu erzwingen. Man hat in den sechziger Jahren die Bundesrepublik als einen »CDU-Staat« bezeichnet und in Adenauer dessen Gründungsvater gesehen, aber es macht die Stärke und Anpassungsfähigkeit des Dreiparteiensystems aus, daß mit ihm 1969 ein Machtwechsel möglich wurde, in dem das Moment der Kontinuität in bezug auf die Adenauer-Ära eine maßgebliche Rolle spielte.

Das Parteiensystem lebt aus dem Zusammenspiel und Widerspiel der einzelnen Parteien. Ihrer gesonderten Darstellung wenden wir uns im folgenden zu.

Die Christlich-Demokratische Union (CDU)

Mitten in der Ära Adenauer schrieb der Schweizer Journalist Fritz René Allemann in seinem wegen des Titels berühmt gewordenen Buch ›Bonn ist nicht Weimar‹ auch ein Kapitel über die CDU, die »samt ihrem bayerischen christlich-sozialen Ableger die politische Schlüsselstellung im neuen Staate eingenommen« habe. Allemann führte den Erfolg der CDU/CSU darauf zurück, daß sie eine Partei der Mitte war, die zwischen der Linken und der Rechten zu balancieren vermochte; vor allem aber sei es ihr gelungen, die für Parteien der Mitte typische Schwierigkeit zu meistern, sich in internen Flügelkämpfen zu verbrauchen. »Die CDU ist dieser Gefahr bisher entgangen. Weit entfernt, von den Flügeln her angezogen oder gar zerrissen zu werden, hat sie eine erstaunliche Anziehungskraft ausgeübt, auf die Wählerschaft wie auf benachbarte politische Gruppen. Statt sich in der Macht zu verbrauchen, ist sie, alles in allem, über die Jahre hin eher stärker als schwächer geworden.«[18]

[17] Karl Dietrich Bracher, Der parlamentarische Parteienstaat zwischen Bewährung und Anfechtung. In: Walter Scheel (Hrsg.), Nach dreißig Jahren. Stuttgart 1979, S. 45 f.
[18] Fritz René Allemann, Bonn ist nicht Weimar. Köln 1956, S. 261.

Dieses 1956 gefällte Urteil trifft die Rolle und Situation der CDU auch aus heutiger Sicht ziemlich genau. Die wichtigste integrierende Kraft, welche die Partei zusammenhielt, war Konrad Adenauer, dessen Erfolg als Kanzler der Partei bei den Wahlen zugute kam, sowie ein von ideologischen Fixierungen freier politischer Pragmatismus, der es den verschiedenen Richtungen und Interessen in der Partei erlaubte, miteinander auszukommen, für alle Volksschichten wählbar zu werden und sich an der Machtausübung zu orientieren.

Die CDU war eine neue Parteigründung, die den früheren politischen Gegensatz von Katholizismus (vertreten durch das Zentrum) und Protestantismus in einer einheitlichen christlichen Partei überwand und an ihrem Namen als christliche Partei trotz mancher Kritik auch dann noch festhielt, als sie in der Adenauer-Ära mehr und mehr zu einer konservativen bürgerlichen Sammelbewegung wurde, für die das Christentum keine wirklich bestimmende Kraft mehr war. Als Adenauer in der neuen Bundesrepublik an die Macht kam, war der in der Partei nach ihrer Gründung ausgetragene Richtungsstreit zwischen den Verfechtern eines christlichen Sozialismus und den Anhängern eines konservativen Liberalismus schon weitgehend zugunsten der letzteren entschieden. Adenauer hatte als Vorsitzender der Partei in der britischen Zone in den programmatischen Auseinandersetzungen, die vom sozialistisch angehauchten Ahlener Programm von 1947 bis zu den Düsseldorfer Leitsätzen, dem Wahlprogramm von 1949, führten, stets für die soziale Marktwirtschaft und gegen die Idee eines christlichen Sozialismus Partei ergriffen. Mit Ludwig Erhard und Konrad Adenauer wurde die CDU/CSU zur Partei der sozialen Marktwirtschaft schlechthin. Unter Adenauer spielte die in der Gründungsphase noch relativ starke Linke, die sich dann in den Sozialausschüssen organisierte, in der Partei nurmehr eine Außenseiterrolle; Adenauer wußte sie durch gewisse Zugeständnisse im sozialpolitischen Bereich zur Parteiloyalität zu verpflichten. Desgleichen war es ihm gelungen, die Politik der Westorientierung durchzusetzen und jene (vor allem Berliner) Parteifreunde auszuschalten, die wie Jakob Kaiser von einer Brückenfunktion Deutschlands zwischen Ost und West träumten.

Adenauer hatte abgewartet, bis er zum Kanzler gewählt war, bevor er es zuließ, daß die CDU, die bislang nur in Landesverbänden existierte, sich als Bundespartei organisierte. Dies geschah auf dem Goslarer Parteitag vom November 1950. Es war klar, daß die Partei den so erfolgreich amtierenden Bundeskanzler Konrad Adenauer als ihren ersten Vorsitzenden wählen würde. Diese Funktion übte er während seiner gesamten Kanzlerschaft, ja sogar noch zwei Jahre darüber hinaus aus. Da die CDU als Partei bis dahin nur in ihren Landesverbänden aktiv gewesen war und überhaupt noch kein ausgeprägtes Parteiprofil besaß, war es für Adenauer relativ leicht, der Bundespartei seine politischen Zielvorstellungen zu vermitteln, so daß die CDU ganz selbstverständlich in die Rolle einer reinen Regierungspartei hineinwuchs, in welcher der Kanzler die beherrschende Figur war. Auf den Parteitagen der fünfziger Jahre, in denen die CDU ihren Kanzlerkandidaten zu bestimmen hatte, gerierte sich die CDU wie ein Kanzlerwahlverein. Zu parteiinternen Auseinandersetzungen oder auch nur zu Ansätzen von Selbstkritik kam es bei diesen Veranstaltungen nicht. Die Partei war von Adenauer abhängig, weil er es war, der durch seine erfolgreiche Politik die Machtstellung der Partei in der Bundesrepublik abzusichern vermochte. Sie setzte sich erst gegen ihn zur Wehr, als er einen anderen Nachfolger als Ludwig Erhard durchzusetzen versuchte.

Verglichen mit der SPD besaß die CDU auch als Bundespartei keine zentralistisch gelenkte, straffe Parteiorganisation. Die Landesverbände, die unterschiedlich strukturiert waren, besaßen in der Partei von Anfang an eine bedeutsame Stellung, die Adenauer ihnen auch nicht streitig machte, so daß die CDU in der ganzen Adenauer-Ära eine »locker assoziierte Partei« blieb[19].

Obwohl Adenauer die beherrschende Integrationsfigur der CDU und auch der CSU blieb, war es in der praktischen Politik nicht immer ganz einfach, die Partei auf eine bestimmte Linie zu verpflichten. Dies ging relativ leicht in den großen Fragen der Außen- und Deutschlandpolitik, die von Adenauer souverän beherrscht wurden; es war weitaus schwieriger bei den wirtschaftlichen und sozialen Problemen, da die Volkspartei CDU ganz verschiedenartige Interessen in sich ausgleichen mußte. Dies zwang sie zu einer Politik des pragmatischen Ausgleichs, durch den ideologische Positionen gelockert und wechselseitig abgeschliffen wurden. Soziale Marktwirtschaft und Westintegration blieben die großen Leitlinien der CDU, die

[19] Doering-Manteuffel, Die Bundesrepublik Deutschland, S. 149.

jedoch im praktischen Vollzug der Politik konkretisiert werden mußten, ohne daß man auf eine verbindliche Programmatik hätte zurückgreifen können und wollen.

In den Anfangsjahren der Bundesrepublik hatte es den Anschein, als wäre in der interkonfessionellen CDU das katholische Element das weitaus stärkere und bestimmende. Gegen diese Tendenzen bildete der evangelische Arbeitskreis der CDU ein gewisses Gegengewicht. Nachdem zu Beginn der fünfziger Jahre klerikale Tendenzen in der CDU bemerkbar geworden waren, welche die massive Kritik von FDP und SPD herausforderten, löste die Partei sich mehr und mehr von einer engen Bindung an die katholische Kirche. Die entstehende Wohlstandsgesellschaft führte überdies zu einer immer stärkeren Säkularisierung des öffentlichen Lebens, so daß sowohl der Einfluß der Kirchen als auch des christlichen Elements in der Politik der CDU immer schwächer wurde. Zwar bemühte sich die CDU stets von neuem, sich als eine christliche Partei auszugeben und das C in ihrem Namen zu unterstreichen, doch war sie im Zuge der Entwicklung zu einer ziemlich weltlichen, bürgerlich-konservativen Volkspartei geworden.

Die CDU der Adenauer-Zeit wurde von den Politologen als eine typische Wählerpartei klassifiziert. Ihr Mitgliederstamm war, verglichen mit der SPD, eher bescheiden. Sie verfügte in dieser Zeit nur über ca. 250000 eingeschriebene Mitglieder, während die SPD weit mehr als das Doppelte aufzuweisen hatte und darum als eine Mitgliederpartei bezeichnet wurde. Überhaupt war das Parteileben an der Basis der CDU eher bescheiden. Es wurde weithin von lokalen und regionalen Honoratioren geprägt, die an lebendiger innerparteilicher Demokratie wenig interessiert waren. Die Partei war im wesentlichen Stütze und ein Mittel zum Zweck für diejenigen, die mit ihrer Hilfe politische Ämter und andere Vorteile zu erreichen suchten. Adenauer selbst war sich klar darüber, daß er ohne eine Mehrheit im Deutschen Bundestag politisch nichts gestalten könnte, und so war es ihm natürlich recht, daß die Partei ihm im wesentlichen folgte und er sich nicht immer wieder mit ihr auseinandersetzen mußte. Der Kanzlerdemokratie entsprach die Kanzlerpartei. Dies galt auch für die bayerische CSU, die sich in Bayern nach Anfangsschwierigkeiten mit der Bayernpartei als selbständige christdemokratische Landespartei mit Erfolg behauptete, aber als Bonner

Regierungspartei mit der CDU selbstverständlich und zumeist reibungslos in einer gemeinsamen Bundestagsfraktion zusammenarbeitete.

Die Christlich-Soziale Union (CSU)

Die bayerischen Christdemokraten, die ihrer Partei den Namen Christlich-Soziale Union gegeben hatten, wollten sich nicht damit zufrieden geben, nur ein Landesverband der bundesdeutschen CDU zu sein. Als Adenauer an die Macht kam, war die Entscheidung für die CSU als einer selbständigen bayerischen Partei bereits gefallen. Durch sie wollte man »Eigenständigkeit und Selbstbewußtsein Bayerns als Teil Deutschlands« wahren[20]. Als selbständige Partei trat die CSU seit 1949 in eine Fraktionsgemeinschaft mit der CDU ein, deren Erneuerung nach jeder Wahl selbstverständlich war. Für die CSU bot die Bildung einer eigenen CSU-Landesgruppe als Teil der CDU/CSU-Fraktion den Vorteil, als eigenständige politische Gruppe auftreten zu können. Auch bei Koalitionsverhandlungen, in denen es ja um die Verteilung der Minister- und Staatssekretärsposten ging, konnte die CSU ihr Gewicht als selbständige Partei stets zur Geltung bringen. In den Regierungen Adenauers war die CSU in der Regel mit drei oder vier Ministern vertreten. Ihre wichtigsten Minister waren Fritz Schäffer als Finanzminister in den ersten Jahren, sodann Franz Josef Strauß als Verteidigungsminister in den letzten Jahren der Ära Adenauer. Strauß mußte seinen Posten 1962 während der ›Spiegel‹-Krise aufgeben, weil er das Parlament über seine Verwicklung in diese Affäre falsch informiert hatte. Er war innerhalb weniger Jahre zu einer der profiliertesten, in der Öffentlichkeit jedoch besonders umstrittenen Persönlichkeiten der Regierung Adenauer geworden.

Die CSU stand voll und ganz hinter der politischen Linie Konrad Adenauers. Sie war ihm treu ergeben und gab keinen Anlaß zu besonderen Problemen. Die Schwierigkeiten zwischen CDU und CSU ergaben sich erst, als Strauß, der 1962 zum Vorsitzenden einer gut organisierten, in Bayern fest verankerten Partei geworden war, die dort völlig unangefochten herrschen konnte, seine Macht dazu nutzte, um von München aus auf die Bonner Politik einzuwirken. Zu Adenauers Zeiten

[20] Alf Mintzel, Geschichte der CSU. Opladen 1977, S. 6.

war davon noch nichts zu spüren gewesen. Strauß hat sich als Politiker immer in der Nachfolge Konrad Adenauers empfunden.

Die Sozialdemokratische Partei Deutschlands (SPD)

Im Deutschland der Nachkriegszeit schien die Sozialdemokratische Partei die zur politischen Führung in Deutschland berufene Kraft zu sein. Sie hatte sich durch ihr Nein zum Ermächtigungsgesetz von 1933 der nationalsozialistischen Machtergreifung entgegengestellt und konnte den begründeten Anspruch erheben, eine für die demokratische Erneuerung Deutschlands unentbehrliche politische Kraft zu sein. An ihrer Spitze stand mit Kurt Schumacher ein Mann, der, gezeichnet von langjähriger Haft im Konzentrationslager Dachau, das neue demokratische Deutschland zu verkörpern schien. Er war umgeben von treuen Parteigenossen, die in den Jahren des Exils die sozialdemokratische Idee und eine Rumpforganisation der Partei am Leben erhalten hatten. Schumacher und seinen Freunden gelang es rasch, trotz der Behinderung durch die Einteilung Deutschlands in Besatzungszonen, eine von Hannover aus gelenkte zentralistische Parteiorganisation aufzubauen, der viele frühere Parteimitglieder die Substanz gaben. So entstand innerhalb weniger Jahre eine straff gelenkte Parteiorganisation mit vielen Hunderttausenden von Mitgliedern, die im wesentlichen an die sozialdemokratischen Traditionen vor 1933 anknüpfte.

Das beherrschende organisatorische Element dieser Tradition war die zentralistische Parteiführung, unterstützt von einem großen Apparat parteiamtlicher Funktionäre, die – ganz im Gegensatz zur CDU – den regionalen Gliederungen der Partei keinen großen Spielraum ließen. Dank seines Charismas und mit der Hilfe des Apparats vermochte Kurt Schumacher der Partei seinen Willen aufzuzwingen. Die Partei blieb noch über seinen Tod im August 1952 hinaus im Banne der politischen Richtlinien, die Kurt Schumacher ihr vorgegeben hatte. Er kämpfte für einen demokratischen Sozialismus. Dies bedeutete einerseits, daß er gegen die Kommunisten war und sich mit Entschiedenheit gegen alle Versuche der Kommunisten wandte, die Sozialdemokratie für eine gemeinsame Politik zu gewinnen, andererseits, daß er eine Zusammenarbeit mit bürgerlichen Parteien nicht ins Auge faßte, weil er glaubte, seine Partei könnte ihren Anspruch auf die politische Führung Deutschlands aus eigener Kraft durchsetzen. Doch die Wahlergebnisse rechtfertigten eine solche Hoffnung überhaupt nicht. Schon im Frankfurter Wirtschaftsrat von 1948 sah die SPD sich in die Opposition verwiesen, und das Wahlergebnis zum ersten Bundestag 1949 konnte diesen Anspruch der SPD erst recht nicht untermauern, so daß sie in die Opposition gehen mußte, während Konrad Adenauer damit begann, der deutschen Politik seinen Stempel aufzuprägen.

Schumacher führte seine Partei in eine antagonistische Opposition gegen die Politik der bürgerlichen Parteien unter Führung Adenauers. Die ersten Jahre der Bundesrepublik waren geprägt von der Rivalität dieser beiden Persönlichkeiten, eine Gegnerschaft, die zwar den Rahmen demokratischer Auseinandersetzung selten sprengte, aber gleichwohl kein guter Auftakt für den deutschen Nachkriegsparlamentarismus war, weil er zu einem sterilen und stereotypen Antagonismus zwischen Regierungsparteien und Opposition führte, der das politische Klima belastete und eine konstruktive Opposition, welche die SPD zu führen meinte, zunächst gar nicht entstehen ließ. Die entschiedene Opposition von Schumachers SPD gegen Adenauers Politik hat die Partei auch nicht nach vorn gebracht. Sie blieb in der Adenauer-Ära im Turm der 30 Prozent an Wählerstimmen gefangen, bis sie, aufgerüttelt durch die deprimierenden Wahlergebnisse, den Weg zur Reform (Godesberger Programm 1959) fand und durch ihre grundsätzliche Zustimmung zu den Grundlagen der Adenauerschen Politik sowohl im wirtschaftlichen wie im außenpolitischen Bereich die Basis für ihren späteren Erfolg als die zweite große demokratische Volkspartei der Bundesrepublik legte.

Die Gegensätzlichkeit Adenauers und Schumachers lag nicht so sehr in ihrer Einstellung zur Demokratie und ihrer Vorstellung von den Aufgaben und Zielen deutscher Politik, als vielmehr in der völlig unterschiedlichen Beurteilung der Wege zu diesen im Grunde gemeinsamen Zielen. Schumacher meinte, seine Partei auf eine nationale Linie verpflichten zu müssen und verlangte im Umgang mit den westlichen Alliierten von Anfang an die deutsche Gleichberechtigung, während Adenauer es für richtiger hielt, dieses Ziel Schritt für Schritt im Einvernehmen mit den westlichen Alliierten zu erreichen. So manövrierte sich die Partei in eine oft unfruchtbare Frontstellung gegen die Regierung Adenauer, die sie dazu verleitete, auch gegen politische Entwicklungen zu opponieren, die der Bundesrepublik sehr wohl eine bessere Zukunft eröffneten. Dies galt für die negative Einstellung der SPD zum Schumanplan und zur EVG, aber auch die ständige Betonung der Priorität der Wiedervereinigung, mit der die SPD der Regierung immer wieder zusetzte, wurde durch die politische Entwicklung im Kalten Krieg zwischen den Großmächten nicht gerade plausibler. So hat sich die SPD im Netz ihrer radikalen, durch Schumacher personifizierten Opposition gegen die Regierungspolitik lange Jahre selbst gefangen. Es zeigte sich gegen Ende der Adenauer-Ära, daß sie die radikale Opposition, die sie auf fast allen Gebieten der Politik vertreten hatte, nicht durchhalten konnte, ja schließlich sogar gezwungen war, ganz von ihr abzulassen, um die Chance, einen Machtwechsel herbeiführen zu können, nicht auf Dauer zu verspielen.

Wie hoch man die Persönlichkeit Kurt Schumachers, seinen Einsatz und sein Leben für die Partei auch bewerten mag, er hat ihre notwendige Entwicklung zu einer demokratischen linken Volkspartei eher aufgehalten als gefördert. Er hat das Interesse der Wähler falsch eingeschätzt, die an handgreiflichen Verbesserungen ihrer Lebenssituation mehr interessiert waren als an der Verteidigung eines forsch vorgetragenen nationalen Interesses. Auch wirtschaftspolitisch konnte die SPD angesichts der positiven Entfaltung der sozialen Marktwirtschaft keine überzeugende Alternative bieten, so daß sie sich langsam, aber dann sehr bestimmt, auf den Weg machte, in der Marktwirtschaft die Ordnungsgrundlage für ihre Politik der sozialen Gerechtigkeit zu sehen. »Schumacher ... erinnerte das Volk zu sehr an die Vergangenheit ..., während Adenauers ganzes Vorgehen ein Versprechen für die Zukunft war. Obwohl Schumachers Beitrag für die SPD ganz beachtlich war (er hielt die Partei in den ersten Jahren zusammen, er blockierte die kommunistische Bedrohung), so war sein Stil doch nicht geeignet, der Partei neue soziale Schichten zu erschließen ... Seine Strategie war für die SPD wahrscheinlich ungünstig. Anstatt einer intensiven, wenn auch demokratischen Polarisierung wäre die Partei besser beraten gewesen, eine bewußte Politik der Kooperation mit der CDU zu betreiben.«[21]

Die entschiedene Frontstellung gegen die wichtigsten Positionen der Politik Adenauers hat die SPD-Fraktion des Deutschen Bundestages freilich nicht daran gehindert, in den Ausschüssen

[21] Gordon Smith, Democracy in Western Germany. London 1979, S. 97.

des Parlaments konstruktiv an der Gesetzgebung mitzuwirken. So verdankt – um ein Beispiel zu nehmen – die Bundeswehr ihren Charakter als eine demokratische Armee zu einem wesentlichen Teil der Mitwirkung der Sozialdemokraten bei der Wehrgesetzgebung. Allerdings fiel es der Partei nicht ganz leicht, diese Mitarbeit, die insgesamt zweifellos zur demokratischen Entwicklung der Bundesrepublik beigetragen hat, der Öffentlichkeit verständlich zu machen. Die SPD erschien in den fünfziger Jahren im wesentlichen als eine Partei der permanenten Neinsager.

Nachfolger von Kurt Schumacher, der die Partei so nachhaltig geprägt hat, wurde der biedere Erich Ollenhauer, der in London im Exil gewesen war. Unter seinem Vorsitz hat die Partei zwar den Weg zum Godesberger Programm beschritten, aber doch ziemlich lange an der unfruchtbaren Schumacher-Linie festgehalten. Ollenhauer repräsentierte den Typus des Parteifunktionärs und besaß zu wenig persönliche Ausstrahlung, um die Partei zu einer wirklichen Konkurrenz für die CDU zu machen. Er mußte 1953 und 1957 zwei empfindliche Wahlniederlagen der SPD hinnehmen, bevor er bereit war, den Reformern in seiner Partei mehr Raum zu geben. Die Politik Schumachers und seines Nachfolgers hat es nicht vermocht, der SPD, die vielen noch immer als eine sozialistische Klassenpartei erschien, neue Wählergruppen zu gewinnen. Die Reformer hingegen wollten aus ihr eine demokratische Volkspartei der Linken machen. Dazu hielten sie es für notwendig, daß die SPD »Ballast abwerfe«, daß sie sich von traditionalen und ideologischen Bindungen befreie. Das Ergebnis des Reformprozesses war schließlich das Godesberger Programm von 1959. Dieses Programm gilt heute allgemein als die Voraussetzung für die Entwicklung der Sozialdemokratischen Partei zu einer potentiellen Regierungspartei der Bundesrepublik.

Freilich war die Situation der SPD nur im Bund so kritisch, daß sie zur permanenten Opposition verurteilt schien; in mehreren Bundesländern und in vielen Großstädten war sie die führende politische Kraft und hatte maßgeblichen Einfluß auf die Landes- und Kommunalpolitik. Die von der SPD geführten Bundesländer und Gemeinden bildeten ein progressives Gegengewicht zur vorherrschenden, von Adenauer geprägten konservativen Tendenz der Bundesrepublik. Die Jahre der Adenauer-Ära sind zugleich auch die Erfolgsjahre von so bedeutenden SPD-Landespolitikern wie August Zinn in Hessen, Hinrich

Kopf in Niedersachsen, Wilhelm Kaisen in Bremen, Ernst Reuter und später Willy Brandt in Berlin, um nur die wichtigsten zu nennen.

Im Godesberger Programm präsentiert sich die SPD als die Partei einer offenen Gesellschaft, in der Menschen verschiedener weltanschaulicher Herkunft willkommen sind, wenn sie sich für die Ziele des demokratischen Sozialismus einsetzen, für die Grundwerte der Freiheit, Gerechtigkeit und Solidarität. Das Programm verzichtet ausdrücklich auf die Idee eines Sozialismus als Endziel, der demokratische Sozialismus sei vielmehr eine dauernde Aufgabe.

Vielfach wird behauptet, mit dem Godesberger Programm habe die SPD sich vom Marxismus gelöst. Doch in Wirklichkeit gab es in der SPD der Nachkriegszeit kaum mehr Marxisten. Es ging der Partei in Godesberg nicht zuletzt darum, der permanenten Verdächtigung der bürgerlichen Parteien, die SPD sei marxistisch und ideologisch, endgültig den Boden zu entziehen. Mit ihrem neuen Programm öffnete sich die SPD der pluralistischen Gesellschaft, zu der die Bundesrepublik inzwischen geworden war. Wichtig war der Partei auch die Öffnung zu den Kirchen, zu denen sie nach und nach ein besseres Verhältnis herzustellen vermochte.

Mit dem programmatischen Wandel gingen auch personelle Veränderungen einher. Die wichtigste war die Aufstellung des Berliner Regierenden Bürgermeisters Willy Brandt zum Kanzlerkandidaten der SPD bei den Wahlen von 1961. Brandt konnte damals zwar noch nicht gewinnen, hat aber die SPD mit einem Wahlergebnis von 36,2 Prozent aus dem Turm der 30 Prozent befreit und damit die Grundlage für die späteren Erfolge der Partei gelegt. Es waren nicht zuletzt diese Wahlerfolge, die die Richtigkeit des programmatischen Wandels von Godesberg bestätigten. Gegen Ende der Ära Adenauer, während der Koalitionskrise von 1961, sah Adenauer sich sogar veranlaßt, die Bildung einer großen Koalition von CDU/CSU und SPD prüfen zu lassen, doch war die Zeit für eine Zusammenarbeit der beiden Parteien damals noch nicht reif. Gleichwohl hatte sich die einst so verbissen gegen die Wirtschafts- und Außenpolitik der Bundesregierung kämpfende SPD ihrem Widersacher in zahlreichen Punkten angenähert: In der Wirtschaftspolitik waren die alten Modelle der Vergesellschaftung und der Wirtschaftslenkung schon lange aufgegeben worden. Die Devise hieß nun: So viel Wettbewerb wie möglich, so viel Planung wie nötig. In der Außenpolitik hatte die Partei noch 1959 durch Herbert Wehner einen Deutschlandplan vorgelegt, der mit der bereits erfolgten Westintegration der Bundesrepublik nicht vereinbar war, doch derselbe Wehner verwarf diesen Plan ein Jahr später in seiner berühmten Bundestagsrede vom 30. Juni 1960, in der er die Bereitschaft seiner Partei zu einer gemeinsamen Außenpolitik erklärte. So brachte das Ende der Ära Adenauer den Anfang einer Neuorientierung der SPD, die sich jedoch erst nach Adenauers Zeit auswirken sollte. Die SPD konnte nach Godesberg ihren Stimmenzuwachs bei den Wahlen sukzessive verbessern (Genosse Trend), und sie war durch ihren Wandel sowohl für die CDU/CSU wie auch für die FDP zu einem möglichen Regierungspartner geworden. So öffneten Godesberg und die damit verbundene Politik einer pragmatischen Opposition den Weg zur Großen Koalition von 1966 bis 1969, sodann zur sozial-liberalen Koalition von 1969, dem Machtwechsel zugunsten der SPD.

Die SPD hatte die Positionen, mit denen sie anfangs gegen den ersten Bundeskanzler und seine Politik angetreten war, weitgehend korrigiert; sie hatte sich auf den Boden der von Adenauers Politik geschaffenen Tatsachen der Westintegration, der Wiederbewaffnung, der marktwirtschaftlichen Ordnung gestellt. Erst auf dieser Grundlage wuchs sie zu einer bedrohlichen Machtkonkurrenz für die CDU/CSU heran. Es ist müßig, sich vorzustellen, welche innere und äußere Entwicklung die Bundesrepublik genommen hätte, wäre die SPD nicht so lange in einer so schroffen Opposition zur Regierungspolitik verharrt. Das politische Klima der Adenauer-Ära war nicht wenig belastet durch die Einseitigkeit, mit der die Regierung Adenauer ihre Politik gegen den im Grunde ohnmächtigen Widerstand der Opposition durchsetzte. Eine offenere, pragmatischere, flexiblere Politik der Opposition hätte diese Einseitigkeit vermutlich etwas mildern können. Nicht umsonst sprach Herbert Wehner bei seiner Rede am 30. Juni 1960 davon, daß die »Selbstzerfleischung« aufhören müsse; geboten sei ein »Miteinanderwirken im Rahmen des demokratischen Ganzen, wenn auch in sachlicher innenpolitischer Gegnerschaft«. Aus der Sicht der Schumacherschen Opposition ist uns das Bild eines autoritären, die deutsche Wiedervereinigung verhindernden Bundeskanzlers Adenauer überkommen, aus der Sicht der CDU/CSU die Wahrnehmung der SPD als einer für Deutschland gefährlichen, politisch unzuverlässigen Partei: »Daß es die

politischen Gegner so leicht hatten, die SPD als eine systemge-
fährdende, antiwestliche und demokratisch unzuverlässige Partei hinzustellen, gründete nicht zuletzt in der starren und sterilen Konfrontationspolitik, welche die Sozialdemokratie während der frühen fünfziger Jahre mit ihren Pauschalattacken gegen die innenpolitische Generallinie und gegen den Westinte-
grationskurs sowie ihrer nahezu manischen Fixierung auf das
deutsche Wiedervereinigungsziel ... betrieb.«[22]

Eine weniger starre und verbissene Oppositionspolitik hätte
es der SPD möglich gemacht, ihr großes demokratisches Potential, mit dem sich keine andere deutsche Partei vergleichen
konnte, stärker im politischen und wirtschaftlichen Wiederaufbau zur Geltung zu bringen. Es ist gut, daß dies später geschehen konnte. Jedoch gibt es wenig Anlaß, die von Kurt Schumacher betriebene und bis in die späten fünfziger Jahre fortgesetz-
te Oppositionspolitik nachträglich zu heroisieren. Die konstruktive Bedeutung der SPD in der Adenauer-Ära liegt nicht in
der radikalen Oppositionspolitik auf Bundesebene, sondern in
der positiven Mitgestaltung des Aufbaus von Staat und Gesellschaft der Bundesrepublik in einigen Bundesländern und vielen
Gemeinden. Die starke sozialdemokratische Präsenz außerhalb
Bonns war der Rückhalt für einen Weg zur Reform, welche die
SPD auch im Bund zu einem Machtfaktor werden ließ.

Die Freie Demokratische Partei (FDP)

Die Freie Demokratische Partei war im Dezember 1948 in Hep-
penheim als ein Zusammenschluß von liberalen Landesparteien
gegründet worden. Ihr erster Vorsitzender war der Schwabe
Theodor Heuss, der jedoch den Parteivorsitz abgeben mußte,
als er zum Bundespräsidenten gewählt worden war. Die FDP
war eine stark individualistisch betonte Honoratiorenpartei, die
straff zu führen ohnehin kaum möglich war, doch sie litt nicht
nur unter ihrem Individualismus und dem Fehlen einer starken
Führungspersönlichkeit, sondern auch an ideologischen Differenzen, die sie daran hinderten, eine einheitliche und verbindliche Programmatik zu entfalten. Obwohl es den Liberalen dieses
Mal gelungen war, sich in einer einzigen Partei zu organisieren,
wirkten die traditionellen Unterschiede zwischen Nationallibe-
ralismus und Linksliberalismus weiter fort. Der nationalliberale

[22] Kurt Klotzbach, Der Weg zur Staatspartei. Berlin, Bonn 1982, S. 598.

Flügel der Partei, der vor allem in Nordrhein-Westfalen, Hessen und Niedersachsen stark war, erwies sich anfangs nicht als immun gegenüber der Infiltration von ehemaligen Nationalsozialisten, was dem Ansehen der Partei schadete. Sie war auch dank des Fehlens einer integrierenden Führerpersönlichkeit nicht in der Lage, ihre politischen Differenzen zu überwinden und zu einer einheitlichen Linie zu finden. Das machte sie unverläßlich und unstet.

Für Adenauer war diese FDP kein einfacher und angenehmer Koalitionspartner. Zwar stand die FDP voll und ganz hinter dem wirtschaftspolitischen Konzept der Bundesregierung und hätte in Wirtschaftsminister Ludwig Erhard am liebsten einen der Ihren gesehen, doch in der Europa- und Deutschlandpolitik war die FDP etwas eigenwillig und kein absolut verläßlicher Partner des Bundeskanzlers. Hinzu kam das für jede kleinere Koalitionspartei typische Bedürfnis, das sich erstmals nach dem für die FDP mäßigen Wahlergebnis von 1953 (9,5 Prozent) einstellte, sich vom starken Koalitionspartner abheben zu sollen, um ein eigenes Profil zu gewinnen.

Repräsentant dieser zeitweiligen Konfrontationsstrategie der Liberalen wurde Thomas Dehler. Er war im ersten Kabinett Adenauer Justizminister gewesen und konnte sich in seiner Bewunderung für den Bundeskanzler kaum zügeln. Doch als er aufgrund des Rates von FDP-Freunden von Adenauer nicht mehr in dessen zweite Regierung (1953) aufgenommen wurde, entwickelte er sich zum scharfen Gegner des Kanzlers. Der emotionale Franke wurde 1954 Parteivorsitzender und nutzte diese Stellung nach Kräften, um Adenauer scharf zu kritisieren, vor allem in seiner Deutschlandpolitik und bei der Behandlung der Saarfrage. In der Tat ging es nicht gut an, daß der Vorsitzende der Partei, die mit der CDU/CSU eine Regierungskoalition eingegangen war, gegen wichtige Aspekte der Regierungspolitik polemisierte, so daß Adenauer danach trachtete, die Ablösung Dehlers von der Führungsspitze der Partei herbeizuführen. Der Konflikt zwischen CDU/CSU und FDP verschärfte sich, als die führende Regierungspartei den Entwurf für ein neues Wahlrecht vorlegte, welches man das Grabensystem nannte und dessen Anwendung zu einer Eliminierung der FDP aus dem Bundestag geführt hätte. Die FDP sah sich mit Recht in ihrer Existenz bedroht und kämpfte um ihr Überleben. Es gelang ihr im Februar 1956, den CDU-Ministerpräsidenten Karl Arnold im größten Bundesland Nordrhein-Westfalen durch ein konstruktives Mißtrauensvotum zu stürzen und eine Regierungskoalition mit der SPD einzugehen. Zwar hielt diese Koalition nur zwei Jahre, aber der Coup von Düsseldorf, den die sogenannten Jungtürken der Partei gewagt hatten, war ein Zeichen dafür, daß die FDP nicht auf die CDU angewiesen war, sondern gegebenenfalls auch die Möglichkeit hatte, mit der anderen großen Partei des deutschen Parteiensystems, der SPD, eine Regierungskoalition zu bilden.

Die Folge des sensationellen Düsseldorfer Machtwechsels war jedoch die Schwächung der FDP selbst. Die Fraktion der FDP im Bundestag fiel auseinander: Die vier Minister der Regierung Adenauer und zwölf weitere Abgeordnete verließen die FDP-Fraktion und unterstützten weiterhin die Regierung, während die Mehrheit der Fraktion (38 Abgeordnete) in die Opposition ging. Für Adenauer war die gespaltene FDP fürderhin kein Problem mehr, erst recht nicht nach seinem Wahltriumph von 1957. Damals übernahm der maßvollere Schwabe Reinhold Maier den Parteivorsitz, in dem er 1960 von Erich Mende abgelöst wurde. Unter Maier konnte sich die nun in der Opposition befindliche, angeschlagene liberale Partei wieder etwas regenerieren. Sie bezog eine Mittelposition, die sich sowohl gegen konservative und klerikale Tendenzen in der CDU/CSU wie gegen sozialistische und utopische Tendenzen in der SPD richtete. Doch die Oppositionsrolle gefiel ihr nicht sehr. Erich Mende verschaffte als neuer Parteiführer der FDP dann wieder den Zugang zur Regierung. Er propagierte im Wahlkampf 1961 eine Koalition mit der CDU/CSU, jedoch ohne Adenauer als Regierungschef. Diese Parole brachte ihm das beste Ergebnis ein, das die Liberalen bei Bundestagswahlen jemals erzielt haben, nämlich 12,8 Prozent. Damit war die FDP nun die etablierte und anerkannte dritte Partei in der Bundesrepublik, ohne die fortan keine Regierung gebildet werden konnte, es sei denn, die beiden großen Parteien verstanden sich wie 1966 bis 1969 zu einer großen Koalition. Es gelang Mende jedoch nicht, Adenauer als Bundeskanzler zu verhindern. Als die FDP schließlich 1961 doch in eine Regierung mit Adenauer als Bundeskanzler eintrat, wurde sie als eine *Umfallpartei* (auch Pendlerpartei) abgestempelt, eine Charakterisierung, unter der sie seither immer wieder zu leiden hatte. Doch ihre potentielle Stärke lag seit 1961 darin, daß sie das Zünglein an der Waage für eine mögliche Regierungsbildung mit der CDU/CSU oder der SPD sein konnte. Ohne sie war ein Machtwechsel in der Bundesrepublik unmöglich geworden. Ihr Interesse war es seither, sich als »dritte Kraft« im Parteiensystem zu behaupten und sich ununterbrochen an der Macht zu beteiligen.

Die kleineren Parteien

Die Ära Adenauer ist durch die Konzentration des Parteiensystems gekennzeichnet, ein Prozeß, bei dem von einem Vielparteienparlament mit anfangs zehn Parteien am Ende (1961) nurmehr drei übrigblieben, die ein kompaktes Parteiensystem bildeten und seither das politische Geschick der Bundesrepublik bestimmten. Mit Ausnahme der *Kommunistischen Partei Deutschlands* (KPD) handelte es sich bei den kleinen Parteien im wesentlichen um bürgerliche Parteien, deren Wählerschaft dank des Erfolgs der Adenauerschen Politik und dank der Ausdehnung der Fünf-Prozent-Klausel auf das gesamte Bundesgebiet von der CDU/CSU absorbiert wurde. Von den kleineren Parteien waren nur zwei, die KPD und die *Sozialistische Reichspartei* (SRP) prinzipielle Gegner des politischen Systems der Bundesrepublik. Sie wurden durch Urteile des Bundesverfassungsgerichts politisch ausgeschaltet, die SRP, weil sie eine nationalsozialistische Nachfolgepartei war, die gegen die freiheitlich-demokratische Ordnung der Bundesrepublik arbeitete, die KPD, weil ihre politischen Ziele und ihre politische Praxis ebenfalls nicht mit der Verfassung in Übereinstimmung zu bringen waren. Das Urteil gegen die SRP erging bereits im Jahre 1952. Die Verhandlungen gegen die KPD zogen sich sehr viel länger hin und führten erst 1956 zu einem Verbot dieser Partei. Indem die Bundesregierung gegen eine rechtsextreme wie gegen eine linksextreme Partei vorging, machte sie deutlich, daß sie entschlossen war, die verfassungsmäßigen Mittel sowohl gegen eine politische Bedrohung von rechts wie gegen eine Gefahr von links zur Geltung zu bringen. Eine neonazistische Partei im Stile der SRP hat sich dann nicht mehr gebildet, wenngleich rechtsextremistische Bestrebungen in der Ära Adenauer immer wieder eine ärgerliche Rolle spielten, ohne allerdings eine größere Bedeutung erlangen zu können. Das Verschwinden einer neonazistischen Partei bedeutete freilich nicht, daß es keine politischen Bemühungen Einzelner und von Gruppen gegeben hätte, neonazistische Positionen zu vertreten und sich gegen die im neuen politischen System vorherrschende Verurteilung des Nationalsozialismus zur Wehr zu setzen. Gerade die Ära Adenauer, mit der ein ganz neuer Abschnitt in der deutschen Geschichte begann, der im bewußten Gegensatz zur vorausgegangenen Ära des Dritten Reiches stand, sah sich sowohl von innen wie von außen dem permanenten Verdacht ausgesetzt, gefährliche Überbleibsel des Nationalsozialismus mit sich zu schleppen, die das demokratische Aufbauwerk von neuem gefährden könnten. Das Hauptmotiv für die Beantragung des Parteienverbots gegen SRP und KPD lag in der Entschlossenheit der Bundesregierung, gegenüber einer mißtrauischen Öffentlichkeit deutlich zu machen, daß verfassungsfeindliche Parteien, ob von links oder von rechts, im neuen demokratischen System der Bundesrepublik nichts zu suchen hätten.

Das Verbot der KPD machte dem Gericht größere Schwierigkeiten als das der SRP, weil sie im Falle einer Wiedervereinigung zu den Wahlen hätte zugelassen werden müssen, und weil sie ab 1953 ohnehin nicht mehr im Bundestag vertreten war. Deshalb konnte von ihr auch kaum eine Gefährdung der Demokratie mehr ausgehen. Hier behielt schließlich doch der in der Adenauer-Ära vorherrschende antikommunistische Trend die Oberhand. Es ist anzunehmen, daß auch die freie politische Auseinandersetzung mit dem Kommunismus die KPD auf den Rang einer bloßen Splitterpartei verwiesen hätte, wie dies auch später bei ihrer Wiedergründung als DKP in der Bundesrepublik nach Adenauer der Fall war.

Von den kleineren Parteien war die vorwiegend in Niedersachsen beheimatete *Deutsche Partei* (DP) ein Koalitionspartner der CDU bis zum Jahre 1961. Sie konnte sich jedoch nur deshalb im Parlament halten, weil die CDU ihr 1953 und 1957 Wahlhilfe leistete und sie durch die Überlassung von Direktmandaten in den Bundestag hievte. Die Deutsche Partei hat immerhin versucht, eine etwas altmodisch wirkende nationalkonservative Programmatik zu entwickeln, aber sie wurde in der Koalition von der CDU erdrückt und konnte in dieser Rolle weder personell noch programmatisch ein erkennbares Profil gewinnen.

Wichtiger als die DP – zumindest quantitativ – war eine Zeitlang der *Bund der Heimatvertriebenen und Entrechteten* (BHE). Er versuchte, die Vertriebenen und Flüchtlinge um sich zu sammeln und hatte seinen Schwerpunkt in den Ländern, in denen viele Vertriebene untergekommen waren, so vor allem in Schleswig-Holstein und Niedersachsen. Primär ging es dem BHE um die Förderung der materiellen Interessen der Vertriebenen, deren zunehmende Integration in die Gesellschaft der Bundesrepublik schließlich auch der Grund dafür war, daß der BHE seine Wählerschaft immer mehr einbüßte. Der BHE trat 1953 in die Regierungskoalition unter Adenauer ein, schied aber wegen Meinungsverschiedenheiten über die Deutschlandpolitik zwei Jahre später wieder aus und gelangte 1957 nicht mehr in den Bundestag. Ein später Versuch, mit der ebenfalls im Abstieg befindlichen DP zu fusionieren, um die Partei am Leben zu halten, scheiterte.

Das Auftauchen der kleinen Parteien im ersten Deutschen Bundestag hatte die Befürchtung wachwerden lassen, das Parteiensystem könne sich den Verhältnissen der Weimarer Republik annähern, doch spätestens 1953 war klar, daß die Rückkehr nach Weimar – jahrzehntelang ein Angsttrauma der Bundesrepublik – nicht zu befürchten stand. Die kleinen Parteien waren eine kurze Episode in der Geschichte der Bundesrepublik. Die politische Entwicklung hatte zwei große politische Lager hervorgebracht, die durch CDU/CSU und die SPD repräsentiert waren. Nur die FDP konnte die Chance wahren, einen wichtigen Platz zwischen den Hauptparteien des politischen Systems der Bundesrepublik zu behaupten. Die Veränderung des Wahlrechts mit dem Ziel der Eliminierung der FDP ist in gewissen Abständen immer wieder diskutiert worden. Auch Adenauer hat 1956 einen solchen Versuch gemacht, wie zehn Jahre später Bundeskanzler Kiesinger in der Großen Koalition, doch es blieb bei Androhungen, so daß die FDP sich als dritte Partei halten konnte.

Die kleinen Parteien der Adenauer-Ära haben kein sichtbares Erbe hinterlassen. Es hat auch danach keine Versuche mehr gegeben, ihre kurze Geschichte neu zu beleben.

4. Der Staat und die Verfassungsorgane in der Adenauer-Ära

Adenauer als Bundeskanzler

Die Verfassungsväter der Bundesrepublik hatten sich zum Ziel gesetzt, die für sie erkennbaren Schwächen der Weimarer Verfassung zu überwinden und das Verhältnis der Verfassungsorgane des parlamentarischen Systems nach diesen Einsichten neu zu ordnen. Das Ziel war eine funktionstüchtige demokratische

Ordnung, die ein hohes Maß an Stabilität gewinnen sollte. Unter Berücksichtigung der Weimarer Erfahrungen hat das Grundgesetz die Funktion des Präsidenten stark eingeschränkt und dementsprechend die Stellung des Bundeskanzlers als Chef der Exekutive sowohl in seiner Regierung wie gegenüber dem Parlament außerordentlich gestärkt. Es ist der Bundeskanzler, der für seine Regierung die Richtlinien der Politik bestimmt. Zwar sind die einzelnen Minister für ihr Ressort im Rahmen dieser Richtlinien selbst verantwortlich, aber die Gesamtverantwortung der Regierung gegenüber dem Parlament wird allein durch den Bundeskanzler wahrgenommen, der auch über die Ernennung und Entlassung der Minister zu entscheiden hat. Diese Abhängigkeit der Minister vom Bundeskanzler gibt dem Regierungschef die überragende Stellung in der Exekutive. Gegenüber dem Parlament erweist sich die von der Verfassung gewollte Stärke des Bundeskanzlers darin, daß er nur durch ein konstruktives Mißtrauensvotum abgewählt werden kann, ein Votum, das die Abwahl eines Bundeskanzlers mit dem konstruktiven Akt der Wahl eines neuen Bundeskanzlers verbindet.

Schon in der Ära Adenauer hat man diese von der Verfassung gewollte Anordnung der Verfassungsinstitutionen als *Kanzlerdemokratie* bezeichnet, meist mit einem kritischen Unterton, aber es kann kein Zweifel daran bestehen, daß Adenauers Regierungsweise stets im Rahmen der Verfassung blieb, auch wenn unstreitig sein Charakter und sein Führungsstil ganz wesentlich dazu beigetragen haben, die reale Verfassung der Bundesrepublik zu der einer Kanzlerdemokratie zu formen. Die in der Adenauer-Ära immer wieder aufkommende Kritik an der Adenauerschen Kanzlerdemokratie fußte auf einer unzureichenden Vorstellung vom parlamentarischem System; sie war überdies von der übertriebenen Sorge getragen, die Demokratie könnte zu einem »obrigkeitsstaatlichen, patriarchalischen Einmannregime« entarten. Doch sosehr Adenauer die verfassungsmäßigen Möglichkeiten des Kanzlersystems für sich genutzt hat, so blieb er im Umgang mit den anderen Verfassungsorganen doch im Rahmen der vom Grundgesetz gewollten Ordnung. Auch nach Adenauer ist die Bundesrepublik, wenn auch in unterschiedlicher persönlicher Akzentuierung, eine Kanzlerdemokratie geblieben. Dies entsprach übrigens auch der verfassungspolitischen Entwicklung im Westen, etwa der Umwandlung des britischen Regierungssystems von einer Kabinettsregierung zu einer Regierung des Premierministers oder der

Einführung des Präsidialsystems in Frankreichs V. Republik seit 1958. Im übrigen haben auch die Wahlen in der Bundesrepublik, und zwar nicht nur in der Ära Adenauer, bewiesen, daß es auch in der Sicht der Wähler ganz entscheidend auf den künftigen Regierungschef ankommt. (»Auf den Kanzler kommt es an!«) Die Wahlen haben die Kanzlerdemokratie nicht nur bestätigt, sondern auch bekräftigt.

Mit Recht hat man darauf hingewiesen, daß die führende Stellung des Bundeskanzlers in der Regierung natürlich abhängig ist von der Persönlichkeit, die sie ausübt, ihrem politischen Geschick, ihrer Durchsetzungskraft, ihrem staatsmännischen Format. Adenauer hatte hier besonders viel aufzubieten: Sein politisches Format hatte er bereits als Parteivorsitzender der CDU in der britischen Zone und dann vor allem als Präsident des Parlamentarischen Rates unter Beweis gestellt, aber ihm kam auch seine langjährige Erfahrung als Oberbürgermeister von Köln zustatten: »Der patriarchalische Stil des mächtigen Oberbürgermeisters von 1917 bis 1933 ging nun in die Auffassung einer Kanzlerregierung ein, die weniger auf kollegialer Kabinettspolitik denn auf persönlicher Führung mit Hilfe einer starken und zuverlässigen Verwaltung beruhte. Einige wenige klare Grundgedanken, an denen er stark und starr festhielt, machten die charakteristische Sicherheit aus, mit der Adenauer die politischen Möglichkeiten seines Amtes ergriff und festhielt, sie oft genug rücksichtslos und ohne Skrupel nutzte, weil er den intellektuellen Zweifel kaum kannte. Aber mit dieser einlinigen Verfolgung seiner Politik vermochte er die Position des Kanzlers voll auszuschöpfen und zugleich die klare Frontstellung darzustellen, aus der die Entwicklung der Bundesrepublik so rasch in die wirtschaftliche und politische Stabilisierung führte.«[23]

Der Aufbau der Verwaltung

»Verfassungsrecht vergeht, Verwaltungsrecht besteht.« Dieser Satz des bedeutenden Verwaltungsjuristen der Kaiserzeit Otto Mayer dient so gut wie allen Autoren, die sich mit dem Aufbau der Verwaltung und ihrer Entwicklung in der Bundesrepublik befaßt haben, als Stütze für die These, daß der Aufbau der

[23] Karl Dietrich Bracher, Die Kanzlerdemokratie, in: Löwenthal und Schwarz, S. 189.

Verwaltung in Bund, Ländern und Gemeinden nach 1945 sich im wesentlichen gemäß den traditionellen Strukturen des deutschen Verwaltungslebens seit dem Kaiserreich vollzog, wobei man lediglich darauf bedacht war, die Pervertierungen und Besonderheiten, die das Dritte Reich mit sich gebracht hatte, wieder zu beseitigen. Die Länderverwaltungen und die seit 1948 bestehenden Dienststellen für die Verwaltung der Bizone in Frankfurt hatten entscheidenden Anteil am raschen Aufbau einer Bundesverwaltung, deren Wirkung für den Aufbau der Bundesrepublik ein Sachkenner wie Theodor Eschenburg mit folgenden Worten beschrieben hat: »Zu der Konsolidierung des Bundes in unerwartet kurzer Zeit hat das Beamtentum der Bonner Zentralbehörden einen nicht unbeachtlichen Beitrag geleistet. Die Beamten, die teilweise aus der Verwaltung des Vereinigten Wirtschaftsgebietes, zum größten Teil aber direkt aus den Ländern kamen, waren schon dadurch aufeinander eingespielt, daß sie von gleichen Amtsregeln und -usancen ausgingen.«[24]

Dennoch ist gerade die Entwicklung der Staatsverwaltung ein herausragendes Beispiel für restaurative Tendenzen in der deutschen Nachkriegsgeschichte. Gegen den Widerstand der Alliierten, die im traditionellen deutschen Berufsbeamtentum einen beflissenen Diener des nationalsozialistischen Staates erblickten und darum auf eine grundlegende Reform drängten, setzten die deutschen Politiker und Beamten die Beibehaltung der traditionellen Struktur des öffentlichen Dienstes mit dem *Berufsbeamtentum* als seinem Kern durch. Der Parlamentarische Rat, in dem zahlreiche Beamte vertreten waren, legte im Artikel 33 des Grundgesetzes fest, daß das Recht des öffentlichen Dienstes »unter der Berücksichtigung der hergebrachten Grundsätze des Berufsbeamtentums zu regeln« sei. Damit triumphierten die Verfassungsgeber über die Reformbemühungen der Besatzungsmächte, die noch am 15. März 1949 ein Gesetz in Kraft setzten, in dem, orientiert am Beispiel des amerikanischen Civil Service, die öffentliche Verwaltung und der Zugang zu ihr nach demokratischen Grundsätzen geregelt werden sollten. Es ist schwer zu beurteilen, ob eine durchgreifende Reform des öffentlichen Dienstes für die spätere Entwicklung der Bundesrepublik günstiger gewesen wäre. Die verfassungsmäßig garan-

[24] Theodor Eschenburg, Der bürokratische Rückhalt. In: Löwenthal, Schwarz, Die zweite Republik, S. 87.

tierte Institution des Berufsbeamtentums hat sich jedenfalls bis heute halten können, obwohl sie in der weiteren Entwicklung der demokratischen Industriegesellschaft und angesichts der Aufweichung einer besonderen Ideologie des Staatsdienstes immer wieder reformbedürftig erschien. Die Beamten hatten jedoch von Anfang an in allen dafür entscheidenden Gremien ein so starkes Gewicht, daß es bis heute nicht zu einer Revision der 1949 im Grundgesetz getroffenen Entscheidung für die Kontinuität des Berufsbeamtentums alter Art gekommen ist. Das am 14. Juli 1953 verabschiedete Bundesbeamtengesetz besiegelte auf diesem Sektor die restaurative Tendenz.

Für die demokratische Entwicklung der Bundesrepublik war jedoch nicht die Tatsache entscheidend, ob die Institution des Berufsbeamtentums restauriert worden war, als vielmehr, ob die leitenden Beamten bereit waren, die neue demokratische Verfassung der Bundesrepublik als für sich verpflichtend anzuerkennen und in ihrem Rahmen tätig zu sein.

Der Artikel 131 des Grundgesetzes bot ehemaligen Beamten, die als Flüchtlinge und Vertriebene in der Bundesrepublik registriert waren, einen verfassungsrechtlich garantierten Zugang zum öffentlichen Dienst der Bundesrepublik. Dieser Artikel verlangte eine gesetzliche Regelung der Rechtsverhältnisse der ehemaligen Angehörigen des öffentlichen Dienstes, die mit dem 131er Gesetz vom 11. Mai 1951 erfüllt wurde. Es sah die Wiederverwendung dieser Beamten nach Maßgabe der Verfügbarkeit von Stellen vor, wobei die Gruppe der 131er vorrangig berücksichtigt werden mußte. Auf diesem Weg gelangten nicht wenige frühere Nazis in den Justiz- und Verwaltungsdienst der neuen Bundesrepublik. Auch in den Hochschulen und Schulen kam es zu einer weitgehenden Restauration der personellen Verhältnisse. Der Bundestag sah sich aufgrund der öffentlichen Diskussion über die angebliche Durchsetzung der deutschen Beamten- und Richterschaft mit ehemaligen Nationalsozialisten sogar veranlaßt, 1951 einen Untersuchungsausschuß einzusetzen. Das Ergebnis dieser Prüfung war u. a. die Aufdeckung einer starken Durchdringung des neu sich aufbauenden Auswärtigen Dienstes durch ehemalige Beamte der Wilhelmstraße, wie überhaupt sogenannte Seilschaften (auch aus den studentischen Verbindungen) eine nicht unwichtige Rolle bei der Rekrutierung von Beamten in den fünfziger Jahren spielten, aber man beließ es im wesentlichen dabei.

Der Leiter des Bundeskanzleramts, der Schaltstelle der deutschen Politik unter Konrad Adenauer, Dr. Hans Globke, war auch über die Adenauer-Ära hinaus Inbegriff der personellen Kontinuität vom Dritten Reich bis zur Bundesrepublik, wie sie von den Kritikern der Restauration in der Bundesverwaltung ganz allgemein unterstellt wurde. Adenauer hat trotz der immer wieder aufkommenden Kritik an Globke, die sich auf dessen Mitwirkung an einem Kommentar über die nationalsozialistischen Rassengesetze von Nürnberg stützte, bis zuletzt an seinem Staatssekretär festgehalten, weil er auf seine Dienste, die allenthalben als hervorragend eingeschätzt wurden, nicht verzichten mochte. Er hat dadurch freilich an der Spitze des neuen Staates ein Beispiel für eine gewisse Lässigkeit gegenüber dem delikaten Problem der nationalsozialistischen Kontinuität gegeben und die Skepsis gegenüber der demokratischen Zuverlässigkeit der Beamtenschaft wachgehalten. Staatssekretär Globke war nur der prominenteste und einflußreichste Vertreter einer Gruppe von hohen Beamten und später auch Ministern, die ohne Schwierigkeiten über die Brücke vom Dritten Reich zur Bundesrepublik gegangen waren.

Globke wird in der Literatur das Verdienst zugesprochen, der effizienteste Staatssekretär im Bundeskanzleramt gewesen zu sein. Er habe, so Theodor Eschenburg, »ebenso diskret wie bestimmt, wachsam wie phantasiereich« die Regie der obersten Bundesverwaltung in seine Hände genommen und das Bundeskanzleramt, dem er vorstand, zu einem mit der gesamten Bundesverwaltung verknüpften wirkungsvollen Regierungszentrum gemacht. Globke mag für die Bedürfnisse der Verwaltung im Dienste des Kanzlers unersetzlich gewesen sein, dem Ansehen der Bundesrepublik im Ausland war es nicht gerade förderlich, daß der höchste beamtete Gehilfe Konrad Adenauers eine typische Beamtenfigur des Dritten Reiches gewesen war.

Entscheidend für die Wirksamkeit der Verwaltung in der Bundesrepublik wurde jedoch der Umstand, daß die große Mehrzahl der Beamten, ungeachtet der nationalsozialistischen Vergangenheit vieler von ihnen, dem neuen demokratischen Staat der Bundesrepublik zu dienen willens war. Die verhängnisvolle Unterscheidung der Weimarer Zeit, in der viele Beamte nur dem Staat, nicht aber dem politischen System der Demokratie, in dem dieser sich verkörperte, zu dienen bereit waren, kehrte in der Bundesrepublik nicht mehr wieder. Die autoritäre Tradition des Beamtentums im deutschen Obrigkeitsstaat kam in der Bundesrepublik kaum mehr zum Tragen; die Ideologie des Berufsbeamtentums wandelte sich mehr und mehr zu einer rein pragmatischen Orientierung, mit der lediglich berufliche Interessen und Privilegien verteidigt wurden. Zu ihrem Schutz sah sich der Deutsche Beamtenbund berufen, der unter den beruflichen Interessenverbänden der Bundesrepublik von Anfang an eine bedeutsame Rolle spielte und am Berufsbeamtentum nicht rütteln ließ. Die politische Einstellung der Beamtenschaft wurde in der Adenauer-Zeit nicht mehr zum Problem. Vielmehr waren die deutschen Beamten, die sich im Zuge der Weiterentwicklung der verwalteten Industriegesellschaft unablässig vermehrten, eine verläßliche Stütze des politischen Systems. In dem Maße, in dem der moderne demokratische Staat immer mehr Aufgaben zugewiesen bekam, vermehrte sich unweigerlich die Zahl der Menschen, die von der öffentlichen Hand beschäftigt und unterhalten wurden. Das begann schon in den fünfziger Jahren. So haben sich auch innerhalb der Beamtenschaft pluralistische Orientierungen immer mehr durchgesetzt, so daß von einem ideologisch fundierten Korpsgeist der Beamtenschaft auch zu Adenauers Zeiten schon nicht mehr die Rede sein konnte.

Der Bundeskanzler und seine Regierung

Schon die Art und Weise, wie Adenauer die Weichen für seine Wahl zum Bundeskanzler und für die Bildung einer bürgerlichen Koalition gestellt hatte, ließ seine Führungsqualitäten sichtbar werden. In der ersten Bundesregierung ließ er von Anfang an keinen Zweifel daran aufkommen, daß er die Gesamtverantwortung für die Politik trug und die Minister ihm gegenüber verantwortlich waren. Bei der sehr rasch auftauchenden Frage, ob die Organisationsgewalt (das Recht, den Zuständigkeitsbereich von Ministerien und anderen Behörden festzulegen) bei der Bundesregierung oder beim Bundeskanzler läge, konnte er die Vorrangstellung des Bundeskanzlers für derartige Entscheidungen in der Geschäftsordnung festlegen. Auch hat Adenauer nie gezögert, seine Minister an die Einhaltung der Richtlinien der Politik zu erinnern, wenn er dies für notwendig hielt, so daß er in der Regel einem Kabinett vorstand, dessen Mitglieder ihm selten zu widersprechen wagten. So entstand in der Öffentlichkeit immer wieder der Eindruck, Adenauer sei von einer Truppe willfähriger, untertäniger Minister umgeben, die sich ganz auf ihr jeweiliges Ressort konzentrierten, aber nicht die Kraft und den Mut hätten, sich gegenüber Adenauer zu behaupten und sich in eine Diskussion über die Grundlinien seiner Politik einzuschalten.

Eine Ausnahme von dieser Regel machte anfangs Gustav Heinemann, der erste Innenminister im Kabinett Adenauer, der ihm von evangelischer Seite aufgedrängt worden war. Der Aufrüstungsgegner Heinemann protestierte in der Kabinettssitzung vom 31. August 1950 gegen die Eigenmächtigkeit, mit der Adenauer ohne vorherige Konsultation des Kabinetts dem amerikanischen Hochkommissar ein Sicherheitsmemorandum übergeben hatte, das die deutsche Mitwirkung an der westlichen Verteidigung in Aussicht stellte. Freilich hätte sich Heinemanns Kritik an der deutschen Wiederaufrüstung kaum lange mit der notwendigen Kabinettsdisziplin vereinbaren lassen: »Der Fall Heinemann zeigt beispielhaft, daß der Bewegungsfreiheit der Minister unter Adenauer deutlich Grenzen gesetzt waren. Für sie war nur so lange Platz im Kabinett, wie sie den absoluten Führungsanspruch des Kanzlers anerkannten.«[25]

Adenauer sah in seinen Ministern nicht gleichberechtigte Kabinettskollegen der Bundesregierung, sondern gehobene Mitarbeiter. Er war stets auf persönliche Distanz zu ihnen bedacht, wie überhaupt ein wesentlicher Teil der persönlichen Autorität Adenauers darauf beruhte, daß er niemand zu nahe an sich herankommen ließ, was ihn jedoch nicht daran hinderte, die Tätigkeit seiner Mitarbeiter einschließlich ihrer persönlichen Vorlieben und Schwächen sehr genau zu beobachten und im geeigneten Augenblick von seinen Kenntnissen Gebrauch zu machen.

Für die Kontrolle und Koordination der Regierungstätigkeit bediente sich Adenauer des *Bundeskanzleramtes*, einer ihm unmittelbar unterstellten Behörde, die zum wichtigen Führungs- und Koordinationsinstrument für die Regierung Adenauer wurde. Obwohl das Bundeskanzleramt am Anfang, verglichen mit seinem heutigen Umfang, eine eher kleine Behörde war, kommt ihm für die Ausgestaltung der Kanzlerdemokratie große Bedeutung zu. Alle außenpolitischen und verteidigungspolitischen Entscheidungen wurden dort getroffen, bevor 1955 mit der Erlangung der staatlichen Souveränität das Außenministerium und das Verteidigungsministerium eingerichtet wurden.

[25] Udo Wengst, Staatsaufbau und Regierungspraxis 1948–1953. Düsseldorf 1984, S. 327.

Außerdem hatte Adenauer in Hans Globke einen Amtschef, der das Bundeskanzleramt nach einhelligem Urteil hervorragend aufgebaut und geleitet und es zu einem ausgezeichneten Instrument der Politik des Bundeskanzlers gemacht hat. Auch personalpolitisch war das Bundeskanzleramt eine wichtige Schaltstelle, die dafür sorgte, daß die im Ausbau befindliche Ministerialbürokratie zu einem tüchtigen Erfüllungsgehilfen bei der Durchführung der Regierungspolitik wurde.

Der Bundeskanzler und der Bundestag

Eine parlamentarische Regierung bedarf der Unterstützung durch die Mehrheit des Parlaments. Da der Bundeskanzler nur von einer Mehrheit des Parlaments gewählt werden kann, muß er darauf vertrauen können, daß diese Mehrheit ihn in seiner Politik, von der die Gesetzgebung ein wichtiger Teil ist, stützt. Adenauer hat von Anfang an keinen Zweifel daran gelassen, daß er von der CDU/CSU-Fraktion die unbedingte Unterstützung seiner Politik erwartete. Er hielt die Pflege eines guten Einvernehmens mit seiner Fraktion nicht für notwendig, so daß er keine besonderen Anstrengungen machte, sie angemessen, geschweige denn umfassend zu informieren. Bei der Behandlung des für Adenauers Westintegrationspolitik so wichtigen Vertrages über die EVG habe, so Arnulf Baring, der Bundeskanzler den Bundestag kaum unterrichtet; dieser habe sich mit »wenigen Brocken« zufrieden gegeben[26]. Da Adenauer den Fraktionsvorstand seiner Partei beherrschte und dieser wiederum die Fraktion, bestand zwischen dem Bundeskanzler und der Bundestagsfraktion eine Art von Herrschaftsverhältnis, zumindest in den Fragen der Außen- und Verteidigungspolitik. Adenauer hatte sich in seiner Fraktion ein ziemlich willfähriges Instrument für die Durchsetzung seiner Politik geschaffen, und er konnte um so mehr auf Unterstützung rechnen, als die Abgeordneten für ihre Wiederwahl vom Erfolg der Politik des Bundeskanzlers abhängig waren. Mit der FDP-Fraktion, die die meiste Zeit zu seiner Koalition gehörte, konnte Adenauer nicht ganz so herrschaftlich verfahren, aber sie hat trotz gelegentlichen Aufbegehrens die Politik Adenauers im wesentlichen mitgetragen.

Im Umgang mit der SPD-Opposition kannte der Bundes-

[26] Arnulf Baring, Am Anfang war Adenauer. München 1971, S. 289.

kanzler weder Rücksicht noch Respekt. Er bekämpfte die SPD als den politischen Gegner und verstieg sich im Wahlkampf 1957 sogar zu der viel Empörung auslösenden Behauptung, ein Sieg der SPD bedeute den Untergang Deutschlands. Adenauer hat in der Opposition zwar eine wichtige Institution des parlamentarischen Lebens gesehen und gewürdigt, doch verständlicherweise alles dafür getan, seiner eigenen Partei dieses Schicksal zu ersparen. Er hat im Bundestag eine notwendige Institution der Verfassungsordnung, insbesondere in dessen Funktion als Gesetzgeber, gesehen, doch seine Kontakte mit dem Parlament und den Parlamentariern auf das Notwendigste beschränkt. Die SPD-Opposition zieh den Bundeskanzler immer wieder einer Mißachtung des Parlaments und erst recht der parlamentarischen Opposition. In der Tat hat es Adenauer nicht zugelassen, daß die Opposition, wie Schumacher in seiner ersten Rede als Oppositionsführer verkündet hatte, »der Regierung ihren Gestaltungswillen aufzwingen« konnte. Im Besitz einer sicheren Mehrheit setzte er seine Politik in den wichtigsten Punkten gegen die Opposition durch, die sich dadurch ihrer Ohnmacht um so stärker bewußt wurde und diesen Zustand zu überwinden trachtete.

Die SPD-Opposition hat den Koalitionsparteien immer wieder zum Vorwurf gemacht, sie ließen sich zu einem bloßen Vollstreckungsorgan der Regierung herabwürdigen. Sie stellten sich, so der Abgeordnete Wilhelm Mellies, »hinter den Bundeskanzler, wenn er seine einsamen Beschlüsse faßt und die Rechte des Parlaments mißachtet«[27]. Hier vertrat die SPD eine nicht mehr zeitgemäße Vorstellung der Gewaltentrennung, die das Parlament als Ganzes zu einem Kontrolleur und Gegenspieler der Regierung macht, während das moderne parlamentarische System, wie es die Bundesrepublik verkörpert, Regierung und Parlamentsmehrheit aneinander bindet und allein der parlamentarischen Opposition, die eine Minderheit ist, die Aufgabe der Kontrolle und Kritik der Regierung zuweist. Adenauer hat durch die feste Bindung der Mehrheitsfraktionen an seine Regierung und durch die scharfe Konfrontation mit der Opposition dem neuen Verständnis der Gewaltenteilung in der Praxis den Weg gebahnt, auch wenn es seiner politischen Führungsrolle gewiß keinen Abbruch getan hätte, den Bundestag – und zwar sowohl die Regierungsparteien wie die Opposition –

---

[27] Udo Wengst, Staatsaufbau, S. 296.

pfleglicher zu behandeln. Zwar hat sich im weiteren Verlauf der Bundesrepublik an der neuen Gewaltenteilung zwischen Regierung und Regierungsmehrheit einerseits und Opposition andererseits nichts geändert, aber in der Ära Adenauer war die Vorherrschaft der Exekutive über die Legislative besonders ausgeprägt: »Der Kanzler traf nicht nur die politischen Grundentscheidungen, er verfügte dank seiner schwer angreifbaren Stellung und der besonderen Autorität Adenauers in seiner Partei und in der Koalition über eine Parlamentsmehrheit, die gleichsam als eine ins Parlament verlängerte Exekutive eingesetzt werden konnte.«[28]

Die parlamentarische Auseinandersetzung über die Grundentscheidungen der deutschen Politik in der Ära Adenauer boten dem Bundestag Gelegenheit zu großen rhetorischen Duellen zwischen Regierung und Opposition, unter denen die antagonistischen Debatten zwischen Bundeskanzler Adenauer und Oppositionsführer Schumacher herausragten. Doch diese mehr spektakuläre Seite der Anfänge des bundesrepublikanischen Parlamentarismus hat in den Hintergrund treten lassen, daß von Anfang an das gesamte Parlament sich mit großem Eifer in die Gesetzgebungsarbeit vertiefte. In dieser Gesetzgebungstätigkeit, die vor allem in den Ausschüssen vorbereitet und geleistet wurde, verwischten sich vielfach, sofern nicht prinzipielle Fragen berührt waren, die Gegensätze von Mehrheit und Minderheit. Es gab in der Aufbauphase der Bundesrepublik eine große Zahl von gesetzgeberischen Aufgaben, die überhaupt nicht kontrovers behandelt wurden. »Wie immer man zu den Einzelheiten stehen mag, im Ganzen hat der Bundestag als Gesetzgeber in jenen Jahren eine bewunderungswürdige Leistung vollbracht, die Rekonstruktions-, Restitutions- und Integrationsgesetzgebung gewesen ist ... Bedenkt man, daß im ersten Bundestag die politischen Extreme, die Kommunisten auf der Linken, eine bösartig unbelehrbare Rechte am anderen Rand des Bundestages, noch vertreten waren, so muß man den Parteien, die damals die Gesetzgebung des Bundestages trugen, und das waren sowohl die Parteien der Koalition wie die SPD ... einen gesetzgeberischen Mut zusprechen, der höchsten Respekt verlangt.«[29]

[28] Karl Dietrich Bracher, Die Kanzlerdemokratie, in: Löwenthal u. Schwarz, Die zweite Republik, S. 193.

[29] Wilhelm Hennis, Die Rolle des Parlaments und die Parteiendemokratie, ebd., S. 221.

Das Grundgesetz beteiligt auch den Bundesrat an der Gesetzgebung. Im Gegensatz zum Bundestag, wo der Bundeskanzler seine Mehrheit sicher im Griff hatte, stand der Bundesrat, die Vertretung der Länder, Adenauer nicht so ohne weiteres zu Diensten. Schon der erste Bundesratspräsident, der nordrheinwestfälische Ministerpräsident Karl Arnold, war gegen den Willen Adenauers gewählt worden und kein verläßlicher Gefolgsmann des Bundeskanzlers. Der Bundesrat war bestrebt, seine verfassungsmäßigen Möglichkeiten voll auszuschöpfen, und es gelang ihm auch, sein Recht auf Zustimmung zu bestimmten Gesetzen und zu Verordnungen des Bundes wesentlich zu erweitern. Der Bundeskanzler konnte sich mit seiner Auffassung, der Bundesrat habe lediglich die besonderen Interessen der Länder zu berücksichtigen, nicht durchsetzen. Vielmehr gelang es dem Bundesrat, seiner Auffassung Geltung zu verschaffen, daß der Bundesrat zu einer generellen, nicht nur länderspezifischen Prüfung der Gesetze berechtigt sei. Dies bedeutete, daß die parteipolitische Zusammensetzung des Bundesrates immer mehr an Bedeutung gewann, zumal die SPD versuchte, die Länderkammer für ihre politischen Interessen einzusetzen. In der ersten Legislaturperiode verfügte keine der beiden Seiten, weder die Regierung noch die SPD, über eine sichere Mehrheit im Bundesrat. Um so wichtiger wurde es in der Folge, Konflikte mit dem Bundesrat durch die Schaffung einer soliden, parteipolitisch begründeten Mehrheit in der Länderkammer zu umgehen. Adenauer hat deshalb nach Möglichkeit auf die Bildung der Landesregierungen Einfluß zu nehmen versucht, um sicherzustellen, daß die Arbeit der Regierung nicht durch eine oppositionelle Mehrheit im Bundesrat lahmgelegt werden könnte. Dies ist ihm im weiteren Verlauf seiner Amtszeit auch gelungen, aber das Problem hat in der Geschichte der Bundesrepublik immer wieder eine Rolle gespielt, weil es der Opposition im Bundestag schwerlich verboten werden kann, die Politik der Bundesregierung zu korrigieren, wenn sie im Gegensatz zum Bundestag im Bundesrat über eine Mehrheit verfügt. Trotz immer wieder aufflackernder Unstimmigkeiten mit dem Bundesrat ist es Bundeskanzler Adenauer jedoch gelungen, für seine wichtigen außenpolitischen Entscheidungen auch im Bundesrat die notwendige Mehrheit zu finden. In der Verfassungspraxis der Bundesrepublik hat sich die Auffassung durchgesetzt, daß der Bundesrat ein selbständiges Organ der Gesetzgebung sein soll, aber nicht dafür geeignet ist, die Grundlinien der Regierungspolitik systematisch zu konterkarieren und als Ersatzopposition zu fungieren.

Der Bundeskanzler und der Bundespräsident

Mit dem Bundespräsidenten Theodor Heuss, dem von ihm selbst favorisierten FDP-Politiker, hatte der Bundeskanzler Adenauer keine ernstlichen Probleme. Heuss war mit der rein repräsentativen Funktion, die ihm als Staatsoberhaupt übertragen worden war, einverstanden und zufrieden. Die beiden Männer begegneten sich mit gegenseitigem Respekt. Am Anfang bestand zwischen Bundeskanzler und Bundespräsident noch eine gewisse Unklarheit über Zuständigkeiten, aber fast alle auftretenden Streitfragen, so etwa das Ministerernennungsrecht, die Organisationsgewalt oder die Nationalhymne, wurden im wesentlichen im Sinne Adenauers geregelt. Heuss hat sich in seiner Amtsführung jeder Einmischung in tagespolitische Auseinandersetzungen enthalten, weil er dem jungen Staat polemische Kontroversen ersparen wollte. Er hat die repräsentativen Züge in seinem Amtsverständnis zur vollen Geltung gebracht und sich gerade dadurch Ansehen erworben. Adenauer konnte dies nur recht sein, aber man kann natürlich die Frage aufwerfen, ob Heuss sich nicht gelegentlich auch etwas entschiedener hätte zu Wort melden sollen, zumal in jenen Jahren der heftigen innenpolitischen Auseinandersetzungen über die Grundlagen der Bundesrepublik. Nur einmal riskierte er einen wirklichen Konflikt mit dem Bundeskanzler, als er bei den Bemühungen der Opposition, die Frage der Wiederbewaffnung vor dem Bundesverfassungsgericht zur Entscheidung und eventuell zu Fall zu bringen, ein Gutachten des Plenums des Gerichts über diese Frage erbat, das für die beiden Senate des Karlsruher Gerichts verbindlich sein sollte. Adenauer verlangte von Heuss gebieterisch die Rücknahme seines Gesuchs, und der Bundespräsident hat diesem Wunsch sofort stattgegeben. Jedenfalls ist Heuss einem Konflikt mit dem Bundeskanzler in dieser in der Öffentlichkeit so umstrittenen Angelegenheit ausgewichen. Dennoch sieht man im Zusammenwirken dieser beiden führenden Figuren der frühen Bundesrepublik eine geglückte Ergänzung von ganz verschiedenen Funktionen und Persönlichkeiten: einem starken, machtbewußten Politiker

Adenauer und einem auf Ausgleich, Versöhnung und Konsens bedachten, eher unpolitischen Theodor Heuss, der sich mit der ihm zugewiesenen, rein repräsentativen Funktion auf liebenswürdig-freundliche Weise abfand. Der Bundespräsident hat Adenauers robuste Kanzlerdemokratie mit dem schützenden Schirm eines geistig-kulturellen Konsens' versehen.

Ein politisches System findet seine Form

Geschriebene Verfassungen können nur die Organisation des Staates, die Zuständigkeit seiner Organe und ihre Beziehungen untereinander festlegen. Es bleibt jedoch der politischen Praxis vorbehalten, die verschiedenen Organe der Verfassungsordnung und das politische System insgesamt mit Leben zu erfüllen und in der konkreten Wirklichkeit auszuprägen. Die grundlegenden Züge des Verfassungslebens der Bundesrepublik bis in unsere Gegenwart hinein sind in der Ära Adenauer ausgebildet worden. Dieser Abschnitt der deutschen Verfassungsgeschichte hat bewirkt, daß das Grundgesetz sich als Verfassung für die Bundesrepublik Deutschland so gut bewähren konnte. In der Ära Adenauer haben die Verfassungsorgane ihr Profil und ihr Selbstverständnis gefunden, das sich bis heute als funktionsgemäß und tragfähig erwiesen hat. Für die einzelnen Verfassungsorgane des politischen Systems läßt sich dabei folgendes festhalten:

Es ist der *Bundeskanzler,* der die politische Gesamtverantwortung für die Regierung trägt, nicht sein Kabinett. Seine politische Richtlinienkompetenz, in der sich seine Führungsfunktion verfassungsrechtlich ausdrückt, erlaubt es ihm, die Linien der Gesamtpolitik festzulegen und für ihre Durchsetzung zu sorgen, wobei er auch das Recht hat, »einsame Beschlüsse« zu fassen. Das politische System der Bundesrepublik will durchaus den starken, zur politischen Führung fähigen Bundeskanzler. Konrad Adenauer hat dafür einen anspruchsvollen Maßstab gesetzt.

Der *Bundestag* hat nach anfänglichen Schwierigkeiten gelernt, daß die Wahl des Bundeskanzlers und seiner Regierung zu seinen primären Aufgaben gehört, folglich auch die notwendige Unterstützung dieser Regierung im Gesetzgebungsprozeß. Die Trennungslinie verläuft nicht mehr wie im Konstitutionalismus zwischen Exekutive und Legislative, sondern durch das Parlament hindurch, in dem die Parteien der Regierung den Parteien der Opposition gegenüberstehen. Zwar schließt dieser politische Gegensatz eine Zusammenarbeit zwischen Regierungsparteien und Opposition im Gesetzgebungsprozeß keineswegs aus. Der wesentliche Unterschied ist, daß die Regierungsparteien auf der Seite der Regierung stehen, während die Oppositionsparteien die Regierung zu kontrollieren, zu kritisieren und auf ihre baldige Ablösung bei allgemeinen Wahlen zu dringen haben. Die scharfe Auseinandersetzung zwischen Adenauers Regierungskoalition und der SPD-Opposition – vor allem in den ersten Jahren der Bundesrepublik – hat das Verständnis für die parlamentarische Unterstützung der Regierung durch ihre Fraktionen wie andererseits das Verständnis für die Rolle der Opposition geschärft. Was dem parlamentarischen System zu Adenauers Zeiten fehlte, war eine echte Chance für die parlamentarische Opposition, die Regierung bei Bundestagswahlen ablösen zu können. Diese kam erst Ende der sechziger Jahre. Adenauer selbst hat als Bundeskanzler alles getan, um die parlamentarische Opposition niederzuhalten, aber dies lag nicht nur an seinen Besorgnissen für die Zukunft Deutschlands, falls die SPD die Regierung übernähme, sondern auch in der Logik des parlamentarischen Systems. Der Bundestag mußte schon in der Ära Adenauer die Erfahrung machen, daß es in aller Regel die Regierung ist, die die politischen Themen und die Richtung der Gesetzgebung bestimmt. Schon die Ära Adenauer hat gezeigt, daß der Bundestag auch in seiner wichtigen Funktion als Gesetzgeber in starkem Maße durch die Tätigkeit der Bundesregierung bestimmt wird.

Der *Bundesrat* hat von Anfang an seine mitwirkende Rolle bei der Gesetzgebung nicht nur unter dem Gesichtspunkt der Wahrung von Länderinteressen verstanden, sondern aufgrund der wechselnden parteipolitischen Zusammensetzung auch allgemeine politische Gesichtspunkte in seine Arbeit eingeführt und Bundesgesetzen die Zustimmung verweigert. Für Adenauer war klar, daß die parteipolitische Übereinstimmung von Bundestag und Bundesrat die einfachste und angenehmste Lösung des Problems wäre, und er hat nach Kräften dafür gesorgt, daß es dazu kam. Die Verfassungspraxis hat Konflikte zwischen Bundestag und Bundesrat in aller Regel durch Vermittlungsverfahren gelöst. Es hat sich die Auffassung durchgesetzt, daß der Bundesrat nur in gewissen Grenzen in ein Instrument der Opposition gegen die Regierungspolitik umfunktioniert werden dürfe. Dabei ist es bis heute geblieben.

Theodor Heuss, der zwei Amtsperioden (bis 1959) das Amt

des Staatsoberhauptes wahrgenommen hat, war mit dem rein repräsentativen Zuschnitt des *Bundespräsidentenamtes* voll einverstanden und hat in dieser Rolle gerade für die Anfangsjahre der Bundesrepublik maßgebend gewirkt, vor allem durch seine Bemühungen um eine geistige Integration der Deutschen. Obwohl diese Auffassung des Amtes späteren Amtsinhabern gelegentlich allzu eng vorkam, ist sie doch die Richtschnur für das Verständnis der Funktion des Bundespräsidenten geblieben, zumal sich am Beispiel von Heuss zeigen läßt, daß die überparteiliche geistige Repräsentation des Volkes und des Staates eine wichtige gesamtpolitische Funktion ist.

Im Grundgesetz war die Aufgabe des *Bundesverfassungsgerichts*, das ein Hüter der Verfassung sein sollte, nur sehr allgemein umrissen worden. Das Gericht konnte erst gebildet werden, als ein dafür notwendiges Gesetz verabschiedet worden war. Dies dauerte bis zum April 1951. Dann begann die schwierige Suche nach der Besetzung der 24 Richterstellen für die beiden Senate und vor allem die Suche nach einem geeigneten Präsidenten. Nach langem Hin und Her wurde es schließlich ein FDP-Mann, Dr. Hermann Höpker-Aschoff, während der Vizepräsident und der Vorsitzende des Zweiten Senates ein SPD-Mann, Dr. Katz, wurde. Die Auswahl der Richter war sowohl unter politischen wie unter regionalen und fachlichen Gesichtspunkten erfolgt. Auch nach dem Beginn der Arbeit des Gerichts war sein »Status«, nämlich sein Verhältnis zu den übrigen Verfassungsorganen, noch nicht abschließend geklärt. Das Bundesverfassungsgericht drängte in einem eigenen Statusbericht auf die Gleichstellung des Gerichts mit den anderen Verfassungsorganen, d.h. es wollte auch organisatorisch selbständig und nicht dem Bundesjustizminister unterstellt sein. Diese Streitfrage wurde im Sommer 1953 zugunsten des Bundesverfassungsgerichts geklärt, das damit verfassungsrechtlich auf gleicher Stufe mit den anderen Verfassungsorganen stand. In Verbindung mit den harten politischen Auseinandersetzungen über die deutsche Wiederaufrüstung, in die auch das Verfassungsgericht einbezogen wurde, kam es zu heftigen Debatten über die politische Funktion des Gerichts, durch kritische und herabsetzende Äußerungen des Bundesjustizministers Dehler über die Anmaßung der Verfassungsgerichtsbarkeit zusätzlich geschürt. Dank der auf offenem Markte gehandelten Vermutungen über die politische Einstellung der Verfassungsrichter fürchtete die Regierung, daß ihr Vertragswerk am gerade zuständigen Senat des Bundesverfassungsgerichts scheitern könnte. Damals spekulierte man ungeniert über einen ersten schwarzen und einen zweiten roten Senat, so daß die Frage ungeheuer wichtig wurde, von welchem der beiden Senate die Streitfrage entschieden würde. Gerade hatte der erste Senat den Antrag der SPD-Abgeordneten als unzulässig verworfen, da trat Bundespräsident Heuss an das Plenum, d.h. die beiden Senate, mit der Bitte heran, ein für beide Senate verbindliches Gutachten über die Verfassungsmäßigkeit der Verträge zu erstellen. Das Gericht, das die Kritik des Justizministers und die Spekulationen über die politischen Abhängigkeiten seiner Richter mit wachsendem Unbehagen verfolgt hatte, begrüßte diese Entscheidung. Doch als zu befürchten stand, das Gutachten könnte sich gegen die Verfassungsmäßigkeit der Verträge aussprechen, drängte der Bundeskanzler den Bundespräsidenten, seine Bitte um das Gutachten wieder zurückzuziehen, was dieser auch prompt tat. Damals war nicht nur die Überparteilichkeit des Bundespräsidenten, sondern auch die nur dem Recht verpflichtete Unabhängigkeit des Bundesverfassungsgerichts stark umstritten. Der heftig ausgetragene Streit hat das Bundesverfassungsgericht veranlaßt, seine Autonomie und Unabhängigkeit fortan entschiedener zu wahren. Sein Status als Verfassungsorgan hat es ihm in der Folge erlaubt, seine Rolle als Hüter der Verfassung mit Umsicht wahrzunehmen. Die Autorität des Bundesverfassungsgerichts hat sich seit der Mitte der fünfziger Jahre immer stärker behauptet. Es war ein unabhängiges Organ, bei dem sowohl der einzelne Bürger durch das Mittel der Verfassungsbeschwerde wie auch die übrigen Verfassungsorgane, ob auf Seiten der Regierung oder der Opposition, ihr Recht suchen und finden konnten.

Natürlich war auch später die Wahl der Bundesverfassungsrichter durch Bundestag und Bundesrat nicht frei von politischen Überlegungen, aber das Gericht selbst hat es verstanden, seine Unabhängigkeit zu wahren, und es hat entscheidend zur Stabilisierung und Fortbildung der demokratischen Verfassung der Bundesrepublik beigetragen. Adenauer selbst hat 1959 noch eine schwere Niederlage hinnehmen müssen, als das Gericht seinen Versuch, ein von der Regierung gelenktes deutsches Fernsehen auf die Beine zu stellen, als verfassungswidrig verbot. Indem es, wie es im Statusbericht heißt, »machtverteilend und machtbegrenzend auf die anderen Verfassungsorgane einwirkt«, ist es zu einem wichtigen, auch politisch relevanten

Faktor der staatlichen Gewaltenteilung geworden, dessen Unabhängigkeit und verfassungspolitische Bedeutung gegen Ende der Ära Adenauer unstreitig etabliert war.

In den Jahren der Adenauer-Ära hat der neue Staat seine feste Form erhalten. Die Institutionen hatten sich etabliert und im Verfassungsgefüge ihren Platz gefunden. Schon nach wenigen Jahren zeigte sich, daß das Grundgesetz eine brauchbare Verfassung war, die sich auch im Wechselspiel der Politik in der Zeit nach Adenauer bewähren sollte. In Adenauers Ära wurde dafür der Grund gelegt.

5. Geist und Kultur in der Adenauer-Zeit

Die Intellektuellen im Abseits

Die deutschen Intellektuellen – und damals meldeten sich im wesentlichen nur die auf der Linken oder in der liberalen Mitte zu Wort – hatten es schwer mit Adenauer und in der Adenauer-Zeit. Sie erlebten sie als eine Epoche, in der »der Geist lahm, das Klima schlaff, die Moral zweideutig, die Mentalität provinziell geblieben ist«[30]. So viel Verständnis der Schriftsteller Horst Krüger im nachhinein dafür aufbringen kann, daß diese ersten Jahre schwierig waren und daß das Wirtschaftswunder die Westdeutschen einem Betäubungsmittel gleich heimgesucht und alle subtileren Gehirnfunktionen ausgeschaltet habe, so wenig kann er umhin, subjektiv festzustellen, daß die Adenauerzeit »eine Epoche schrecklicher Vereinfachungen, Verkürzungen, ja Verödungen – geistig« war. »Es war die Zeit, wo deutsche Kanzler deutsche Dichter Pinscher schimpfen durften. Es war die Zeit, wo ein deutscher Außenminister Bert Brecht mit Horst Wessel verglich. Für Intellektuelle bleibt das unvergessen.«

Was war aus dieser Sicht die Ära Adenauer? Krüger bekennt, er habe damals befürchtet, dieser neue westdeutsche Staat würde zu einer klerikal-autoritären Rheinrepublik, zu einem Mini-Franco-Spanien mißraten. Er erinnert an den schrecklich betulichen Ungeist sogenannter abendländischer Ideologien, an den

---

[30] Horst Krüger, Ein frühes Nein – ein spätes Ja. Ein deutscher Intellektueller und sein Staat. In: Walter Scheel (Hrsg.), Nach dreißig Jahren, S. 246 ff. (auch für die nachfolgenden Zitate).

Pornographie-Paragraphen, an die Bundesprüfstelle für jugendgefährdende Schriften. Nicht wenige Intellektuelle empfanden diese Republik als muffig, als abendländisch-hinterwäldlerisch. Sie versuchten deshalb, sich diesem Geist entgegenzustellen. Gründungen wie die Humanistische Union waren ein Mittel, um gegen diesen als restaurativ und rückständig empfundenen öffentlichen Geist anzugehen. Dieses Bild einer geistig armen, vom rein Wirtschaftlichen übermannten Republik haftet der ganzen Ära Adenauer an. In der Tat kam es erst in den sechziger Jahren zu jenem Wandel, der es einem Schriftsteller wie Horst Krüger dann erlaubte, zu dieser Republik und Gesellschaft ja zu sagen: »So jedenfalls, wie man damals fürchten konnte als deutscher Intellektueller, ist es nicht weiter gegangen. Schon mit der Großen Koalition begann die geistige Enge nachzulassen. Der Bonner Machtwechsel zur sozial-liberalen Koalition brachte dann den Durchbruch, der längst fällig war.«

Unmittelbar am Ende der Ära Adenauer hat der Publizist Hans Schwab-Felisch darauf hingewiesen, daß es zwischen den Repräsentanten von Kultur und Kunst und der Regierung Adenauer so gut wie keine Kommunikation gab. »Sie (die Politiker) waren, an ihrer Spitze der erste Bundeskanzler selbst, in einem Maße kunst- und kulturfremd, für das es in den übrigen Industriestaaten kein Beispiel gibt ... Man weiß von keinem Schriftsteller, keinem Maler, keinem Musiker, keinem Geisteswissenschaftler, der sich eines selbstverständlichen persönlichen Umgangs mit dem ersten Kanzler der Bundesrepublik hätte rühmen können. Keine Aufforderung erging von der Regierung an die Exilierten, in das Land zurückzukehren, das sie verstieß. Der erste Bundeskanzler und mit ihm das amtliche Bonn seiner Ära hatte mit den Künsten und den Wissenschaften nichts zu schaffen. Er stand auch nicht über ihnen. Er stand berührungslos neben ihnen ... Nie wurde die Kultur als ein Partner der Politik angesehen; nicht einmal als ein Juniorpartner, es sei denn, in Fällen öffentlicher Unbotmäßigkeit: da wurde ihr Staatsräson vor Augen geführt. Sonst wurden ihr patriarchalisch Gelder zugeschanzt: nicht unfreundlichen Sinnes, aber als ein Hoheitsakt.«[31]

Das weitverbreitete Unbehagen der Intellektuellen, die sich für Politik interessierten, an der Ära Adenauer hatte viele konkrete politische Gründe, war aber vor allem gegen das Klima,

[31] Paul Sethe, Ferdinand Fried, Hans Schwab-Felisch, Das Fundament unserer Zukunft. Düsseldorf 1964, S. 250.

die Atmosphäre, den Stil gerichtet, der in dieser Zeit vorherrschte. Kein Wunder, daß die Intellektuellen dann langsam, aber stetig zunehmend einen Rückhalt bei der großen Oppositionspartei, der SPD, suchten und schließlich zu den geistigen Wegbereitern des Machtwechsels wurden, der die Vollendung der Bundesrepublik als demokratisches System und freie pluralistische Gesellschaft bewirkte. Hinsichtlich des Verhältnisses von Geist und Politik oder, wenn man so will, Geist und Macht, war die Adenauer-Ära eine eher dürftige Zeit. Adenauer und seine Mit-Regierenden glaubten, der Intellektuellen entraten zu können, und er hat sein Aufbauwerk ja auch ohne sie zustandegebracht.

Interessant wäre es, der Frage nachzugehen, ob nicht von seiten der Regierung der Versuch gelohnt hätte, mit dem sogenannten Geist in ein verträglicheres Verhältnis zu kommen. »Die Antworten, die den intellektuellen Kritikern fast eineinhalb Jahrzehnte hindurch gegeben wurden, schienen vom Freund-Feind-Denken Carl Schmitts diktiert zu sein. Wer nicht für den offiziellen Kurs war, der wurde zu einem Parteigänger Ulbrichts gestempelt. Wer eine Clique bildete, der wurde verdächtigt, eine geheime Schrifttumskammer nationalsozialistischen Angedenkens errichten zu wollen. Wer sich als Stipendiat kritisch im Ausland über Erscheinungen in der Bundesrepublik äußerte, dem wurde, in grotesker Verkennung des Stipendiatenwesens und der verbrieften kulturellen Freiheit, bedeutet, er sei einer solchen Auszeichnung nicht würdig.«[32]

In der Tat, der Geist, repräsentiert durch die linken und liberalen Intellektuellen, und die Macht, repräsentiert durch Adenauer, die CDU, die Wirtschaft und die Kirchen, fanden nicht zueinander; zwischen ihnen gab es keine Kommunikation, und so wähnten sich die Intellektuellen ausgeschlossen vom Unternehmen des Wiederaufbaus und der Erneuerung, zu dem sie sehr wohl ihren Beitrag hatten leisten wollen. Auf dem ersten deutschen Schriftstellerkongreß in Berlin 1947 war die Bereitschaft der Intellektuellen, sich am Neubau einer demokratischen Gesellschaft aktiv zu beteiligen, deutlich ausgesprochen worden. Man glaubte damals in literarischen Kreisen, ganz neu beginnen zu können; den meisten schwebte eine vom Geist des Humanismus geprägte Verbindung von Demokratie und Sozialismus vor Augen, doch die politische Wirklichkeit in Deutsch-

[32] Ebd.

land trieb zur Spaltung. Sie machte die Schriftsteller in der DDR zu Handlangern des kommunistischen Regimes, die Literaten in der Bundesrepublik zu Außenseitern und ohnmächtigen Kritikern eines Wiederaufbaus, den sie so nicht gewollt hatten. Der damals noch in Ostberlin lebende Alfred Kantorowicz faßte seine große Enttäuschung über das neuerliche Auseinanderfallen von Geist und Macht im Oktober 1949 in die Worte: »Unser Traum von einer Erneuerung Deutschlands ist zu Ende. Die Politiker von vorgestern haben das Heft nun wieder fest in der Hand, drüben und hüben. Staatsmänner, Denker, Dichter, geistig schöpferische Menschen ganz allgemein, sind draußen vor der Tür und nicht einmal als Zaungäste zugelassen.«[33]

Aus der »Revolution der Wiederbegegnung von Geist und Politik in Deutschland«, die der Publizist Eugen Kogon, mit Walter Dirks Herausgeber der einflußreichen ›Frankfurter Hefte‹, schon 1945 gefordert hatte, war in den Augen der westdeutschen Intellektuellen nichts geworden. Selbst der liberal-konservative Schriftsteller Dolf Sternberger stellte bei Beginn der Bundesrepublik fest, es sei nicht gelungen, »den Geist in praktische Verbindlichkeit zu ziehen und die Politik geistig zu erhellen, die unheilvoll ererbte Spaltung zwischen Geist und Politik allmählich aufzuheben«[34]. Deutschlands intellektuelle und literarische Elite stand der Gründung und dem Aufbau der Bundesrepublik unter Adenauer skeptisch und kritisch gegenüber. Sie hatte auf eine radikale Erneuerung, auf einen Neuaufbau von Staat, Gesellschaft und Wirtschaft gesetzt und erlebte stattdessen nur einen Wiederaufbau, in dem zu viel von der fatalen Vergangenheit fortzuwirken schien. So wurde der Begriff der *Restauration,* den Walter Dirks in einem großen Aufsatz des Jahres 1950 in den ›Frankfurter Heften‹ zum Signum der Nachkriegsepoche erklärt hatte, zum beherrschenden Stichwort für die kritische Grundeinstellung der linken bis liberalen Intelligenz in der Bundesrepublik. Dirks sprach von einer tiefen Kluft, die zwischen der antirestaurativ denkenden geistigen Elite und der restaurativen Entwicklung in Politik und Wirtschaft bestehe; er konstatierte einen Zwiespalt zwischen einem der Zukunft zugewandten Bewußtsein, das er und seine Gesin-

[33] Helmut L. Müller, Die literarische Republik. Westdeutsche Schriftsteller und die Politik. Weinheim 1982, S. 50.
[34] Zitat ebd., S. 51.

nungsgenossen verkörperten, und einer Praxis, »welche die Formen und Symbole und Mächte der Vergangenheit heraufbeschwört«.

Der Schriftsteller Hans Werner Richter, Gründer der Gruppe 47 und Sprachrohr einer jungen Generation, die den Anspruch erhob, das neue Deutschland mitzugestalten, beklagte, daß die ältere Generation die Macht übernommen hätte, vertreten durch »Männer, die nach einem beispiellosen Zusammenbruch wieder dort anzuknüpfen versuchten, wo in der Weimarer Republik die gesellschaftliche und die parteipolitische Entwicklung abgebrochen war«. Für ihn und seine Gesinnungsfreunde vollzog sich in der Bundesrepublik unter Adenauers Führung nicht die notwendige Erneuerung Deutschlands, sondern »die Wiederherstellung des alten«.

In der Tat erlebten viele Schriftsteller die Regierungszeit Adenauers als eine Zeit der Erstarrung, der fragwürdigen Kontinuitäten, als Unterwerfung des Geistes unter die Imperative der sich entfaltenden Wohlstandsgesellschaft mit ihrem Materialismus und Egoismus. Im Jahre 1960 erschien, herausgegeben von Wolfgang Weyrauch, eine Anthologie, in der sich fünfzehn bekannte deutsche Autoren zu dem Thema ›Ich lebe in der Bundesrepublik‹ äußerten. Weyrauchs Vorwort ist ein treffender literarischer Ausdruck der Stimmung deutscher Autoren in der Adenauer-Zeit, die sie als Restaurationsperiode erlebten: »Nachdem wir vielen anderen Völkern unsere Sporen ins Gesicht getreten hatten, wäre es jetzt an der Zeit gewesen, barfuß zu gehen. In der Tat wanderten wir ein paar Jahre lang mit bloßen Füßen über eine Straße, die aus guten Vorsätzen gepflastert war. Wir versuchten, aus Schaden und Schande klug zu werden. Wir ahnten, daß gerade ein Volk, welches alles verloren hat, alles gewinnen kann. Aus Grausamkeit konnte Anstand werden, aus Liebe zu sich selbst Liebe zum Anderen, aus Macht und Ohnmacht die Gewaltlosigkeit der im Geist Mächtigen. Wir hätten auf unsere Fehler verzichten können. Wir hätten unsere Vorzüge entwickeln können, wir hatten die – von Gott geschenkte – Chance, ein Modell zu sein ... Der Wohlstand fiel über uns her und fraß uns fast auf. Fast: das Wort fast allein läßt hoffen, daß aus dem Mehr ein Genug, ein Mehr-als-Genug werde. Vorläufig aber essen wir statt zu denken. Wir gehen in vergoldeten Schuhen spazieren.« Doch in der gleichen Veröffentlichung gab es bereits eine bedenkenswerte kritische Überlegung des damals noch jungen Martin Walser, der zu bedenken gab, daß die unverbindliche Rolle des literarischen Außenseiters, in die viele Intellektuelle geschlüpft seien, billig und bequem zu haben sei: »Wir aber sitzen in Europa herum, meistens zurückgelehnt ... Manchmal eine Unterschrift gegen den Atomtod ... Ehrwürdige Neinsager, die man reden läßt ... Wir wärmen uns an Ohnmacht. Jeder ein Tänzer. Unangewandt. Absolut wie Hölderlin ... Aber gegen Franz Josef Strauß zu sein ist billig, wenn man sich nicht an der Gesellschaft beteiligt.«[35]

In der Adenauer-Ära stand die literarische Intelligenz abseits und nahm übel. Sie wurde auch nicht gebraucht. Erst nach und nach dämmerte die Einsicht, daß der Geist der Politik nicht einfach kommandieren und sie lediglich kritisieren kann, sondern sich realistisch auf sie einlassen muß, wenn er von ihr ernst genommen werden will. Dies war der Weg, den nicht wenige deutsche Schriftsteller in den sechziger Jahren gingen und der sie dazu brachte, die Ergebnisse des Wiederaufbaus der Bundesrepublik und der Politik Adenauers nicht nur als eine nach rückwärts gewandte Entwicklung zu begreifen, sondern als verläßliche Grundlage für die zu verbessernde deutsche Demokratie. Nicht von ungefähr war es Martin Walser, der 1961 einen Sammelband herausgab mit dem Titel ›Die Alternative oder Brauchen wir eine neue Regierung?‹ Aus der übelgelaunten Passivität war ein Engagement für einen demokratischen Machtwechsel geworden, zu dem die liberalen Intellektuellen dann – unterstützt durch die ›Spiegel‹-Affäre – in den sechziger Jahren nicht wenig beitrugen.

Gemessen an den hohen Ansprüchen vieler Intellektueller in der Nachkriegszeit bot die Adenauer-Zeit in der Tat wenig Anhaltspunkte zur Einlösung ihrer Erwartungen. Die Politik des Kalten Krieges hatte ihre Hoffnung auf die Erhaltung der deutschen Einheit zerschlagen und nicht nur zur Teilung Deutschlands in zwei Staaten sondern auch zur Spaltung der deutschen Kultur geführt. Adenauers Politik der Westintegration schien in krassem Widerspruch zu stehen zur Verpflichtung auf die Wiederherstellung der deutschen Einheit. Fünf Jahre nach Kriegsende war die Remilitarisierung ein Schlag ins Gesicht für alle, die der militaristischen Vergangenheit Preußen-Deutschlands ein für allemal abschwören wollten. Hinzu kam das mangelnde Interesse auch der Regierung und der Par-

---

[35] Wolfgang Weyrauch (Hrsg.), Ich lebe in der Bundesrepublik. Fünfzehn Deutsche über Deutschland. München 1960, S. 114.

teien an einer gründlichen Auseinandersetzung mit der deutschen Vergangenheit, die scheinbare Kontinuität des Dritten Reiches durch Beamte, Richter, Industrielle und Militärs, die auch dem Unrechtsregime beflissen gedient hatten. War da nicht ein von der Regierung geschürter Antikommunismus, der die Sympathisanten einer anderen politischen Ordnung hart verfolgte und im Kommunismus eher als im Nationalsozialismus den Feind erblickte? Schien es nicht, als würde eine Regierung im Bund mit der Katholischen Kirche der zur Freiheit berufenen deutschen Gesellschaft eine engstirnige Moral und eine gegen die freiheitliche Moderne gerichtete Lebensweise aufzwingen? War nicht die autoritäre Herrschaft des Bundeskanzlers, seine Mißachtung des Parlaments und seine Verachtung der Opposition ein schlechter Beginn für eine freiheitliche, aus den Impulsen und Bedürfnissen des Volkes gespeiste Demokratie? War die entstehende Konsum- und Wohlfahrtsgesellschaft nicht ein geeignetes Mittel zur Entmündigung und Entpolitisierung des Volkes? So oder in ähnlichen Varianten nahmen viele deutsche Intellektuelle die Bundesrepublik unter Konrad Adenauer wahr. Sie schien ihnen weit entfernt davon, eine echte Demokratie zu sein. Als ein typisches Beispiel dafür die Meinung des Psychologen Alexander Mitscherlich im Jahre 1962: »Das Gefühl, das unsere ökonomisch so erfolgreiche politische Führung in den letzten Jahren mehr und mehr erweckt hat, ist das, daß wir unmündige Kinder sind, die brav und fleißig ihrer Arbeit nachgehen und die ihnen vorgesetzten Glaubensartikel glauben sollen. Sind wir folgsam, dann geht es uns wirtschaftlich prächtig, alles übrige sollen wir vertrauensvoll in die Hände unseres Kanzlers und der Wirtschaftsverbände und Kirchen legen, die uns als besorgte weise Väter führen werden. Wenn das Demokratie sein soll, so muß ich gestehen, daß ich nicht bereit bin, Demokratie als politischen Kindergarten definieren zu lassen.«[36] Vielen Intellektuellen erschien diese Zeit als eine mißglückte Geschichte, als ein Fehlstart oder schlechter Start in die deutsche Zukunft, als ein Irrweg, der anstatt in eine bessere Zukunft für Deutschland, in eine schlechte Vergangenheit zurückführte.

Adenauer selbst hat dieser Mißmut und diese Skepsis der deutschen Intellektuellen wenig ausgemacht, und er hat sich

[36] Alexander Mitscherlich, Humanismus heute in der Bundesrepublik. In: Hans Werner Richter, Bestandsaufnahme, S. 144.

auch nicht sonderlich bemüht, ihren Zuspruch zu gewinnen. Für ihn war das Urteil anderer Gruppen maßgeblicher als das der Intellektuellen. Die Zustimmung der Mehrheit der Bürger zu seiner Politik bei den Wahlen war die Grundlage seiner Macht, die Unterstützung durch seine Partei und durch die wichtigen Organisationen der Gesellschaft ließ ihn die Kritik der linken Intellektuellen ohne Schaden ignorieren. Noch wichtiger war, daß es ihm in relativ kurzer Zeit gelang, das Vertrauen der Westmächte, insbesondere der Vereinigten Staaten und Frankreichs zu gewinnen, die von der Bundesrepublik und ihrer Entwicklung als Demokratie wie als moderne Industriegesellschaft höchst beeindruckt waren.

Die kritische Grundstimmung war aber weit entfernt von jener Radikalität, mit der die Vertreter der rechten und teilweise auch der linken Intelligenz die Weimarer Republik verfolgt und geschmäht hatten. Mit der Zeit blieb nämlich auch den deutschen Intellektuellen nicht verborgen, daß die Bundesrepublik trotz der angeblichen Restauration sich mehr und mehr zu einem lebensfähigen, die Freiheitsrechte und die soziale Wohlfahrt ihrer Bürger garantierenden Staatswesen entwickelt hatte, daß Bonn eben nicht Weimar war, sondern ein überraschend erfolgreiches Staatsgebilde, das sich auch im Westen immer mehr Respekt zu verschaffen wußte. Sie fanden gegen Ende der Adenauer-Zeit die Verhältnisse in ihrem Land und die damalige Politik nicht gerade lobenswert, aber auch nicht besonders schlimm und aufregend. So arrangierten sie sich wohl oder übel mit den gewordenen Verhältnissen, weil diese in der Tat nicht dazu angetan waren, dem System den Kampf anzusagen oder gar dem Land den Rücken zu kehren. Sie akzeptierten die Grundwerte der deutschen Demokratie nach 1945, sie fanden sie lediglich mangelhaft verwirklicht. Mit Revolution hatten sie nichts im Sinn.

Adenauer selbst fühlte sich über ihre Kritik erhaben und ignorierte sie. In keiner seiner Regierungserklärungen findet sich ein Appell an die Vertreter des Geistes, seine Regierung – und sei es auch durch Kritik – zu unterstützen. Erst als zu Beginn der sechziger Jahre sich viele Schriftsteller der SPD zu nähern begannen und ihr dann auch praktische Wahlhilfe leisteten, erkannte man in der CDU, daß man hier vielleicht etwas versäumt habe. Die immer wieder zitierten Äußerungen vom Schriftsteller als dem »kleinen Pinscher« und von der Gruppe 47 als einer »Reichsschrifttumskammer« stammen von Ludwig

Erhard bzw. dem Generalsekretär der CDU, Dufhues, doch sie sind erst in der Zeit nach Adenauer gefallen. In die Adenauer-Ära fällt lediglich der ebenfalls häufig zitierte Ausspruch des Außenministers Heinrich von Brentano, die späte Lyrik des Herrn Bert Brecht sei nur mit der Horst Wessels zu vergleichen. Doch diese wenigen Ausrutscher haben immer wieder dafür herhalten müssen, die Geistfeindlichkeit der Adenauer-Ära zu beweisen.

Mit einer gewissen Berechtigung läßt sich von einer Politikfeindlichkeit, oder genauer: Politikfremdheit vieler Intellektueller sprechen. Es fehlte vielfach die Einsicht in die Funktionsweise des parlamentarischen Systems, und viele Kritiker haben die Führungsfunktion Adenauers dämonisiert, ihn zu einem quasi-Diktator aufgebauscht und seine entschiedene Auseinandersetzung mit der Opposition als eine Mißachtung der Oppositionsfunktion verurteilt. Doch Adenauer hielt sich an die Spielregeln des parlamentarischen Systems, die auch nach dem Machtwechsel von der SPD in ähnlicher Weise praktiziert wurden. Auch für die Kunst des Kompromisses und des Sich-Arrangierens mit gesellschaftlichen und politischen Kräften, die Adenauer besonders gut beherrschte, hatte man in den Kreisen der Intellektuellen wenig übrig. Überall glaubte man den »alten Fuchs« am Werke, der ohne Rücksicht auf die wahren Interessen des Volkes seine politischen Geschäfte treibe. Am fragwürdigsten war wohl die Arroganz, mit der man das Streben der Massen nach Sicherheit und Wohlstand kritisierte und Adenauers Politik zur Last legte, sie habe den Kleinbürger mit seinen beengten materiellen Interessen groß gemacht. Mit Recht hat Fritz René Allemann, der Autor von ›Bonn ist nicht Weimar‹, in einem späteren Aufsatz dazu vermerkt: »Ein Volk, das hungert, strebt zu allererst einmal danach, satt zu werden, nicht die Welt umzugestalten; eines, das friert, entwickelt mehr Interesse an Kohlen als an neuen Gemeinschaftsformen; eines, das kein Dach über dem Kopf hat, wendet seine Energien dem Bau von Häusern und nicht dem sozialer Systeme zu.«[37]

Im Banne der Idee einer grundlegenden Neuordnung fehlte vielen Intellektuellen das Verständnis für die konkreten Aufgaben und Probleme der praktischen Politik. Sie hatten auch wenig zu bieten, was dieser Politik eine Hilfe hätte sein können: »Die Literaten ließen sich eigentlich kaum mit praktischer Poli-

[37] Fritz René Allemann, Restauration im Treibhaus. In: Der Monat 12 (1967), S. 84.

tik ein. Sie wollten mit dem neuen Staat nichts gemein haben. Die Bundesrepublik war für sie ein Jahrzehnt lang in einem konkreteren Sinne kaum ein Thema ... Ihr Engagement war mehr moralisch und weniger politisch geprägt. So stand in den fünfziger Jahren eine politikferne, ja politikfremde Literatur einer geistfernen, ja geistfremden Politik gegenüber.«[38]

Das Verschwinden der antidemokratischen Rechten

Das Fehlen einer als kritisches Potential ins Gewicht fallenden rechten Intelligenz in der Bonner Republik ist einer der auffallendsten und historisch bedeutsamsten Unterschiede zur geistig-politischen Szene der Weimarer Republik. In Weimar stand die kritische Intelligenz entweder links oder rechts, kaum in der Mitte; in Bonn stand sie zwar vorwiegend links, doch die linken Positionen waren, bei allem Unbehagen an der Entwicklung der neuen Bundesrepublik, im Grunde ziemlich gemäßigt. Das revolutionäre Vokabular war verbraucht; von Ideologien wollte man nichts mehr wissen; man beklagte lediglich das Ausbleiben von Reformen und das Ausweichen vor der Vergangenheit.

Rechte Intellektuelle, die wie einst in Weimar Demokratie und Republik verhöhnten und bekämpften, gab es so gut wie keine mehr. Die antiliberalen nationalistischen Intellektuellen und die nicht wenigen geistigen Mitläufer des Dritten Reiches machten ihren Frieden mit der neuen politischen Ordnung. Von einer Renaissance nationalistischen und totalitären Denkens konnte in der Nachkriegszeit und in der neuen Demokratie der Bundesrepublik keine Rede sein. Gewiß gab es einige Autoren, die sich zu Beginn der fünfziger Jahre gegen die vorherrschende einhellige Verurteilung des Nationalsozialismus wandten und seine Verbrechen leugneten, aber sie waren und blieben ein verlorenes Häuflein, deren schönfärbende Verteidigungsschriften von keinem deutschen Verlag, der etwas auf sich hielt, gedruckt wurden. Das antidemokratische Denken der Rechten, das die Weimarer Republik unterminiert und sie für den Todesstoß durch Hitler geistig reif gemacht hatte, fand in der Bundesrepublik keinen Rückhalt mehr. Es wurde, wo es sich überhaupt noch hervorwagte, an den Rand des politischen Spektrums abgedrängt. Dem nationalistischen oder gar nationalsozialistischen Denken war keine Kontinuität beschieden.

[38] Müller, Die literarische Republik, S. 63.

Seine ehemaligen Anhänger, wie etwa der Schriftsteller Ernst Jünger oder die Publizisten Hans Zehrer und Giselher Wirsing, die Chefredakteure von liberal-konservativen Zeitungen wurden, haben zusammen mit vielen anderen geistigen Wegbereitern und Mitläufern im Angesicht des schmählichen Zusammenbruchs des Dritten Reiches ihren Weg zur freiheitlichen Demokratie im Lager der Konservativen gefunden.

In den fünfziger Jahren hat man weltweit das Ende der Ideologien proklamiert, aber auch wenn dies nur bedingt zutraf, so war es doch insbesondere die deutsche Erfahrung, daß politische Ideologien von Übel sind, daß sie nicht zur kollektiven Befreiung, sondern ins Unheil und in die Knechtschaft führen. Der Bannstrahl gegen alles Ideologische, gegen alle Weltanschauungen galt in der entstehenden Bundesrepublik nicht nur dem Faschismus, sondern mehr noch dem Kommunismus. Angesichts der Vorgänge in der DDR und unterstützt durch die kompromißlose Ablehnung der kommunistischen Parteien und ihrer Ideologie von seiten der SPD, kam es in der Bundesrepublik nicht zur Bildung einer ins Gewicht fallenden kommunistischen Linken; auch in der geistigen Diskussion der Adenauer-Zeit spielten linksextremistische Positionen so gut wie keine Rolle. Trotz der heftigen Auseinandersetzungen über die Angemessenheit und Richtigkeit der Adenauerschen Politik gab es in der Bundesrepublik einen wirksamen Konsens gegen jede Art von Totalitarismus, und damit auch gegen politische Ideologien. Zwar spielte in den geistig-politischen Auseinandersetzungen der Zeit die Verdächtigung totalitären Denkens von links wie von rechts immer wieder eine Rolle, aber der Konsens war so stark, daß totalitäre Ideen oder gar Ideologien so gut wie keine Chance mehr hatten. Dank der Stärke dieses Konsenses wurden, von wenigen Unverbesserlichen abgesehen, auch frühere Antidemokraten und geistige Mitläufer des Nationalsozialismus in die neue Ordnung integriert. Wollte man sie treffen, so mußte man sich mit ihrer Vergangenheit, nicht mit ihrem Denken in der Gegenwart auseinandersetzen.

»Im großen und ganzen vollzog sich so in den Anfängen der Adenauer-Ära bei der einstmals antidemokratischen rechten Intelligenz derselbe Vorgang wie auf allen anderen Ebenen der Gesellschaft: Manche korrigierten ihre Auffassungen, viele paßten sich an, einige wandten sich stolz ab oder begannen Kinderbücher zu schreiben, und der Rest blieb unbelehrbar, aber zugleich auch ohne großes Gehör und damit ohne Einfluß. So endete die Tradition des einst so explosiven antidemokratischen Denkens von rechts. Besorgte Liberale und Sozialdemokraten fürchteten zwar bis in die siebziger Jahre hinein seine Wiederkehr, tatsächlich aber sind diese Gruppen in den fünfziger Jahren schon domestiziert und amalgamiert worden.«[39]

Die deutsche Literatur gewinnt Profil

Mit der Niederlage des Dritten Reiches war die völkische Blut- und Boden-Literatur an ihr verdientes Ende gekommen, doch eine neue deutsche Nachkriegsliteratur meldete sich nach den Verheerungen des Nationalsozialismus zunächst nicht zu Wort. Die Schubladen, die man voll gewähnt hatte, erwiesen sich als ziemlich leer. So beherrschten in den Nachkriegsjahren und bis in die ersten Jahre der Bundesrepublik hinein die großen emigrierten Schriftsteller (Heinrich und Thomas Mann, Hermann Broch, Carl Zuckmayer, Bert Brecht und viele andere) sowie die Repräsentanten einer angeblich inneren Emigration das literarische Bild.

Wichtiger als diese Vorherrschaft des vermeintlich Alten wurde jedoch der nun wieder mögliche Zugang der Deutschen zur Weltliteratur, vor allem zu den Werken der großen amerikanischen und französischen Autoren, die – vor allem auf dem Theater – wichtige Dienste leisteten bei der Herauslösung aus jahrzehntelanger geistiger Isolierung. Man kann diese Öffnung des deutschen Geisteslebens für die geistige Welt des Westens, die schon von den Besatzungsmächten stark gefördert worden war, in ihrer Bedeutung kaum überschätzen. Sie stellte im Geistigen wie dann später auch im Politischen die Verbindung Deutschlands zum Westen her, die binnen weniger Jahre zur selbstverständlichen Grundlage unseres kulturellen und politischen Selbstverständnisses wurde. Die Nachkriegszeit und die Ära Adenauer haben eine Öffnung und Erweiterung des geistigen Horizonts gebracht, die ohne Zweifel eine notwendige Voraussetzung für die in den späten fünfziger Jahren sich zu Wort meldende neue deutsche Literatur war. »Adenauers BRD war enorm effektiv, wenn gewiß von den meisten Literaten wenig geliebt. Gleichsam gegen diesen ungeliebten Staat entstand in den fünfziger Jahren eine Literatur von Rang, derer sich dieser Staat zumindest im Ausland rühmen konnte. Fast

[39] Hans Peter Schwarz, Die Ära Adenauer. Stuttgart, Wiesbaden 1981, S. 437.

alle großen, heute noch Maßstab setzenden Schriftsteller, Philosophen und Publizisten unserer Gegenwart begannen mit ihrem öffentlichen Wirken in den fünfziger Jahren. Sie hatten damals diese Freiheit, dazu die Unternehmungslust, die einen erfüllt, wenn man die Neugier und Begier der Öffentlichkeit spürt ... Möglicherweise bestand in den fünfziger Jahren eine produktive Dialektik zwischen einer zwar harmoniesüchtigen, restaurativ fühlenden, aber immerhin lebendigen, erschütterbaren, aufgeschlossenen Öffentlichkeit – und den Aktivitäten fortschrittlicher Künstler oder Politiker, die vom restaurativen Widerstand immer noch mehr zur Leistung und zur Solidarität provoziert wurden als von der Watte gönnerhafter Gleichgültigkeit. Was Fruchtbarkeit und Fülle angeht, so können die fünfziger Jahre einem Vergleich mit den siebziger oder achtziger Jahren gelassen entgegensehen.«[40]

Es ist richtig, daß die deutsche Nachkriegsliteratur des Anfangs, vertreten durch Autoren wie Hans Erich Nossack, Alfred Andersch, Elisabeth Langgässer, Marie-Luise Kaschnitz, in der Poesie beherrscht durch den Ästhetizisten Gottfried Benn, keine primär politische, gesellschaftskritische Auseinandersetzung mit der Vergangenheit und der Gegenwart war, sondern sich den grundlegenden Fragen nach dem Sinn der Existenz, nach der Möglichkeit des Menschseins in einer verderbten Welt zuwandte; auch ist beobachtet worden, daß in bezug auf den Stil und die ästhetische Konzeption nicht von einem wirklichen Neuanfang der deutschen Literatur nach der Katastrophe gesprochen werden könne. Vielmehr hat sich die neue deutsche Literatur, eine Literatur der Bundesrepublik, erst in der Auseinandersetzung mit dem neuen Deutschland, d. h. mit der Ära Adenauer, mit ihrer Politik und ihrer gesellschaftlichen Gesamtentwicklung, formiert.

Unstreitig ist der Beginn der deutschen Literatur, die bis heute Gewicht hat, mit der Adenauer-Zeit verbunden. Diese hat einerseits durch die Wiedergewinnung der Kommunikation mit dem Westen und im Rahmen der von der Verfassung gewährten Freiheiten die Entfaltung dieser Literatur ermöglicht. Sie war andererseits eine Art *pièce de résistance*, ein kritischer Erfahrungshintergrund, an dem man sich reiben und mit dem man sich auseinandersetzen konnte. Fast alle großen Schriftsteller der Bundesrepublik sind in der Adenauer-Ära erstmals mit ih-

[40] Joachim Kaiser, in der Süddeutschen Zeitung, Nr. 134 (1991).

ren Werken an die Öffentlichkeit getreten. Dies gilt zumal für Heinrich Böll, der als Kölner zum literarischen Antipoden des früheren Kölner Oberbürgermeisters Adenauer wurde, weniger für Wolfgang Koeppen, der mit dem ›Treibhaus‹ den großen Restaurationsroman der Bundesrepublik schrieb; dies gilt für Günter Grass, dessen ›Blechtrommel‹ 1959 erschien, für Martin Walser, der 1957 mit seiner Gesellschaftskritik in dem Roman ›Ehen in Philippsburg‹ auf den Plan trat und mit ›Halbzeit‹ (1960) zum scharfen Diagnostiker der Wirtschaftswunder-Welt wurde; dies gilt für Hans Magnus Enzensberger, der mit seinen Gedichtbänden ›Verteidigung der Wölfe‹ (1957) und ›Landessprache‹ (1960) Gesellschaftskritik zum Inhalt von Dichtung machte. Diese neue deutsche Literatur war nicht affirmativ sondern kritisch. Sie wollte, wie der Lyriker Günter Eich 1953 gefordert hatte, nicht Öl, sondern Sand im Getriebe der Welt sein. Ihre Autoren wollten nicht mitspielen, denn sie waren individuelle Nonkonformisten; sie wollten von niemandem vereinnahmt werden, sondern wandten sich kritisch den Defiziten und Verkehrtheiten zu, die sie in der Entwicklung der Nachkriegsgesellschaft in der Ära Adenauer zuhauf feststellten. In den späten Jahren der Adenauer-Ära hat die deutsche Nachkriegsliteratur in der Auseinandersetzung mit der Zeit ihr Profil gewonnen.

Literaturkritiker, welche die Funktion der Literatur vorwiegend unter politischen Gesichtspunkten betrachten und beurteilen, haben die deutsche Literatur der fünfziger Jahre als unerheblich abgetan: »Die Literatur der fünfziger Jahre war und bot bis in deren zweite Hälfte hinein insgesamt eine Art Sanatoriumsaufenthalt in höheren Gefilden, legitimiert als Entfaltung einer Poesie, deren Sprache deutsch und deren Erbe europäisch war.«[41] Selbst die 1947 von Hans Werner Richter gegründete »Gruppe 47«, in der man das unorganisierte Zentrum der deutschen Literatur in den ersten zwei Nachkriegsjahrzehnten sehen kann, verfiel dem Verdikt, zu unpolitisch zu sein und sich der Vergangenheit nicht genügend anzunehmen. Doch das sind wohlfeile Übertreibungen.

Die neue deutsche Literatur, die in den späten Jahren der Adenauer-Ära ihr Profil gewann, war höchst sensibel und kritisch gegenüber der Vergangenheit wie den Entwicklungen der

---

[41] Heinrich Vormweg, Literatur. In: Wolfgang Benz (Hrsg.), Die Geschichte der Bundesrepublik Deutschland. Band 4: Kultur. Frankfurt 1989, S. 60.

zweiten deutschen Republik, aber sie stand nicht mehr mürrisch abseits, sie mischte sich ein, und zwar immer mehr; sie wurde zu einem integralen Bestandteil der neuen Bundesrepublik.

Die Künste und die Wissenschaften

Wie immer man den künstlerischen Wert, die geistige und politische Mission des *Theaters* in der Adenauer-Ära beurteilt, Tatsache ist, daß Schauspiel und Musiktheater sich einer wachsenden Beliebtheit erfreuten, volle Säle hatten und über Intendanten, Schauspieler und Regisseure verfügten, wie man sie in dieser Fülle und Vielfalt später vergeblich sucht. Entscheidend für die günstige Entwicklung des Theaters, die sich gerade in den fünfziger Jahren auch in zahlreichen neu entstandenen Theaterbauten niederschlug, war die kaum angefochtene Überzeugung, daß Theater öffentliche Bildungseinrichtungen sind, die für einen Kulturstaat, als den sich die Bundesrepublik verstand, ganz unentbehrlich sind. Ihre Förderung und Unterhaltung ist ein kultureller Auftrag, den Städte und Länder trotz stets steigender Kosten ganz selbstverständlich wahrgenommen haben. Es kam zwischen 1949 und 1956 zu einer Verdoppelung der Besucherzahlen von 11 auf 20 Millionen im Jahr. Das Theater war ein höchst dynamischer und unverzichtbarer Teil der Kultur der Nachkriegszeit. Im Spielplan, der sich anfangs vorwiegend auf die Klassiker und auf die großen Stücke aus dem westlichen Ausland stützte, fehlte es zwar an bedeutenden deutschen Bühnenautoren. Die Schubladen waren auch hier leer geblieben und haben sich auch in späteren Jahren nur wenig gefüllt, aber die Zeit war reich an großen Regisseuren wie Fritz Kortner, Carl Heinz Stroux, Oskar Fritz Schuh, Harry Buckwitz und eben auch Gustaf Gründgens, die die Legende von der künstlerisch sterilen Adenauer-Zeit Lügen strafen. Natürlich war dies vorwiegend ein Theater des Bürgertums, aber schließlich ist es bis heute nicht gelungen, das Theater zu einer Anstalt für die ganze Nation zu machen. Im übrigen hat auch das westdeutsche Theater trotz mancher grotesken Widerstände Bert Brecht mitten im Kalten Krieg auf die Bühne gebracht; es war nicht angepaßt.

Die Theaterkultur der Adenauer-Ära war eine tragende Säule des Kulturlebens der neuen Bundesrepublik. Sie läßt sich nicht mit dem von dem Berliner Kritiker Friedrich Luft geprägten

Diktum »Volle Häuser, geistige Leere« abtun, sondern das Theater war ein lebendiger, künstlerisch anspruchsvoller Teil der deutschen Nachkriegskultur, auch, ja gerade in der Adenauer-Zeit.

Die fünfziger Jahre brachten auch die Wiederbelebung der Festspiele und Festwochen. Die bedeutendste Wiederbelebung galt Richard Wagner, dessen Bayreuther Festspiele ab 1951 unter der Leitung der Enkel Wieland und Wolfgang ihre nach den Nazijahren heikle Wiederauferstehung erlebten. Es gelang den beiden Brüdern, durch die Kühnheit moderner Inszenierungen das Werk Wagners gewissermaßen zu entnazifizieren. Bundespräsident Theodor Heuss lehnte es zwar ab, nach Bayreuth zu pilgern, aber der Bayreuther Festspielhügel ist inzwischen längst zu einem Stelldichein auch für nüchterne linke Intellektuelle geworden.

Der Musikkritiker Joachim Kaiser schloß einen 1962 verfaßten Artikel über Entwicklungstendenzen der modernen *Musik* in Deutschland mit dem Satz: »So läßt ein Blick auf die Situation der modernen Musik und auch des modernen Theaters den seltsamen Schluß zu, daß nicht nur alle Vorzüge und Errungenschaften mit Nachteilen erkauft werden müssen, sondern daß umgekehrt manche besorgniserregenden Nachteile, Fehler und Unausgeglichenheiten des öffentlichen Lebens ihrerseits gewisse Vorzüge produzieren.«[42] Kaisers Bericht über die Ergebnisse und Erfolge der modernen atonalen Musik hebt hervor, was bis zu einem gewissen Grade für die gesamte Kunstentwicklung in der entstehenden Bundesrepublik gilt, daß inmitten der angeblichen Restauration bei vielen Musikschaffenden in Deutschland ein kühner Zug ins Moderne feststellbar war. Die neue Musik finde in Westdeutschland »eine Bereitwilligkeit der Manager, eine interessierte Langmut des Publikums, eine Publizität, wie man sie anderswo kaum wird antreffen können«.

Natürlich bot gerade die Musik, vor allem in der unmittelbaren Nachkriegszeit, vielen Menschen eine Begegnung mit dem zeitlos Schönen, die sie als Kompensation für einen eher düsteren Alltag dankbar begrüßten. Von einer konservativen, affirmativen Musikkultur zu sprechen, die dem restaurativen Charakter der Epoche entsprochen habe, wie dies Hermann Glaser

---

[42] Joachim Kaiser, Atonaler Lichtblick. In: H. W. Richter (Hrsg.), Bestandsaufnahme, S. 546.

in seiner ›Kulturgeschichte der Bundesrepublik‹[43] tut, ist jedoch eine Verkennung der Funktion von Kunst und wird überdies gerade durch die in der Bundesrepublik besonders große Aufgeschlossenheit für die moderne Musik widerlegt. Gewiß galt für das Musikleben in den fünfziger Jahren das gleiche wie auch für das Theater: Es wurden viele neue Konzertsäle und zahlreiche Opernhäuser gebaut; das repräsentative bürgerliche Element der traditionellen Kulturpflege kam gerade auch im Bereich der Musik zum Tragen, aber das ist auch in anderen westlichen Ländern kaum anders gewesen. Dabei spielte gerade in den fünfziger Jahren in Deutschland die Beschäftigung mit der von Schönberg inaugurierten seriellen Komposition eine besondere Rolle. An einem Komponisten wie Hans Werner Henze, der 1948 mit der Komposition in der Reihentechnik begann und große Erfolge hatte, läßt sich zeigen, daß das musikalische Leben der frühen Bundesrepublik sich nicht auf die weihevolle Pianistin Elly Ney oder den politisch umstrittenen Dirigenten Wilhelm Furtwängler reduzieren läßt, sondern reich an großen Künstlern war und auf ein sich der Moderne öffnendes Publikum traf. Es gab von Anfang an einen selbstverständlichen Austausch mit großen Dirigenten und Musikern aus der ganzen Welt, so daß der oft nachgebetete Vorwurf der Rückwärtsgewandtheit und des bloß Restaurativen im Musikleben der Adenauer-Zeit ziemlich fehlgeht.

Was die *Unterhaltungsmusik* angeht, so hatte es schon immer den seichten deutschen Schlager gegeben, aber während er in der Adenauer-Ära mehr oder weniger erfolgreich weiter gepflegt wurde, gab es in der Unterhaltungsmusik gerade während der fünfziger Jahre den entscheidenden Durchbruch zu einem neuen musikalischen Gestalten und Erleben durch die angloamerikanische Pop-Musik. Ihre Wirkung vor allem auf die junge Generation war ungeheuer. Diese Musik hat entscheidend zur Entstehung einer weltoffenen, individualistisch betonten und demokratischen Grundhaltung bei vielen jungen Deutschen beigetragen. Die Westintegration wurde so musikalisch untermauert.

Auch für die *bildende Kunst* trifft das Klischee vom restaurativen Charakter der Epoche nicht zu, im Gegenteil: Das Ende der nationalsozialistischen Tyrannei auf dem Gebiet der Kunst

[43] Hermann Glaser, Kulturgeschichte der Bundesrepublik. Bd. 2, München 1986, S. 247.

wurde als ungeheure Befreiung empfunden. Viele Museen sahen ihre wichtigste Aufgabe nach der Katastrophe darin, den Besuchern die Kunst nahezubringen, die von den Nationalsozialisten als »entartet« verworfen worden war, und sie suchten natürlich auch den Bezug zur internationalen Kunstentwicklung herzustellen, der durch die zwölfjährige Naziherrschaft unterbrochen war. Die deutschen Künstler der Nachkriegszeit malten vorwiegend abstrakt, sie machten einen radikalen Schnitt mit der NS-Vergangenheit, deren Produkte nun auch gar nicht mehr gezeigt wurden.

Natürlich war die Begegnung mit der abstrakten Kunst für viele ein Schock und eine Herausforderung, aber für die Verantwortlichen in den Museen und in den meisten Kunsthochschulen war die Offenheit für die moderne Kunst eine Selbstverständlichkeit. Sie wurde auch von der Industrie als Mäzen gefördert, und selbst die Kirchen gaben ihr als Auftraggeber immer wieder eine Chance. Der Kunst zugetane Politiker wie Theodor Heuss und Carlo Schmid setzten deutliche Zeichen für ein modernes, weltoffenes Kunstverständnis. Die Freiheit der Kunst war trotz manchen Unverständnisses bei der Bevölkerung und trotz mancher von ihr selbst ausgehenden Provokation in der Bundesrepublik der Adenauer-Zeit nie ernsthaft in Gefahr. Im übrigen war die bildende Kunst gar keine nationale Angelegenheit, sondern ein freier internationaler Markt der fast unbegrenzten Möglichkeiten, bei dem auch das kommerzielle Interesse eine wachsende Rolle zu spielen begann. Natürlich gab es reaktionäre Vorbehalte und Angriffe gegen die abstrakte Kunst, so das schon 1948 erschienene Buch des Münchner Kunsthistorikers Hans Sedlmayr über den ›Verlust der Mitte‹, in dem die moderne Kunst als ein Abfall von Gott verurteilt wird, oder die Kritik des konservativen Soziologen Arnold Gehlen, der in der modernen Kunst wegen ihres Verlusts an Naturbezogenheit eine bloße Kopfgeburt zu sehen meinte und manches andere. Doch hat dies die Entwicklung der Kunst in der Bundesrepublik wenig angefochten; sie war alles andere als restaurativ.

Die Rolle der *Philosophie* im Deutschland der Nachkriegszeit und der Adenauer-Ära zu beschreiben, ist ein schwieriges Unterfangen, aber schwerlich läßt sich von ihr sagen, daß sie unoriginell, dürftig und langweilig gewesen wäre. Noch waren die Altmeister der deutschen Existenzphilosophie am Werke: Martin Heidegger, wenn auch nicht mehr zum Professor bestellt, in Freiburg, Karl Jaspers in Heidelberg, dann in Basel. Sie bestimmten beide nachhaltig die philosophische Diskussion der Zeit. Karl Jaspers wagte sogar den Schritt zur philosophischen Erörterung von politischen Gegenwartsfragen, wie etwa der Bedeutung der Atombombe für die Zukunft der Menschheit, oder, noch konkreter, in seiner die Wiedervereinigungspolitik herausfordernden These, daß die Freiheit vor der Einheit gehe und daß man deshalb sehr wohl auf die deutsche Wiedervereinigung verzichten könne, wenn es gelänge, in der DDR ein System der Freiheit zu schaffen.

Die Sozialtheoretiker Theodor W. Adorno und Max Horkheimer waren früh aus Amerika nach Frankfurt zurückgekommen und hatten als die führenden Repräsentanten der Kritischen Theorie eine zunächst noch beschränkte, dann aber außerordentliche Wirkung auf das geistige und politische Bewußtsein der Zeit. Durch die geistige Öffnung nach Westen hielten auch der kritische Rationalismus der Schule Karl Poppers, der alle Metaphysik verurteilte, und die strenge angelsächsische Wissenschaftstheorie ihren Einzug in die größer und offener gewordene Welt des deutschen Geistes der Nachkriegszeit. Die Vielfalt der Lehrer und ihrer Schulen erzeugte eine spannungsreiche geistige Situation, die ihre Wirkungen auf das geistige und politische Bewußtsein nicht verfehlte, auch wenn diese nur sehr indirekt und vermittelt zu erkennen waren. Jedenfalls kann keine Rede davon sein, daß die philosophische Diskussion der Nachkriegszeit, zu der im politischen Bereich auch die in New York lehrende Jaspers-Schülerin Hannah Arendt Wesentliches beitrug, eine spannungsarme, unoriginelle und unproduktive Angelegenheit gewesen wäre. Im Gegenteil. Man kann insofern eine Parallele vom Reich der Philosophie zur Ära Adenauer ziehen, als beide durch herausragende Gestalten bestimmt waren: Adenauer als bedeutender Politiker, die großen deutschen Denker des 20. Jahrhunderts als bedeutende Philosophen, die Schule machten und Schulen bildeten, die bis heute wirksam sind.

Jürgen Habermas hat gemeint, daß die Art und Weise, »der Gestus«, mit dem diese Philosophen damals auftraten, heute wohl als altmodisch empfunden würde: »Ich meine den rhetorischen Gestus, mit dem eben Heidegger und Jaspers, Gehlen, Bloch und Adorno als akademische Lehrer vor ihren Studenten, in der literarischen Öffentlichkeit, in der politischen Publizistik, sogar in den Massenmedien ihre Gedanken vertreten, geradezu exerziert und verbreitet haben.«[44] Man kann sich jedoch fragen, ob man nicht im Verschwinden dieses Gestus auch einen Verlust beklagen muß, zumal die Philosophie ihren alten Anspruch, das Ganze der Welt zu deuten und in ein System zu bringen, längst aufgegeben hat. Sie muß ihn mit den Wissenschaften teilen.

Die deutschen *Universitäten* hatten im Wintersemester nach dem Kriegsende unter äußerst schwierigen materiellen und räumlichen Bedingungen ihre Arbeit aufgenommen. Mit Ausnahme derjenigen Dozenten, die sich allzu intensiv mit dem Nationalsozialismus eingelassen hatten, war die Professorenschaft fast die gleiche geblieben. Zwar erhielten die Universitäten ihre Autonomie zurück, aber die deutschen Hochschulen waren trotz allen Geredes von der Gemeinschaft der Lehrenden und Lernenden im wesentlichen hierarchische Anstalten geblieben, die von den Ordinarien beherrscht wurden. Bemühungen um eine Reform der Universität in einem mehr demokratischen Sinne waren nicht zum Zuge gekommen. An den deutschen Universitäten herrsche, so schrieb Rudolf Walter Leonhardt 1962 in einem Bericht über die deutschen Universitäten, nach wie vor das Führerprinzip oder der Persönlichkeitskult[45].

In der Tat ist die Erinnerung an diese Periode der deutschen Universität, die erst in den späten sechziger Jahren durch die Studenten zu demokratischen Reformen gezwungen wurde, an das Wirken großer Gelehrter geknüpft, die durchaus bemüht waren, das Ansehen der deutschen Wissenschaft und ihren internationalen Rang wiederherzustellen. Dabei spielten in einigen geisteswissenschaftlichen und vor allem in den sozialwissenschaftlichen Disziplinen, die damals gerade im Aufbau waren, Emigranten eine maßgebliche Rolle. Die skeptische Generation, die in den Hörsälen Platz genommen hatte, war enorm wissensdurstig, aber auch von einer starken praktischen Orientierung bestimmt. Sie suchte sich möglichst schnell ihren Platz in der bundesdeutschen Gesellschaft und fand ihn auch, da die Hochschulabsolventen der Adenauer-Zeit, anders als heute, in der Regel mit einer sicheren akademischen Position im Berufs-

[44] Zitiert ebd., S. 291.
[45] Rudolf Walter Leonhardt, Die deutschen Universitäten 1945–1962. In: H. W. Richter (Hrsg.), Bestandsaufnahme, S. 356.

leben rechnen konnten. Die geistige, politische und technische Elite, welche die Bundesrepublik bis in die achtziger Jahre hinein maßgeblich geprägt hat, verdankt ihre Bildung und Ausbildung im wesentlichen dem deutschen Hochschulsystem vor der Zeit der Reformen. Die Studenten haben in ihrer Mehrheit die Restauration des Korporationswesens nicht völlig verhindern können, doch sie haben dafür gesorgt, daß es im deutschen Universitätsleben eine Randerscheinung blieb, von der keine bedrohlichen Wirkungen auf die Demokratisierung des gesellschaftlichen Lebens mehr ausgehen konnte.

Traditionell in ihrer Organisation und teilweise noch konservativ in ihrem Wissenschaftsverständnis war die deutsche Universität der Adenauer-Zeit doch offen für die Welt und bemüht, so rasch wie möglich den Anschluß an die internationale Wissenschaftsentwicklung zu finden. Die Universitäten verstanden sich, zumal nach den Erfahrungen mit dem Dritten Reich, nicht politisch, aber sie waren auch nicht politikfremd, sondern Stätten eines vielgestaltigen wissenschaftlichen Pluralismus, der auch seine politischen Implikationen hatte. Professoren und Studenten der Göttinger Universität verhinderten 1952 die Ernennung eines der FDP angehörigen Neo-Nazis namens Schlüter zum Kultusminister; nicht wenige deutsche Professoren drückten 1962 öffentlich ihr Befremden und ihre Besorgnis über das Vorgehen der Bundesregierung in der ›Spiegel‹-Affäre aus. Vor allem war es den Universitäten in der Nachkriegszeit ganz selbstverständlich, daß ihr Bildungsauftrag nicht bloß ein geistig-moralischer sondern auch ein politischer war.

Zu den wichtigsten Neuerungen der deutschen Universität in der Nachkriegszeit gehören die Einrichtung und der zügige Ausbau der *Sozialwissenschaften,* in erster Linie der Soziologie und der Politologie. Obwohl die neuen Fächer, die vom Nationalsozialismus aus den Universitäten verbannt worden waren, von den traditionellen Disziplinen wie der Geschichte oder der Staatsrechtslehre keineswegs mit offenen Armen empfangen wurden, gelang es ihnen rasch, vor allem dank der Qualität und Ausstrahlung einiger ihrer Gründungsprofessoren, in den deutschen Universitäten Fuß zu fassen und sich als unentbehrliche Disziplinen in einer freien demokratischen Gesellschaft zu etablieren. Dem Ausbau der Sozialwissenschaften kam dabei gerade in der Adenauer-Zeit zugute, daß neonazistische Umtriebe, wie etwa die Hakenkreuzschmierereien von Köln im Jahre

1959, immer wieder die Forderung nach vermehrter politischer Bildung in den Schulen und nach Verstärkung der Politischen Wissenschaft in den Universitäten wachwerden ließen. Gerade für die neuen Fächer war bezeichnend, daß sie in ihren Anfängen sehr stark von Professoren geprägt wurden, die durch den Nationalsozialismus in die Emigration getrieben worden waren. René König, Helmut Plessner, Max Horkheimer und Theodor W. Adorno in der Soziologie, Ernst Fraenkel, Carl Joachim Friedrich, Arnold Bergstraesser, Siegfried Landshut, Eric Voegelin in der Politischen Wissenschaft sind nur die bekanntesten und einflußreichsten Professoren, die aus der Emigration zurückkehrten und zusammen mit anderen Kollegen den jungen deutschen Sozialwissenschaften ein Profil gaben und maßgeblich zu ihrem wachsenden Ansehen beitrugen.

Der Nimbus dieser Begründer der deutschen Sozialwissenschaft nach dem Zweiten Weltkrieg beruht nicht nur auf ihrer wissenschaftlichen und auch pädagogischen Leistung, sondern auch auf dem prominenten Status, dessen sich diese wenigen Professoren dank der noch unangefochten geltenden Ordinarienherrschaft erfreuen konnten. Die geistige Herkunft dieser Gründergeneration der deutschen Sozialwissenschaften war höchst unterschiedlich, aber sie war sich doch einig in der Überzeugung, daß die Durchsetzung der Sozialwissenschaften in der deutschen Universität eine gesellschaftlich wie politisch notwendige Aufgabe darstelle, auf die gerade die neu entstehende Demokratie der Bundesrepublik angewiesen sei. In der Gründungsphase standen allerdings weniger die Aufgaben der empirischen Erforschung der deutschen Gesellschaft und der deutschen Politik im Vordergrund, als vielmehr intensive theoretische Auseinandersetzungen über die Begründung und die Zielrichtung der neuen Fächer. Von diesen Kontroversen, die etwa im großen Positivismusstreit in der Soziologie Anfang der sechziger Jahre ihren Ausdruck fanden, zehren diese Disziplinen noch heute. Die Sozialwissenschaften wurden im Laufe der Jahre auch für Politik und Verwaltung ganz unentbehrlich, weil sie wichtige Informationen und Interpretationen über die gesellschaftliche und politische Entwicklung bereitstellten, auf die der Staat und die Gesellschaft nicht mehr verzichten mochten und konnten.

Für den raschen Ausbau der empirischen Sozialwissenschaft in den fünfziger Jahren spielte der intensiver werdende Kontakt deutscher Sozialwissenschaftler mit der amerikanischen Social

Science eine große Rolle. Gerade auf dem Gebiet der Sozialwissenschaften waren die Vereinigten Staaten damals eine Art Führungsmacht; die Zusammenarbeit mit ihren Vertretern wurde in den fünfziger und sechziger Jahren für die deutsche Sozialforschung zu einer Selbstverständlichkeit. Die politische Westorientierung wurde durch eine wissenschaftliche Westintegration ergänzt.

Gerade die Entwicklung der Sozialwissenschaft, die in der Adenauer-Zeit einsetzte und in ihr einen Siegeszug antrat, der erst im Gefolge der Studentenrevolte von 1968 zum Stillstand kam, ist ein gewichtiger Einwand gegen die These vom restaurativen Charakter der Epoche auch in der deutschen Universität. Wie unterschiedlich die Entwicklung in den einzelnen wissenschaftlichen Disziplinen auch verlaufen sein mag, die deutsche Universität war, im ganzen gesehen, kein Hort der Restauration, sondern ein lebendiges, sich einer immer größeren Zahl von Studenten öffnendes Gebilde von großer geistiger Vielfalt. Marxistisch angeleitete studentische Kritiker haben nach 1968 der deutschen Politikwissenschaft zum Vorwurf gemacht, sie sei eine bloße »Demokratiewissenschaft« gewesen, die sich einseitig der Apologie der bürgerlichen Demokratie verschrieben habe. Das ist unrichtig. Sie war Wissenschaft des Politischen, gerichtet auf die Erforschung der Vielfalt seiner Formen und Prozesse. Daß die theoretische Begründung und empirische Erforschung der Demokratie und speziell der sich entfaltenden Demokratie der Bundesrepublik dabei im Vordergrund des Interesses stand, war notwendig und sinnvoll. Es handelte sich um die Bereitstellung eines politischen Orientierungswissens vor dem Hintergrund einer totalitären Vergangenheit, nicht aber um eine simple Rechtfertigung des politischen Systems der Bundesrepublik, geschweige denn der von Adenauer betriebenen Politik.

Auch bei der Erforschung der jüngsten Vergangenheit, insbesondere der Ursachen des Scheiterns der Weimarer Republik, hatten Politikwissenschaftler, so insbesondere Karl Dietrich Bracher, einen wichtigen Anteil. Die neue Disziplin der Zeitgeschichte wurde von historisch arbeitenden Politologen maßgeblich mitaufgebaut.

Konservative Beharrungstendenzen zeigten sich in der Ära Adenauer noch in der deutschen *Staatsrechtslehre*. Vielen Professoren des Öffentlichen Rechts, die Carl Schmitt nahestanden, wie z. B. Ernst Forsthoff, machte es Mühe, in der Bundesrepublik noch einen echten Staat zu sehen, weil die Mitwirkung der gesellschaftlichen Kräfte, der sogenannte Pluralismus, bei der Gestaltung der Politik in der Bundesrepublik eine unverkennbare Rolle spielte und den Staat als hoheitliche Instanz in den Hintergrund drängte. Über das liberale, die Bedeutung der Grundrechte besonders stark betonende Demokratieverständnis des Bundesverfassungsgerichts gab es heftige Auseinandersetzungen unter den Staatsrechtslehrern, bei denen die mehr liberale Seite, die sich an Rudolf Smend orientierte, die Oberhand behielt. Auch konservative Soziologen wie Arnold Gehlen, der die Steuerung des sozialen Lebens durch Institutionen für zentral hielt, sahen die Ausbreitung eines vom Staat nicht gezügelten Individualismus und Pluralismus mit Unbehagen. Bei ihm und manchen anderen Staats- und Sozialtheoretikern war noch immer eine mißtrauische Skepsis gegenüber der neuen Staatsform der Demokratie lebendig. »Im großen und ganzen aber machten Staatslehre und politische Theorie der Adenauer-Ära die innere Wandlung mit, die sich damals in der ganzen Bevölkerung vollzog. Aufgrund der schlechten Erfahrungen mit dem totalitären Staat herrschte auch hier die Bereitschaft vor, die real vorhandene Demokratie zu akzeptieren. Und da sich diese bewährte, gewannen selbst jene zum neuen Staat Vertrauen, die einzelne seiner tragenden Elemente mit einer gewissen Reserve betrachteten.«[46]

Wiederaufbau statt Reformen im Bildungsbereich

Die Adenauer-Ära war vor allem eine Zeit des Wiederaufbaus, nicht der Reform. Neu, im Vergleich zur Weimarer Republik, war die erfolgreiche Ausgestaltung der parlamentarischen Demokratie, die Verstärkung des Rechtsstaates und die Sicherung der Verfassungsordnung, aber man bediente sich im wesentlichen der gleichen Institutionen wie damals, um das politische und soziale Leben nach der Katastrophe des Dritten Reiches neu zu gestalten. Es wandelten sich die Inhalte, weniger jedoch die Institutionen, durch die solche Inhalte vermittelt wurden. So kam es nicht zu einer Neuordnung des Öffentlichen Dienstes, obwohl die Besatzungsmächte darauf gedrängt hatten, sondern es blieb beim traditionellen deutschen Berufsbeamten-

---

[46] Schwarz, Ära Adenauer, S. 445.

tum, von dem man nur erwartete, daß es dem neuen demokratischen Staat und seinen Prinzipien verpflichtet sein würde. Auch bei den Institutionen des organisierten Pluralismus, den Gewerkschaften und den vielen Wirtschafts- und Berufsverbänden, kam es nicht zu durchgreifenden Änderungen der Organisation, etwa im Sinne stärkerer innerverbandlicher Demokratie, sondern nur zur Umstellung der Inhalte der Politik, die nun auf die neue Ordnung bezogen waren. Das gleiche gilt für die Kirchen, für die Hochschulen und Schulen. Auch hier hat sich der institutionelle Rahmen wenig verändert, und es war darum entscheidend, inwieweit sie bereit und in der Lage waren, ihre Lehre und ihren Unterricht auf die neue politische Ordnung einzustellen. Nicht die Demokratisierung der Institutionen stand im Vordergrund des Wiederaufbaus, sondern die Ausrichtung der Institutionen auf die Aufgaben und Bedürfnisse der neuen demokratischen Ordnung. Die Adenauer-Ära ist eine dürftige Zeit, sofern es um die strukturelle Neuordnung von Institutionen geht. Sie ist jedoch einmütig und auch erfolgreich in ihrem Bemühen, die Arbeit der Institutionen inhaltlich auf die neue Verfassungsordnung und ihre liberale Grundtendenz auszurichten.

Am deutlichsten machte sich dies im Hochschul- und Schulwesen bemerkbar. Die Hochschulen hielten an der Ordinarienherrschaft fest, die Schulen am gegliederten Schulwesen, obwohl es während der Besatzungsherrschaft zahlreiche Bemühungen gegeben hatte, Reformen dieser Bildungsinstitutionen in Gang zu bringen. Sie blieben jedoch stecken, weil sich die konservativen Kräfte durchsetzten, die an den höheren Wert des deutschen Bildungssystems glaubten. Auf dem Programm der Reformer stand, in Worten von Hildegard Hamm-Brücher aus dem Jahre 1962: »Freie Schulbildung und gleiche Bildungschancen für alle Bürger, Verlängerung der allgemeinen Schulpflicht, akademische Lehrerbildung, Demokratisierung der Schulverwaltung, der Schulaufsicht, des Schullebens und Zusammenlebens, schließlich bessere Übergangsmöglichkeiten zwischen den Schularten.«[47] Was in dieser Richtung vor 1949 versucht worden war, wurde nach Gründung der Bundesrepublik unter dem Druck der konservativen Kräfte meist wieder zurückgenommen. Von nachteiliger Wirkung auf die weitere Entwicklung des Schulwesens und seine mögliche Reform wur-

[47] Hildegard Hamm-Brücher, Das Schulwunder fand nicht statt. In: Helmut Hammerschmidt (Hrsg.), Zwanzig Jahre danach. München 1965, S. 441.

de die von der katholischen Kirche damals sehr intensiv betriebene Einrichtung der Konfessions- oder Bekenntnisschule, die in den katholischen Ländern stark zum Zuge kam und erst in späteren Jahren unter großen Mühen und Kämpfen wieder beseitigt werden konnte. Die föderalistische Struktur führte zu beträchtlichen Unterschieden der Schularten und Lehrinhalte in den Ländern der Bundesrepublik, die erst nach langen Jahren durch die Bildung der Kultusministerkonferenz teilweise wieder abgetragen werden konnten. Jedenfalls war das deutsche Schulwesen gegen Ende der fünfziger Jahre nicht in allerbester Verfassung. Auf Initiative des Bundespräsidenten wurde damals der Deutsche Ausschuß für das Erziehungs- und Bildungswesen ins Leben gerufen, dem in den sechziger Jahren andere Einrichtungen folgten, die eine Reform des Schulwesens und auch der Hochschulen einleiteten. Die versäumten Reformen im Schul- und Hochschulwesen der fünfziger Jahre haben zweifellos dazu beigetragen, daß die kritische Reaktion auf diese Verhältnisse ab Mitte der sechziger Jahre besonders scharf und einseitig ausfiel.

Mit all dem hatte Bundeskanzler Adenauer freilich wenig oder gar nichts zu tun. Ihn interessierten die feste Verankerung der Bundesrepublik im wirtschaftlichen und militärischen System des Westens und die kontinuierliche Verbesserung der Lebensgrundlagen und Lebenschancen der Bürger. Doch die von ihm gestaltete moderne Industriegesellschaft der Bundesrepublik erzwang in der Zeit nach ihm die sukzessive Ausweitung der Universitäten und die Anpassung des allgemeinen Schulwesens an die wachsenden Herausforderungen dieser Industriegesellschaft. Diese Aufgaben ließen sich nicht allein durch eine inhaltliche Ausrichtung auf die Herausforderungen der Zeit bewältigen. Ihre Lösung mußte einhergehen mit einer gewissen organisatorischen Reform im Sinne einer stärkeren Demokratisierung dieser Institutionen. Nach Adenauer wurden Reformen unabweislich: »1945–1965 – Das sind zwanzig lange Jahre! Sie haben ausgereicht, die wirtschaftlichen Grundlagen unserer Existenz zu sichern. Sie haben nicht ausgereicht, der zerrissenen Nation eine geistige und kulturelle Existenz in Gestalt eines gefestigten und leistungsfähigen Schulwesens zu schaffen. Nichts Wichtigeres aber als dies gibt es im Augenblick und für die Zukunft zu tun.«[48]

[48] Ebd., S. 451.

1. Westintegration und Wiedervereinigung im Streit

Grundzüge der Adenauerschen Außenpolitik

Die Grundzüge der Adenauerschen Außenpolitik waren von Anfang an klar und deutlich. Er wollte die Bundesrepublik so eng wie möglich an den Westen binden, zum einen, weil sie auf diesem Wege am ehesten zu einem gleichberechtigten souveränen Staat werden und die Vormundschaft der Siegermächte, die bis 1955 andauerte, abschütteln konnte, zum andern, weil allein diese Westbindung, insbesondere der militärische Schutz durch die westliche Vormacht USA, Deutschlands Sicherheit gewährleisten konnte.

Adenauers Konzept der Sicherheit war von der ihn nie loslassenden Sorge vor der Bedrohung durch die Sowjetunion und das von ihr beherrschte System des Ostblocks bestimmt. Er glaubte, daß die Sowjetunion sowohl machtpolitisch wie ideologisch eine Gefahr für Deutschland darstelle und sah in der potentiell expansiven Politik der Sowjetunion die Hauptursache für die Spannungen zwischen West und Ost. Adenauer war aber auch mißtrauisch gegenüber der Fähigkeit und Bereitschaft der Deutschen, die aus dem Osten drohende Gefahr wirklich zu erkennen; er war sich nicht sicher, ob sie genügend moralische Widerstandskraft besäßen, um den Versuchungen einer Schaukelpolitik zwischen Ost und West zu widerstehen. »Nur die enge Bindung der Bundesrepublik Deutschland an die westliche Staatengemeinschaft würde ihrer freiheitlich-demokratischen Gesellschaftsordnung Bestand geben und den westdeutschen Staat in die Lage versetzen, der vom Sowjetkommunismus ausgehenden Gefahr Widerstand zu leisten ... Einheit und Geschlossenheit der freien Völker der Welt waren aus der Sicht Adenauers die wirksamste Garantie für die Erhaltung der Sicherheit und Freiheit der westlichen Nationen.«[1]

Adenauers Außenpolitik setzte von Anfang an auf die europäische Karte. Sein Ziel war und blieb die politische Union

---

[1] Helga Haftendorn, Adenauer und die Europäische Sicherheit. In: Dieter Blumenwitz u. a. (Hrsg.), Konrad Adenauer und seine Zeit. Bd. 2, Stuttgart 1976, S. 92 f.

Europas, deren Vollendung allerdings noch heute auf sich warten läßt. In seiner Europapolitik spielte die Annäherung an Frankreich und die schließliche Versöhnung mit dem Erzfeind früherer Jahrhunderte die entscheidende Rolle. Adenauer, der ein ausgeprägtes Gespür für Machtverhältnisse besaß, war sich jedoch klar darüber, daß die Bundesrepublik und das sich vereinigende Europa ohne eine enge Anbindung an das militärisch starke Amerika sich nicht gegen die von ihm stets für real gehaltene Bedrohung aus dem Osten behaupten und verteidigen könnten. Doch war ihm auch daran gelegen, dieses Europa zu einer Macht von eigenem Gewicht im militärisch-politischen Kräftespiel zu machen. So war er bestrebt, durch politische und auch militärische Anstrengungen dieses Europa zusammenzuführen wie zugleich die USA zum sicherheitspolitischen Garanten für dieses Europa zu machen.

Der deutsche *Verteidigungsbeitrag* in Gestalt der Schaffung der Bundeswehr diente einerseits der Gewinnung der eigenen vollen Souveränität, andererseits aber auch der Sicherheit des Westens in enger Verbindung mit den Verbündeten. »Seine (Adenauers) Politik war auf Kriegsverhinderung durch Demonstration der Einigkeit und der Stärke des Westens gerichtet. In diesem Sinne begriff er die Bundeswehr primär als ein politisches und nicht als ein militärisches Instrument.«[2] Die Aufrüstung Westdeutschlands, die er gegen großen inneren Widerstand durchgesetzt hatte, verstand er nicht nur als einen militärischen Beitrag zur Verteidigung des Westens, sondern vor allem als ein Mittel zur stärkeren Verbindung der neuen Bundesrepublik mit der westlichen Allianz. Deshalb hat er einseitige Abrüstungsvorschläge immer wieder abgelehnt, weil sie in seinen Augen das System der europäischen und atlantischen Sicherheit, in das die Bundesrepublik eingefügt war, nur schwächen konnten. Aus diesem Grund widersetzte er sich allen Vorschlägen, die auf eine Neutralisierung Deutschlands oder auf ein Disengagement, auf ein Auseinanderrücken der beiden Blöcke zielten, auch wenn sich auf diese Weise vielleicht eine Lösung der deutschen Frage anbahnen ließ. Die Sowjetunion hatte, kulminierend in der Stalin-Note vom März 1952, sogar den Versuch gemacht, die Einbeziehung der Bundesrepublik in das atlantische Sicherheitssystem durch verlockende Angebote zu verhindern, die selbst eine Wiedervereinigung Deutschlands

[2] Ebd., S. 95.

versprachen, sofern Deutschland für eine Neutralisierung zwischen Ost und West gewonnen werden könnte. Vorschläge für eine neutralisierte Zone in Mitteleuropa kamen übrigens nicht nur aus dem Osten, sondern auch aus dem Westen; sie sollten die Konfliktgefahr zwischen Ost und West durch ein Auseinanderrücken der beiden Supermächte vermindern und in Europa ein höheres Maß an friedlicher Stabilität erreichen.

Für Adenauer waren solche Vorschläge immer höchst gefährlich; er konnte in derartigen Plänen nichts Gutes für die deutsche Sicherheit erkennen, da die Bedrohung Deutschlands durch die Sowjetunion sich dadurch erst recht verstärken würde. Innenpolitisch stellten sie ihn immer wieder vor das Problem, wegen der Ablehnung und der Verweigerung einer ernsthaften Prüfung solcher Pläne als ein Gegner der Wiedervereinigung Deutschlands verdächtigt zu werden. Adenauer hatte aufgrund seiner Einschätzung der Weltlage, insbesondere des Bedrohungspotentials der Sowjetunion, jedoch kein Interesse an einer Wiedervereinigung, die Deutschland aus der engen Verbindung mit dem Westen herausgelöst hätte. Ihm war die feste Bindung an den Westen stets wichtiger als das Kokettieren mit Vorschlägen, die auf eine Lockerung der Westorientierung hinausgelaufen wären, selbst wenn sie die Wiedervereinigung ins Spiel brachten. Vor nichts hatte Adenauer größere Angst, als vor einer Schaukelpolitik der Bundesrepublik zwischen Ost und West, die an Rapallo (1922) erinnerte: »Deutschland mußte sich treu bleiben, und es durfte nicht auf den fast verbrecherischen Gedanken kommen, bald mit dem Osten, bald mit dem Westen irgendeine politische Linie zu finden, eine Schaukelpolitik zu betreiben.«[3] Er war überzeugt davon, daß eine konstruktive Ostpolitik nur möglich wäre auf der Basis einer ganz engen Bindung an den Westen. Diese Überzeugung hat dann auch die spätere Ostpolitik Willy Brandts bestimmt, die im Bewußtsein einer festen Verankerung der Bundesrepublik im Westen die Möglichkeit einer neuen und besseren Zusammenarbeit mit dem Osten auslotete und ins Werk setzte, und schließlich, dank der Veränderung der Lage und Politik der Sowjetunion, 1990 den Weg zur überraschenden Wiedervereinigung eröffnet hat.

[3] Zitiert ebd., S. 97.

Kein Thema hat die deutsche Öffentlichkeit in der ersten Dekade der Adenauer-Ära so intensiv beschäftigt wie die Auseinandersetzung über den Kurs der *Westintegration* unter dem Gesichtspunkt der deutschen *Wiedervereinigung.* Die Verpflichtung der deutschen Politik auf die Wiedervereinigung war nicht nur in der Verfassung festgeschrieben, sie wurde auch von allen politischen Parteien mit Ausnahme der Kommunisten zu einem unverrückbaren Ziel ihrer Politik erklärt. Freilich lag es nicht in der Macht der Westdeutschen, dieses Ziel aus eigener Kraft zu erreichen, doch die Verpflichtung auf die Wiedervereinigung Deutschlands wurde von allen politischen Gruppen als so stark empfunden, daß jeder außenpolitische Schritt daran gemessen wurde, ob er der Wiedervereinigung diene oder sie erschwere, wenn nicht gar vereitele. Ein Politiker, der sich mit der Teilung Deutschlands abgefunden hätte, war in der Ära Adenauer undenkbar. Deshalb wurde der Streit über die Außenpolitik fast ausschließlich unter dem Gesichtspunkt ihrer Auswirkung auf die Wiedervereinigung bestritten, eine Einschränkung, die auch dann noch wirksam blieb, als die weltpolitische Entwicklung die Überwindung der deutschen Teilung immer unrealistischer erscheinen ließ. Es herrschte in der deutschen Außenpolitik der Adenauer-Zeit ein klarer Primat des politischen Ziels der Wiedervereinigung. Der Streit zwischen Regierung und Opposition ging im wesentlichen um Mittel und Wege, mit denen man diesem Ziel unter den Bedingungen des Ost-West-Konflikts näherkommen konnte. Auch Adenauer hat sich diesem Primat der Wiedervereinigung unterworfen und seine Politik der Westintegration immer wieder damit gerechtfertigt, daß sie der sicherste und für die Bundesrepublik gefahrloseste Weg zur Wiedervereinigung sei. Ausgangspunkt seiner Konzeption einer deutschen Wiedervereinigungspolitik war die sowjetische Bedrohung, die durch den Ausbruch des Koreakrieges und nach den Erfahrungen mit der Berliner Blockade als besonders real empfunden wurde. Das Mittel, dieser Drohung zu begegnen, war die politische Einheit und militärische Stärke des Westens unter der Führung der Vereinigten Staaten und demgemäß die Einfügung der Bundesrepublik in das westliche Bündnis, denn nur mit Unterstützung des Westens und kraft dessen politischer und militärischer Stärke könnte die Sowjetunion dazu veranlaßt werden, einer Wiedervereinigung Deutschlands zuzustimmen:

»Mit den Verträgen gewinnen wir drei Großmächte für dieses Ziel (der Wiedervereinigung). Sie erklären sich mit uns solidarisch in Verfolgung der Politik der Wiederherstellung der Einheit Deutschlands. Gemeinsam werden wir eines Tages auch die vierte Großmacht davon überzeugen können, daß die deutsche Einheit ein unabdingbares, naturgegebenes Recht der Deutschen ist, das die anderen Mächte uns schulden.«[4]

Adenauers vermeintliche Politik der Stärke war nicht das Streben nach militärischer Überlegenheit und erst recht nicht der Versuch, aus der Bundesrepublik ein waffenstarrendes, die Sowjetunion militärisch herausforderndes Land zu machen, sondern die Herstellung einer wirksamen militärischen Verteidigungsfähigkeit des Westens gegenüber dem Sowjetblock auf der Basis einer politischen und militärischen Zusammenarbeit aller Staaten des Bündnisses unter der Leitung der USA. Wie Peter Siebenmorgen in seiner gründlichen Untersuchung der Ansätze für eine Entspannungspolitik bei Adenauer gezeigt hat, war für Adenauer die Stärkung des Westens und die Einbeziehung der Bundesrepublik in das westliche Bündnis ein Mittel zu dem Zweck, die Sowjetunion in Schranken zu halten und dadurch zur Sicherung des Friedens in der Welt beizutragen[5].

Eine Chance für die Wiedervereinigung erhoffte sich Adenauer von einer krisenhaften Entwicklung im sowjetischen Herrschaftsbereich. Er war informiert über die großen wirtschaftlichen Schwierigkeiten der UdSSR; er glaubte, daß die Sowjetunion ihre massive Rüstungspolitik nicht unbegrenzt fortsetzen könnte; er nahm an, daß sie die ungeheure Überforderung und Überlastung, die sie sich als neue Weltmacht zumutete, auf Dauer nicht tragen könnte, zumal die osteuropäischen Satellitenstaaten nicht nur eine Verstärkung waren, sondern in ihrer mangelnden inneren Stabilität auch zu einer Belastung der sowjetischen Hegemonialmacht werden mußten.

Die politische Entwicklung hat Adenauers Erwartungen zu seinen Lebzeiten nicht recht gegeben, doch sind seine Überlegungen erwägenswert, weil genau diese Ursachen, wenn auch dreißig Jahre später, zur Beendigung des Ost-West-Konflikts, zur deutschen Wiedervereinigung und zur Befreiung der osteuropäischen Staaten von der sowjetischen Herrschaft geführt ha-

[4] Bulletin der Bundesregierung vom 9. Juli 1952, S. 863 f.
[5] Peter Siebenmorgen, Gezeitenwechsel. Aufbruch zur Entspannungspolitik. Bonn 1990, S. 67.

ben. Wenn Adenauer von Wiedervereinigung sprach, dann hatte er immer nur eine Einbeziehung des anderen Deutschland in eine westliche Demokratie im Sinn, nicht eine Fusion im Sinne einer unguten Mischung von kommunistischen und westlichen Ordnungsprinzipien und erst recht kein vom Westen losgelöstes neutrales Deutschland. Vielleicht hatte selbst Adenauer nicht die Kühnheit, sich die Wiedervereinigung so leicht vorzustellen, wie sie 1990 vollzogen wurde, nämlich durch den einfachen Beitritt der ehemaligen DDR zur Verfassungsordnung der Bundesrepublik, doch besteht kein Zweifel, daß er diese Art von Wiedervereinigung mit ganzem Herzen begrüßt hätte. Die Wiedervereinigung im Jahre 1990 ist ungefähr so erfolgt, wie Adenauer sie sich gedacht und gewünscht hatte.

Die SPD-Opposition sah in ihm jedoch von Anfang an den Gegner einer nationalen Politik der Wiedervereinigung; sie gab ihm und seiner Politik nicht nur die Schuld an der Verschärfung der deutschen Trennung, sondern auch an einer bewußten und gewollten Verhinderung der Wiedervereinigung. So sehr Adenauers Leistung für den Wiederaufbau der deutschen Demokratie heute auch von linker Seite anerkannt wird, so hartnäckig hält sich die in dieser Auseinandersetzung entstandene These, er habe die Wiedervereinigung in Wirklichkeit gar nicht gewollt, oder er habe an der Wiedervereinigung kein wirkliches Interesse gehabt.

Tatsächlich haben die erfolgreiche Politik der Westintegration und Deutschlands Beitrag zur Verteidigung des Westens die Wiedervereinigung zunächst in weite Ferne gerückt. Man konnte von der Sowjetunion schlechterdings nicht erwarten, daß sie ihren Teil Deutschlands, den sie im Sinne des Sowjetsystems umgestaltet und aufgebaut hatte, preisgeben würde. Die Hoffnungen Adenauers auf eine innere Krise in der Sowjetunion oder auf eine günstigere Ausgangslage durch die Verschärfung des Konflikts der Sowjetunion mit China gingen nicht in Erfüllung, und die gegen Ende der Adenauer-Zeit einsetzende Bemühung der beiden Großmächte um eine Entspannung ihres Konflikts gingen ganz selbstverständlich von der Existenz zweier deutscher Staaten aus, an die sich die Welt auch mehr und mehr zu gewöhnen begann. »Im Hinblick auf Wiedervereinigung und Revision der Oder-Neiße-Grenze hätte die Außenpolitik der Bundesrepublik grundsätzlich und unter allen Umständen darauf gerichtet sein müssen, die Dinge in Europa, besonders in Mitteleuropa, in Fluß zu halten und jede Stabilisierung zu verhindern. Gerade Stabilisierung aber war Sinn, Zweck und notwendige Folge der Bonner Westpolitik ... So war die Westpolitik des westdeutschen Staates dazu verurteilt, ungewollt und trotzdem wirkungsvoll an der Liquidierung des Provisoriumscharakters der Bundesrepublik und an der Konsolidierung des abgelehnten Status quo zu arbeiten. Je rascher die Westpolitik die von ihr erhofften Resultate brachte, desto schneller und kräftiger mußten sich ihre unwillkommenen Konsequenzen einstellen.«[6]

War Adenauer an der Wiedervereinigung nicht interessiert?

Daß Adenauer an einer Wiedervereinigung Deutschlands nicht interessiert gewesen wäre, läßt sich im Blick auf die inzwischen vorliegende Forschung nicht länger aufrecht erhalten. Freilich wollte er die Wiedervereinigung unter Bedingungen, unter denen sie angesichts der weltpolitischen Lage damals nicht zu haben war. Die Stärkung der westlichen Verteidigungsbereitschaft und die Einfügung der Bundesrepublik in das westliche Bündnis veranlaßten die Sowjetunion, ihren Machtbereich, zu dem die DDR gehörte, noch mehr abzusichern und darauf hinzuwirken, daß die Ergebnisse des Zweiten Weltkrieges unter Einschluß der deutschen Teilung völkerrechtlich legitimiert wurden. Das in der historischen und politischen Diskussion noch immer kontrovers behandelte Angebot Stalins vom März 1952, den Deutschen die Wiedervereinigung in einem neutralen Staat zu ermöglichen, ist für die Kritiker Adenauers das Hauptbeweisstück für sein mangelndes Interesse und Engagement für die Wiedervereinigung. Die Forschung hat inzwischen ziemlich zweifelsfrei klargemacht, daß von einer versäumten Gelegenheit für die Wiedervereinigung nicht die Rede sein kann, auch wenn das Stalinsche Angebot von den Westmächten und der Bundesrepublik tatsächlich nicht in ernsthaften Verhandlungen geprüft wurde. Diejenigen, die in den Noten des Jahres 1952 eine versäumte Chance für eine Politik der Entspannung und der Wiedervereinigung zu sehen meinen, vernachlässigen in der Regel die Interessen der drei Westmächte, die einer Entwicklung, die ganz Deutschland in eine fragwürdige, vom Osten überschattete Neutralität entlassen hätte, auf keinen Fall zustimmen woll-

[6] Hermann Graml, Die Außenpolitik. In: Wolfgang Benz (Hrsg.), Die Geschichte der Bundesrepublik Deutschland. Bd. 1: Politik. Frankfurt 1989, S. 245.

ten. Im übrigen hat die Sowjetunion, parallel zur Integration Westdeutschlands in den Westen, die Sowjetisierung der DDR ohne Rücksicht auf eine mögliche Wiedervereinigung konsequent vorangetrieben.

In den innerpolitischen Auseinandersetzungen über die West- und Deutschlandpolitik zeigte sich, daß die Frage der Wiedervereinigung in der Adenauer-Ära ein neuralgischer Punkt der deutschen Politik war, mit dem man sich dauernd beschäftigen mußte, obwohl mit der Zeit erkennbar wurde, daß die Teilung Deutschlands zu einem Status quo der Politik geworden war, an dem weder Ost noch West rütteln wollten. Es stand nicht in der Macht der Bundesrepublik, diese faktische Hinnahme der deutschen Teilung zu korrigieren, denn sie hätte eine Revision des Status quo bedeutet, an dessen Aufrechterhaltung die beiden Großmächte vor allem interessiert waren, wenn sie in Frieden koexistieren wollten.

Adenauers Wiedervereinigungskonzept hat damals nicht zum Erfolg geführt, weil die westliche Politik der Stärke die Sowjetunion ihrerseits dazu gebracht hatte, auf ihre eigene Stärke zu pochen und den durch und nach dem Zweiten Weltkrieg errungenen Besitzstand zu wahren. Adenauer hat immerhin nach 1955 mehrmals versucht, mit der Sowjetunion Möglichkeiten für eine Wiedervereinigung zu eruieren, darunter den 1958 verfolgten Österreichplan, aber nach dem Bau der Mauer 1961, die Ost- und Westdeutschland völlig voneinander abriegelte, war an eine Wiedervereinigung nicht mehr zu denken. Zwar hielt Adenauer seine Position nach außen aufrecht und war bestrebt, den Alleinvertretungsanspruch der Bundesrepublik für alle Deutschen weiterhin zu behaupten, doch es war nicht mehr zu verbergen, daß die Wiedervereinigung in weite Ferne gerückt war, falls sie überhaupt je möglich werden sollte.

Die SPD-Opposition stilisierte sich unter dem beherrschenden Einfluß Schumachers zur wahren Hüterin der nationalen Interessen Deutschlands und damit zur Sprecherin für eine aktive Wiedervereinigungspolitik. Sie wollte am Provisorium der Bundesrepublik festhalten und alle politischen Entscheidungen unter dem Gesichtspunkt der nationalen Einheit diskutieren und treffen lassen. Sie war der Auffassung, es wäre für die deutsche Sicherheit am besten, die Wiedervereinigung direkt zu erreichen, weil die eigentliche Ursache des Ost-West-Konflikts in der deutschen Teilung läge. Sie meinte deshalb, dies könne nicht durch die einseitige Bindung an den Westen, sondern nur im Rahmen eines kollektiven Sicherheitssystems, das die Sowjetunion einbezog, geschehen. In diesem Sicherheitssystem, so glaubte die SPD, könnte das vereinigte Deutschland seinen gleichberechtigten Platz finden. Doch es war eine Illusion, auf der Höhe des Ost-West-Konflikts zu glauben, man könnte die Westmächte und die Sowjetunion dazu bringen, ein kollektives Sicherheitssystem zu schaffen, das den Weltfrieden sicherte. Erst nach dem Ende des Ost-West-Konflikts, seit 1990, haben solche Erwägungen eine politische Chance. Die Opposition gab sich überzeugt, daß die Wiedervereinigung Deutschlands den gefährlichsten Spannungsherd zwischen Ost und West beseitigen würde und damit als Auftakt zu einer weltweiten Entspannung dienen könnte. Wie jedoch die Großmächte dazu gebracht werden konnten, einer Wiedervereinigung im Interesse einer weltweiten Entspannung zuzustimmen, wo sie doch gerade im Begriff waren, die beiden deutschen Staaten ihrem jeweiligen Machtblock völlig einzuverleiben, ist in der Tat schwer erfindlich. Eine realistische Gegenposition zu Adenauers Politik, die die Wiedervereinigung als Folge einer Entspannung zwischen den Großmächten erwartete, die dann eintreten würde, wenn die Sowjetunion sich einem starken und einigen Westen gegenübersähe, war dies jedenfalls nicht. Die so heftig geführte innerdeutsche Auseinandersetzung über Westintegration und Wiedervereinigung litt auf seiten der Kritiker unter der falschen Einschätzung der deutschen Möglichkeiten in der damaligen Zeit. Man tat so, als hinge es von der Politik der Bundesrepublik ab, ob Deutschland wiedervereinigt und zwischen West und Ost eine entspanntere Situation herbeigeführt werden könnte. Dies war eine Überschätzung der deutschen Möglichkeiten, zumal das andere Deutschland, die DDR, an einer Wiedervereinigung unter anderen als sozialistischen Vorzeichen überhaupt nicht interessiert war. Adenauer hatte deshalb recht, wenn er die deutsche Frage als eine weltpolitische Frage gesehen und behandelt hat.

Weil die Opposition jedoch in ihrer Kritik von der wenig realistischen Annahme ausging, ohne die deutsche Wiedervereinigung könne es keine Entspannung zwischen Ost und West geben, sah sie in Adenauers Deutschlandpolitik eine Art Verrat an der Wiedervereinigung und warf ihm stets von neuem mangelndes Interesse an ihr vor. Adenauer war in der Tat alles andere als ein Gegner oder Verhinderer der Wiedervereinigung, doch sein politischer Realismus und sein starkes Interesse an der festen Verankerung der Bundesrepublik im Westen bewahrten ihn vor einer falschen Einschätzung der deutschen Möglichkeiten, die Wiedervereinigung herbeizuführen. Da die Wiedervereinigung jedoch rhetorisch das primäre Ziel der deutschen Politik war, geriet die Auseinandersetzung über die Politik, die zu diesem Ziele führen könnte, so besonders heftig und emotional; sie erzeugte eine von moralischen Urteilen und Verurteilungen befrachtete Stimmung, die zum Teil noch bis heute nachwirkt.

2. Der Kampf um den Wehrbeitrag

Die innenpolitische Auseinandersetzung über den deutschen Wehrbeitrag oder, wie es von seiten der Kritiker hieß, die Wiederaufrüstung bzw. Remilitarisierung der Bundesrepublik, war die andere große Kontroverse, die die fünfziger Jahre der Bundesrepublik prägte und bis zu einem gewissen Grade erschütterte. Adenauer, für den die Möglichkeit eines deutschen Wehrbeitrages im Rahmen einer europäischen oder atlantischen Streitmacht schon bei Beginn seiner Amtszeit kein unbedingtes Tabu war, bot den westlichen Regierungen in einem Memorandum vom 29. August 1950 unter dem Eindruck des Koreakrieges eine deutsche Beteiligung an der westeuropäischen Verteidigung durch ein eigenes Truppenkontingent an. Ein weiteres Memorandum hatte die Wiedergewinnung der deutschen Souveränität durch den schrittweisen Abbau der Besatzungsbefugnisse zum Inhalt: »Mit beiden Denkschriften hält man das außen- und sicherheitspolitische Konzept Adenauers in einer Hand. In einem Vorgang des ›do ut des‹ sollten die Einbindung der Bundesrepublik in das westliche Verteidigungssystem und der Aufbau ihrer staatlichen Souveränität im Rahmen der westlichen Staatengemeinschaft politisch realisiert werden. Die Frage der Wiederbewaffnung war nicht Zweck, sondern Vehikel für eine politische Zielsetzung, die Sicherheit politisch definierte und die Bundesrepublik im Ost-West-Konflikt dann für gesichert hielt, wenn sie möglichst eng mit den westlichen Nachbarn und insbesondere auch den USA politisch verbunden war.«[7]

---

[7] Klaus von Schubert, Sicherheitspolitik und Bundeswehr. Ebd., S. 286 f.

Das im Kabinett nicht besprochene Angebot eines deutschen Wehrbeitrags führte zur Demission von Innenminister Gustav Heinemann; die Bereitschaft der Regierung, die Bundesrepublik aufzurüsten, hatte, unter Anleitung der SPD-Opposition, eine heftige, vorwiegend negative Reaktion in der deutschen Öffentlichkeit zur Folge. Zwar war die SPD nicht grundsätzlich gegen einen deutschen Wehrbeitrag, doch hielt sie die europäische Konstruktion der Einordnung deutscher Truppen in die westliche Verteidigung unter nationalen Gesichtspunkten für nicht hinnehmbar.

Kaum ein Thema hat die deutsche Öffentlichkeit zwischen 1950 und 1955, dem Jahr der Aufnahme der Bundesrepublik in die NATO, so intensiv beschäftigt wie der Kampf um den Wehrbeitrag. Eine Remilitarisierung der Bundesrepublik war in der Tat auch eine Kehrtwendung der Politik der Alliierten, die noch wenige Jahre zuvor über die führenden Repräsentanten des deutschen Militarismus zu Gericht gesessen hatten. Sie widersprach vor allem dem Ziel des Wiederaufbaus einer friedlichen, zivilen Gesellschaft. Besonders in der jungen Generation, der die Wehrpflicht drohte, machte sich eine »Ohne-mich«-Stimmung breit, die für das Wiederaufrüstungsprogramm wenig Gutes verhieß. Die SPD nutzte verständlicherweise diese Stimmung und verschärfte ihre Kritik an der Wiederaufrüstungspolitik ab 1952 durch den gewichtigen Vorwurf, Adenauer mache durch die Wiederaufrüstung eine Wiedervereinigung Deutschlands unmöglich, auch wenn er sich dazu bekenne. Beide Argumente, das der Bedrohung des friedlichen Aufbaus durch die Remilitarisierung und das der Verhinderung der Wiedervereinigung, waren von großem Gewicht, so daß der Kampf um den Wehrbeitrag auf der parlamentarischen Bühne, aber auch in der öffentlichen Diskussion sehr heftig und höchst emotional ausgetragen wurde. Dabei tat sich eine Gruppe von Pazifisten und Neutralisten besonders hervor, deren prominenteste Mitglieder der protestantische Bischof Martin Niemöller und der ehemalige Innenminister Gustav Heinemann waren. Heinemann gründete 1952 die Gesamtdeutsche Volkspartei, deren Hauptziel die Wiedervereinigung war, die jedoch bei den Wahlen von 1953 ins politische Abseits verwiesen wurde. Dennoch hat sich außerhalb der SPD eine lose politische Gruppierung von Pazifisten und Radikaldemokraten gebildet, die auch 1958 bei der Kampagne gegen die atomare Bewaffnung auftrat und Jahre später in die viel umfassendere Friedensbewegung der siebziger Jahre einmündete.

Die Heftigkeit dieser Debatte erklärt, warum die Regierung sich ernsthaft darum bemühte, die Notwendigkeit des Wehrbeitrags mit den Erfordernissen der Demokratie in Übereinstimmung zu bringen. Adenauer ließ es im Rahmen des Bundeskanzleramts an den notwendigen Vorbereitungen für den Aufbau der Bundeswehr nicht fehlen. Er machte den Gewerkschaftsführer Theodor Blank zum »Beauftragten des Bundeskanzlers für die mit der Vermehrung der alliierten Truppen zusammenhängenden Fragen«. Eine Runde von Experten arbeitete im Sommer 1950 die Modalitäten für Funktion und Aufbau der deutschen Streitkräfte aus. Deren Himmeroder Denkschrift wurde zu einer maßgeblichen Grundlage für den Aufbau der Bundeswehr. Neben den strategischen Überlegungen galt das Augenmerk der Planer vor allem der Frage, wie, auf welchen Prinzipien und mit welchen Institutionen man eine demokratische Armee aufbauen könnte. Der führende Reformer auf diesem Gebiet, das man »inneres Gefüge« oder »innere Führung« nannte, war Graf Baudissin, der im Jahre 1951 die neuartige Aufgabenstellung der Armee wie folgt umschrieb: »In dieser Lage wäre es sträflich, eine Restauration zu versuchen; aber wohl auch unangebracht, einen rein revolutionären Weg zu beschreiten, welcher alles Bisherige ungeprüft über Bord wirft. Wir haben eine reformatorische Aufgabe vor uns, die in Anerkennung des historischen Gefälles dem neuen Staats- und Menschenbild gerecht wird und den speziellen Aufgaben der Streitkräfte im gegebenen Falle Rechnung trägt.«[8]

Das Ergebnis dieser Bemühungen war eine unter konstruktiver und intensiver Mitarbeit der Sozialdemokraten zustandegekommene Wehrverfassung, die von den hergebrachten militärischen Prinzipien deutlich abwich, die klare Unterordnung der militärischen Gewalt unter die zivile Gewalt festlegte und den Bundestag zur Kontrolle auch der Streitkräfte ermächtigte. Hinzu kam die Einrichtung eines Wehrbeauftragten aus der Mitte des Parlaments, der sich um die Wahrung der Rechte der Soldaten kümmern sollte. Baudissin schuf das Leitbild vom »Staatsbürger in Uniform«, vom »Soldaten für den Frieden«. Die Rolle des Soldaten und des Staatsbürgers sollten einander nicht mehr ausschließen. Es dauerte dann noch bis zum Jahre

[8] Zitiert ebd., S. 301.

1957, bis die ersten Soldaten in die Kasernen einrückten. In der Praxis des Alltags der neuen Bundeswehr gingen gerade in den Anfangsjahren die zum Teil idealistischen Konzeptionen einer modernen inneren Führung immer wieder zu Bruch. Traditionalisten kämpften gegen die Reformer, die jedoch nicht aufgaben. Insgesamt kann man feststellen, daß es von Anfang an gewollt war und am Ende auch gelang, die Bundeswehr zu einer Armee in einer demokratischen Gesellschaft zu machen. Die Gefahr einer wirklichen Remilitarisierung, die man in den ersten Abschnitten der Wiederbewaffnung keineswegs ausschließen konnte, ist im wesentlichen gebannt worden. Adenauer selbst stand ohnehin nicht im Verdacht militaristischer Versuchung. Die Bundeswehr wurde nicht mehr zu einem Staat im Staate, sondern zu einer demokratischen Streitmacht.

3. Die umstrittene Kanzlerdemokratie

Ein weiterer großer Streitkomplex, der die gesamte Adenauer-Ära durchzog, war die sogenannte Kanzlerdemokratie. Adenauer war in den Augen der kritischen Öffentlichkeit ein autoritärer Bundeskanzler, dem die demokratischen Weihen fehlten. Er galt als ein Mann »einsamer Beschlüsse«, als ein Regierungschef, der sich nicht als *primus inter pares,* sondern als der Hauptverantwortliche für die Politik der Regierung sah, dem die Minister und die Regierungsfraktionen Gefolgschaft zu leisten hatten. Er hatte ein so selbstbewußtes und selbstsicheres Auftreten, daß seine Führerschaft in der deutschen Politik wie die Übertragung autoritärer Prinzipien auf die demokratische Staatsform wirkte, mit der viele seiner Kritiker fälschlich die Idee der Führerlosigkeit verbanden. Weil sie vom deutschen Führertum unseligen Andenkens aus guten Gründen befreit sein wollten, war ihnen die Autorität und Kraft, mit der Adenauer seine Politik auch in den Formen der Demokratie durchzusetzen verstand, suspekt. So sah sich Adenauer während seiner ganzen Amtszeit mit dem Vorwurf konfrontiert, den Prinzipien der Demokratie zu wenig Raum zu geben und durch seine Machtausübung die demokratische politische Kultur an ihrer freien Entfaltung zu hindern.

Adenauer war der Kanzler des Übergangs einer noch vor kurzem totalitär beherrschten Gesellschaft in den neuen, noch wenig vertrauten Zustand der Demokratie. Vieles spricht dafür, daß dieser Übergang gerade deshalb so gut gelungen ist, weil eine starke Führungspersönlichkeit da war, die dem neuen Staat seine Richtung und seine Dynamik zu geben verstand. Adenauers autoritär wirkender Führungsstil hat die Demokratie nicht verhindert, sondern die Rahmenbedingungen für ihre Verwirklichung geschaffen. Die Kanzlerdemokratie war der Weg der Bundesrepublik in die politische Demokratie.

Wenn man bedenkt, wie umstritten Adenauers Regierungsweise sowohl in ihrem Inhalt wie in ihrer Form zu seinen Lebzeiten gewesen ist, muß es erstaunen, daß die Kanzlerdemokratie heute viel positiver beurteilt wird. Dies gilt nicht zuletzt für die politische Führung, für die Adenauer einen Maßstab gesetzt hat, an dem die nachfolgenden Bundeskanzler sich immer wieder messen lassen mußten. Unter Adenauer haben die Institutionen des demokratischen Verfassungsstaates der Bundesrepublik die Form und Gestalt gewonnen, die sie bis zum heutigen Tage im wesentlichen bewahrt haben. An erster Stelle rangiert hier die Durchsetzung und Ausgestaltung der parlamentarischen Demokratie, wie das Grundgesetz sie gewollt hat. Adenauer hat, indem er 1949 die große Koalition verwarf, für klare Machtverhältnisse gesorgt und die Deutschen daran gewöhnt, daß der Regierung eine starke Opposition gegenüberstehen muß. Zwar war seine Politik so erfolgreich, daß die SPD in seiner Ära noch nicht in der Lage war, einen Machtwechsel herbeizuführen, aber als es schließlich 1969 zum Machtwechsel in der Bundesrepublik kam, da galten für die Regierung die gleichen Maßstäbe, die Adenauer verbindlich gemacht hatte: die Fähigkeit des Bundeskanzlers, seine Regierung zu lenken und zu fruchtbarer Tätigkeit anzuhalten; die entschiedene Unterstützung der Regierungspolitik durch die Regierungsfraktionen im Bundestag; die Behauptung des Machtanspruchs der Regierung gegenüber der Macht der organisierten gesellschaftlichen Interessen und – dies war unter Adenauer weniger ausgebildet – die Pflege einer politischen Kultur der Toleranz und des Kompromisses. Auch spätere Bundeskanzler wurden in ihrem Erfolg danach beurteilt, wie weit es ihnen gelungen war, ihre politischen Ziele durchzusetzen, und zwar kraft des produktiven Zusammenwirkens aller Institutionen, die an der Gestaltung und Durchführung der Politik beteiligt sind. Adenauer hatte in seinen besten Jahren als Regierungschef demonstriert, was erfolgreiches Regieren bedeutet: die Formulierung von klaren und überzeugenden Richtlinien der Politik, ihre Durchsetzung im Kabinett und mit Hilfe der gesetzgebenden Mehrheit, ihre Durchführung durch eine effiziente Verwaltung und schließlich die Anerkennung dieser Politik durch den Volkssouverän bei den Bundestagswahlen. Adenauer hat diesen Grundprinzipien der parlamentarischen Demokratie, und insbesondere der Regierungsführung in dieser Demokratie, zur Geltung verholfen. Deshalb verbindet sich mit ihm die erfolgreiche Durchsetzung der parlamentarischen Demokratie in Deutschland, die in der Weimarer Republik nicht erreicht worden war.

Angesichts der Ungewißheit, wie dieses zweite deutsche Experiment mit der parlamentarischen Demokratie ausgehen würde, waren freilich viele der Bedenken gegenüber seiner Politik und seinem Regierungsstil verständlich. Mußte man nicht besorgt sein, wenn man sah, wie dieser autoritäre Kanzler mit seinen Mitarbeitern, den Ministern, wie er mit seiner Partei umging, die dazu verurteilt schienen, seine Politik fast bedingungslos zu unterstützen? Gab es nicht zu denken, daß er die parlamentarische Opposition so unnachgiebig bekämpfte, anstatt mit ihr einen Kompromiß in den schwierigen Lebensfragen der Nation zu suchen? Konnte es gut ausgehen, daß er sich in der Verwaltung und in der Justiz und dann auch im Militär auch jener Kräfte bediente, die einst dem Führer des Dritten Reiches gedient hatten? War es zu verantworten, daß sich in der so erfolgreichen Marktwirtschaft auch jene Kräfte tummelten und zu wirtschaftlicher Macht gelangten, die schon früher auf diesen Gebieten das Sagen gehabt hatten?

Man könnte fortfahren mit solchen Fragen, wie sie seinerzeit viele Kritiker der Adenauerschen Regierungsweise und seiner Politik bewegt haben, aber man kann nicht umhin festzustellen, daß er in seiner Regierungszeit die Grundlagen für ein parlamentarisches Regierungssystem gelegt hat, das auch dann zu funktionieren vermochte, als andere und neue politische Inhalte zur Diskussion standen und neue politische Herausforderungen eine Antwort erheischten.

Adenauers Kanzlerdemokratie war gewiß nicht antidemokratisch. Sie war machtorientiert, sie suchte und gewann die Unterstützung jener politischen und sozialen Kräfte, ohne die seine Politik nicht durchzusetzen gewesen wäre. Seine Kanzlerdemokratie war die Konzentration der politischen Macht im Amt des Bundeskanzlers. Sie war der erfolgreiche Versuch, die übrigen Machtträger der Politik und der Gesellschaft so weit wie nötig einzubeziehen, um mit ihrer Hilfe die politische Führung stark zu machen. Die Kanzlerdemokratie bewegte sich im Rahmen der Verfassung; sie hatte nichts von einer Diktatur an sich. Erst recht galt dies für die Person Adenauers selbst, der das vollendete Gegenstück zu einem politischen Diktator wie Hitler war, aber mit der charismatischen Ausstrahlung des Präsidenten de Gaulle nicht konkurrieren konnte: »Adenauer wirkte durch Einfachheit, Nüchternheit, betonte Bürgerlichkeit; auch seinen scharfen, zum Teil demagogischen Parlaments- und Wahlreden fehlten rhetorischer Aufwand und Pathos, ganz im Gegensatz auch zur leidenschaftlichen Rhetorik des Kontrahenten Kurt Schumacher oder zum Pathos de Gaulles, aber auch im betonten Kontrast zur Demagogie der Hitlerzeit. Charakteristisch erscheint die betonte Distanz selbst zu engen Mitarbeitern, die Verachtung politischer Geschäftigkeit, vor allem aber die Fähigkeit, Kabinett und Parlament, Parteien und Interessengruppen, die Öffentlichkeit als Instrumente seiner Erfolgspolitik zu handhaben, wenn nicht zu manipulieren. So fern ihm jede theoretische oder ideologische Begründung seiner Politik lag, die durchaus pragmatisch aufgefaßt wurde, so bewußt bediente er sich der großen emotionalen Wirkung, die in der Beschwörung einer globalen Konfrontation mit dem Kommunismus enthalten war: In dieser Reduzierung der politischen Sinnfrage auf eine beherrschende Frontstellung lag nicht zuletzt die Stärke und Plausibilität des Adenauer-Kurses.«[9]

Die Kanzlerdemokratie war in der Verfassung angelegt, aber es bedurfte eines Politikers, der sie in die Verfassungswirklichkeit umsetzte. Adenauer hat dadurch auch für die nachfolgenden Regierungschefs der Bundesrepublik einen Rahmen geschaffen, innerhalb dessen sie sich bewegen konnten, und sie wurden in der Folge auch daran gemessen, ob und wie sie diesen Rahmen ausfüllten. Das Bundeskanzleramt, das sich seither stetig vergrößert hat, ist auch nach Adenauer Schaltstelle der deutschen Politik und das wichtigste Instrument des Bundeskanzlers und für die Lenkung und Koordinierung der Gesamtpolitik geblieben. Adenauers Kanzlerdemokratie ist heute kein Streitobjekt mehr.

[9] Karl Dietrich Bracher, Die Kanzlerdemokratie. In: Richard Löwenthal, Hans-Peter Schwarz (Hrsg.), Die zweite Republik. Stuttgart 1974, S. 190.

4. Die Schatten der Vergangenheit

Fragwürdige Entnazifizierung

Die Bonner Demokratie stand von Anfang an unter einem starken Rechtfertigungsdruck. Sie mußte nach innen wie nach außen beweisen, daß sie eine echte Demokratie im westlich-liberalen Sinne war und daß sie nichts mehr mit dem national-sozialistischen Verbrecherregime gemein hatte. Dessen Spuren durch eine umfassende *Entnazifizierung* auszurotten, war eine der Hauptaufgaben der Besatzungsmächte gewesen. Das Urteil der Beteiligten über die Entnazifizierung, aber auch der Wissenschaft, die sich dieses Themas früh angenommen hat, ist wenig positiv, vor allem was die amerikanische Entnazifizierungspraxis anlangt, die zwar besonders aufwendig, in ihren Ergebnissen jedoch fragwürdig gewesen ist. Anstatt nach den Hauptschuldigen zu suchen und ihre Wiederverwendung in öffentlichen Ämtern auszuschließen, mußte das große Heer der nationalsozialistischen Mitläufer vor den Spruchkammern erscheinen. Für die Masse der Nationalsozialisten ging es verständlicherweise vor allem darum, entlastet zu werden, um wieder den Weg zurück in die berufliche Tätigkeit zu finden. Alles, was zur persönlichen Entlastung dienen konnte und wozu andere durch sogenannte »Persilscheine« etwas beizutragen vermochten, wurde mobilisiert, so daß der allgemeine Eindruck entstand, als seien, von wenigen nicht zu übersehenden Ausnahmen abgesehen, die meisten Deutschen gar keine National-sozialisten gewesen.

Hinzu kam, daß die Amerikaner 1948, als der Kalte Krieg richtig ausgebrochen war, kein sonderliches Interesse mehr an einer gründlichen Entnazifizierung bekundeten, weil es ihnen nun darum ging, das westliche Deutschland in den Abwehrblock gegen den expandierenden Kommunismus einzufügen. In den Verfahren nach 1948 wurden manche Nationalsozialisten, die im Dritten Reich »große Tiere« gewesen waren, rücksichtsvoller behandelt als vorher die kleinen Mitläufer. Insgesamt muß man feststellen, daß die Entnazifizierung keine durchgreifende Säuberung gewesen ist, denn höchstens 3 Prozent der vor die Spruchkammern geladenen ehemaligen Nationalsozialisten wurden in diesen Verfahren als Hauptschuldige oder Belastete eingestuft. Für den Öffentlichen Dienst, für die Justiz, für das Erziehungswesen hat dies bedeutet, daß der größte Teil der

Staatsdiener der Nationalsozialisten wieder im neuen Staat Verwendung finden konnte, was man im allgemeinen damit rechtfertigte, daß ein außerordentlicher Bedarf an entsprechend qualifizierten Personen bestehe, der sonst nicht gedeckt werden könne. So kam es nicht zu einer personellen Erneuerung des Öffentlichen Dienstes, zumal der Art. 131 der Verfassung die Handhabe bot, die Rechtsverhältnisse von Personen, die im Staat des Dritten Reiches angestellt oder beamtet gewesen waren, so zu regeln, daß ihre Überführung in den Öffentlichen Dienst der Bundesrepublik oder der Bundesländer zur Regel wurde. Das Ergebnis war eine starke personelle Kontinuität von Beamtenschaft und Richterschaft im Übergang vom Dritten Reich zur Bundesrepublik, weil man es bei der Anstellung nicht mehr für notwendig gehalten hatte, eine genauere Prüfung vorzunehmen. Dies geschah erst ab 1953 bei der Aufstellung der Bundeswehr, als ein ziviler Personalgutachterausschuß geschaffen wurde, der die militärische Vergangenheit der höheren Offiziere der Bundeswehr erforschte, bevor sie eingestellt wurden. Bei der Bildung der Ministerialbürokratie in Bonn, beim Aufbau des diplomatischen Dienstes und bei der Richterschaft hat man auf solche Einzelfallprüfungen verzichtet, so daß es nicht wenige Karrieren gab, die sich vom Dritten Reich fast bruchlos in die Bundesrepublik fortsetzten.

Alte Staatsdiener im neuen Staat

Die Verwendung früherer Nationalsozialisten in wichtigen Positionen des Öffentlichen Dienstes und später sogar auch als Minister hat das Vertrauen des Auslandes und auch vieler inländischer Kritiker in die demokratische Entwicklung des neuen Staates nur langsam wachsen lassen. Noch in der Mitte der sechziger Jahre schrieb der Philosoph Karl Jaspers in seinem anklagenden Buch ›Wohin treibt die Bundesrepublik?‹: »Das Fortwirken der alten Nationalsozialisten ist ein Grundgebrechen der inneren Verfassung der Bundesrepublik.«[10]

Dieses scharfe Urteil ging freilich davon aus, daß es sich bei der Übernahme ehemaliger Nationalsozialisten in den Staatsdienst der Bundesrepublik auch um die Ausübung der entsprechenden Funktionen im Geiste nationalsozialistischer Gesinnung gehandelt hätte. Dies war jedoch so gut wie nicht der Fall,

[10] München 1988, S. 183.

vielmehr gelang die reibungslose Einordnung der ehemaligen Nationalsozialisten in das neue demokratische System der Bundesrepublik, dessen beflissene Diener sie nun in der Regel wurden. Von einer Kontinuität nationalsozialistischen Denkens und Handelns kann nicht gesprochen werden.

Es ist unbestritten, daß in der Ära Adenauer und auch noch danach zahlreiche ehemalige Nationalsozialisten mehr oder weniger wichtige Funktionen in Staat und Gesellschaft einnahmen. Zum Prototyp der Verwendung ehemaliger Nationalsozialisten in einer führenden Stellung im Staat wurde der langjährige Staatssekretär des Bundeskanzleramtes, Dr. Hans Globke, der durch seine Mitwirkung am Kommentar der berüchtigten Nürnberger Rassegesetze des Jahres 1935 wahrlich kompromittiert genug war, auch wenn er genügend »Persilscheine« vorweisen konnte, die ihn entlasteten. Adenauer hat trotz immer wieder aufkommender Kritik mit großer Beharrlichkeit an ihm festgehalten und damit diese Praxis in seiner unmittelbaren Umgebung gerechtfertigt.

Wenn diese weitgehende und rasche Integration der ehemaligen Nationalsozialisten in entsprechende Funktionen der neuen Bundesrepublik zu keinem gravierenden politischen Problem wurde, so deshalb, weil die ehemaligen Nazis sich willig in die neue Ordnung einfügten und sich weitgehend den durch die neue Lage und den neuen Staat gegebenen Rahmenbedingungen anpaßten. Die Tatsache, daß jemand früher Nazi gewesen war, bedeutete jedenfalls nicht, daß er auch in diesem Sinne weiterwirkte; vielmehr ordnete er sich mit seiner Tätigkeit dem neuen Verfassungsrahmen und den neuen politischen Bedingungen ein, so daß von einem erkennbaren Fortwirken des nationalsozialistischen Geistes in der deutschen Nachkriegsordnung und ihrer staatlichen Bürokratie nur bedingt gesprochen werden kann. Insofern kann man mit Klaus-Dietmar Henke, der diesen Komplex untersucht hat, feststellen, daß die Integration der personellen Hinterlassenschaft des Nationalsozialismus in die Bundesrepublik gelungen ist, ohne den Übergang zur Demokratie ernsthaft zu gefährden.

Die mangelhafte Auseinandersetzung der Justiz mit der NS-Vergangenheit

Noch am ehesten finden sich Zeichen für eine bemerkenswerte Kontinuität zwischen Nazizeit und Nachkriegszeit in der deutschen *Justiz*. Nach der Gründung der Bundesrepublik wäre es auch eine Aufgabe der deutschen Justiz gewesen, die Naziverbrechen so intensiv wie möglich zu verfolgen, was jedoch nur relativ zögernd und widerwillig geschah. Dabei ist die Ursache für diese Halbherzigkeit in der Aufarbeitung der NS-Vergangenheit im Rahmen der Justiz nicht nur bei den Staatsanwälten und Richtern zu suchen, sondern auch bei den Justizverwaltungen und beim Gesetzgeber, der nicht immer die notwendigen legislativen Voraussetzungen für eine gerichtliche Verfolgung schuf. Gotthard Jasper, der diese Frage genauer untersucht hat, spricht von einer »Halbherzigkeit in der Verfolgung nationalsozialistischer Verbrechen während der 50er Jahre«[11]. Auf jeden Fall trifft es zu, daß die ersten beiden Legislaturperioden durch eine gewisse Trägheit in der Bewältigung der Vergangenheit durch die Justiz gekennzeichnet waren. Das zeigt sich einmal an der Zahl der Kriegsverbrecherprozesse, die in den fünfziger Jahren rapide abnahm und erst danach wieder leicht anstieg. Damit haben die deutschen Gerichte ihre Zurückhaltung in der Verfolgung von Naziverbrechen, die sie schon vor 1949 übten, fortgesetzt. Sie bekamen auch keinen deutlichen Willen von oben zu spüren, in dieser Angelegenheit voranzugehen und die neuen Möglichkeiten des Justizsystems der Bundesrepublik zu nutzen. Hinzu kam, daß die Urteilssprüche in solchen Verfahren tendenziell milder ausfielen als in der unmittelbaren Nachkriegszeit und die eingetretene Verjährung in vielen Fällen eine gerichtliche Aburteilung verhinderte. Die Ludwigsburger Zentralstelle zur Verfolgung nationalsozialistischer Gewaltverbrechen, die sich mit der Sammlung alles gerichtsrelevanten Materials für die mögliche Einleitung von Naziverbrecher-Prozessen zu befassen hatte, wurde bezeichnenderweise erst im Jahre 1958 gegründet. Sie ist anfangs in ihrem Aufbau nur wenig unterstützt worden, hat aber insgesamt eine hilfreiche Rolle spielen können.

[11] Gotthard Jasper, Wiedergutmachung und Westintegration. Die halbherzig justizielle Aufarbeitung der NS-Vergangenheit in der frühen Bundesrepublik. In: Ludolf Herbst (Hrsg.), Westdeutschland 1945–1955. Unterwerfung, Kontrolle, Integration. München 1986, S. 184.

Die Debatte um eine mögliche deutsche Wiederbewaffnung, die bereits Ende 1949 anhob, tat ein übriges, um das Interesse der deutschen Justiz und erst recht der in Frage kommenden Militärs an einer juristischen Verfolgung von Kriegsverbrechen und Nazi-Gewaltverbrechen erlahmen zu lassen. Man unterschied nicht mehr klar zwischen Kriegsverbrechen, die im Zusammenhang mit kriegerischen Aktionen immer wieder vorkommen, und jenen systematischen Gewaltverbrechen, die durch die NS-Ideologie gerechtfertigt worden waren.

Am deutlichsten zeigte sich die Zurückhaltung der deutschen Justiz in der Ära Adenauer und darüber hinaus bei der Verfolgung von sogenannten *Justizverbrechen*, das heißt solcher Verbrechen, in denen die Justiz selbst durch drastische Strafen, vorwiegend Todesurteile, etwa bei »Rassenschande« oder »Wehrkraftzersetzung«, dem nationalsozialistischen Ungeist über das positive Recht hinaus zu Diensten war. In einer Reihe von Prozessen hatten die Nachkriegsrichter über ehemalige NS-Richter zu urteilen. Bei dieser Auseinandersetzung der bundesrepublikanischen Justiz mit der Vergangenheit der Justiz im Dritten Reich kamen die »furchtbaren« Richter und Staatsanwälte ziemlich ungeschoren davon. Das Ergebnis spricht jedenfalls nicht für die Bereitschaft der bundesrepublikanischen Justiz, die Vergangenheit aufzuarbeiten, am wenigsten die der Justiz selbst. Im allgemeinen stellten die Gerichte lediglich fest, die von den Nazirichtern angewandten Normen seien legal gewesen: Was damals recht war, das könnte heute nicht als unrecht gelten. »Daß die Pensionen für die Todesrichter oft selbstverständlicher gezahlt wurden als die Renten für die Witwen ihrer Opfer, ist kein Ruhmesblatt für die Bundesrepublik.«[12]

Im Gegensatz zur milden Behandlung der Berufsgenossen setzte die Justiz der Bundesrepublik die aus der Weimarer Republik überkommene Kontinuität des harten Durchgreifens gegen kommunistische Angeklagte auch in den fünfziger Jahren fort. Auch die Justiz der Adenauer-Zeit bekräftigte die Weimarer Erfahrung, daß die politische Justiz in der Regel schärfer gegen links als gegen rechts vorgeht. Waren die Gerichte bei der Verfolgung von NS-Verbrechen eher träge und zurückhaltend, so zeigten sie durchaus einigen Eifer bei der Verfolgung von

[12] Peter Graf Kielmansegg, Lange Schatten. Vom Umgang der Deutschen mit der nationalsozialistischen Vergangenheit. Berlin 1989, S. 59.

Kommunisten und anderen Linksextremisten. Diese Einseitigkeit der bundesdeutschen Justiz zeigte sich auch bei Wiedergutmachungsprozessen. »Die Wiedergutmachungsämter verweigerten Kommunisten, die nach 1949 wieder für die KPD aktiv wurden, ihre Rente, und die Gerichte bestätigten diese Praxis. Die Wiedergutmachung zweifelsfrei erlittenen nationalsozialistischen Unrechts wurde an die Prämie politischen Wohlverhaltens in der Bundesrepublik geknüpft.«[13] In die gleiche Richtung ging es, wenn man keinerlei Anstrengungen unternahm, Quellenmaterial aus dem Osten, vor allem der DDR, das für die Urteilsfindung in zahlreichen Fällen hätte von Belang sein können, zu akzeptieren oder nach ihm zu fahnden.

Es waren vor allem die fünfziger Jahre, die durch diese Halbherzigkeit und Zurückhaltung der deutschen Justiz bei der Verfolgung von Naziverbrechen charakterisiert waren. Die Stimmung änderte sich Anfang der sechziger Jahre. Auslöser waren der große Eichmann-Prozeß (1960–1962) in Jerusalem und der Auschwitz-Prozeß in Frankfurt. Im Zuge dieser Entwicklung kam es im März 1965 zur Aufschiebung der Verjährung für Mord im Deutschen Bundestag, die den allmählichen Stimmungsumschwung auch bei den Parteien der bürgerlichen Koalition anzeigte. Allerdings wurde durch die relative Inaktivität der Justiz in Fragen der gerichtlichen Auseinandersetzung mit der deutschen Vergangenheit während der Adenauer-Zeit die sachgerechte, rechtsstaatlich fundierte Aufarbeitung in den späteren Prozessen der siebziger und achtziger Jahre um vieles schwieriger: »Was da den Opfern der NS-Verbrechen oft zugemutet wurde, sollte nicht vergessen werden.«

Die justizielle Auseinandersetzung mit der verbrecherischen NS-Vergangenheit ist also gewiß kein Ruhmesblatt in der Geschichte der Bundesrepublik, vor allem nicht an ihrem Anfang in der Ära Adenauer. Adenauer selbst hat diesem Problem kaum Beachtung geschenkt. Er glaubte, durch das Londoner Schuldenabkommen und durch das Wiedergutmachungsabkommen mit Israel deutliche politische Signale für die Überwindung der NS-Vergangenheit gesetzt zu haben. Ihre Wirkung nach außen war in der Tat von nicht zu unterschätzender Bedeutung für die moralische Bereitschaft des Westens, die neue Bundesrepublik bei sich aufzunehmen.

[13] Jasper, Wiedergutmachung und Westintegration, S. 196.

Die Bundesrepublik Deutschland war der Versuch einer Neubegründung der deutschen Demokratie vor dem Hintergrund der Erfahrungen mit der unglücklichen Weimarer Republik und dem nationalsozialistischen Unrechtsregime. Zweifellos besteht gegenüber dem nationalsozialistischen Führerstaat und der demokratischen Neuordnung von 1949 ein gewaltiger Bruch, eine für Deutschland epochale Zäsur, die durch die totale Niederlage des Dritten Reiches und das nachfolgende Besatzungsregime deutlich markiert ist. Dennoch gibt es Kontinuitäten, die sich über diesen Bruch hinweg fortgesetzt haben. Sie zeigen sich deutlich in der Rechtsordnung, wobei es sich allerdings nicht allein um eine Kontinuität mit der vorausgehenden nationalsozialistischen Diktatur handelt, sondern auch mit dem davor liegenden System der Weimarer Republik und dem ihm vorausgehenden wilhelminischen Staat. Es war immerhin bemerkenswert, daß es den Besatzungsmächten nicht gelungen war, einschneidende Reformen im Bereich der deutschen Verwaltung durchzusetzen, obwohl sie diese Absicht verfolgten. Auch das Sozialversicherungssystem sollte nach dem Willen des Kontrollrats vereinheitlicht werden, doch man blieb bei der alten Aufgliederung nach Beamten, Angestellten und Arbeitern. Der Versuch, ein einheitliches Dienstrecht zu schaffen und den Sonderstatus des Beamten zu beseitigen, ist auch der amerikanischen Besatzungsmacht nicht gelungen. Ähnliche Entwicklungen, in denen die Kontinuität sich behauptete, gab es im Bereich des Kommunalverfassungsrechts. »Man kann somit festhalten, daß auf dem Gebiet der öffentlichen Ordnung des Gemeinwesens Rechtsnormen und Rechtsvorstellungen erhalten blieben, die über das Jahr 1945 zurück bis in die Weimarer Zeit und teilweise bis ins Kaiserreich reichten. Hier erwiesen sich die Grundstrukturen als bemerkenswert resistent gegenüber dem Reformeifer vor allem der Besatzungsmächte in der ersten Nachkriegsära – jedenfalls in den Westzonen.«[14]

Auch hat man darauf hingewiesen, daß die vom Verfassungsgeber vorgenommenen wesentlichen Änderungen des Grundgesetzes im Vergleich zur Weimarer Reichsverfassung auf Diskussionen zurückgehen, die schon zu Zeiten der Weimarer Republik im Gange waren. Das juristische Normengefüge der

---

[14] Bernhard Diestelkamp, Kontinuität und Wandel in der Rechtsordnung 1945 bis 1955. In: Herbst (Hrsg.), Westdeutschland 1945–1955, S. 88.

Nachkriegszeit, so das Ergebnis der Untersuchung von Bernhard Diestelkamp, zeichnet sich also durch eine relativ große Kontinuität aus, die weder 1933 noch 1945 unterbrochen wurde: »Bei allen drei Sektoren der Rechtsordnung – Rechtsnormen, Rechtsstaat und Rechtspraxis – gibt es also starke Kontinuitäten vom Kaiserreich über die Weimarer Republik, das Dritte Reich bis in die Nachkriegszeit. Träger dieses Kontinuitätsstromes ist die Juristenprofession, deren Zusammensetzung, Rekrutierung und Sozialisationsmechanismen sich in dem betrachteten Zeitraum nicht wesentlich wandelten. Diese Funktionselite handhabe das gleichfalls zumindest seit den 20er Jahren nur geringfügig veränderte juristische Handwerkszeug mit den formalisierten Rechtsanwendungstechniken und den tradierten Argumentationsmustern einschließlich der Fachsprache über alle politischen Einbrüche hinweg.«[15]

Der Aufbau und die in den späteren Jahren der Adenauer-Ära erfolgende Stabilisierung der Bundesrepublik, ihrer Institutionen, politischen Kräfte und Mentalitäten hat zweifellos von diesem Kontinuitätsstrom auch profitiert. Entscheidend dafür war, daß mit der Entstehung der Bundesrepublik sich stetig verfestigende neue Rahmenbedingungen gesetzt worden waren, innerhalb deren sich diese Kontinuitätsprozesse auch zugunsten der Festigung der neuen deutschen Demokratie auswirken konnten. Im Politischen war es die Anbindung und Einbindung der Bundesrepublik in den Kreis der westlichen demokratischen Verfassungsstaaten und ihrer Bündnisorganisation, im Wirtschaftlichen die Entscheidung für die Marktwirtschaft mit sozialen Zügen, im Sozialen der gesellschaftliche Strukturwandel in einer sich entwickelnden Industriegesellschaft, im Geistigen die Amputation der völkisch-nationalistischen Ideologie, die durch die Niederlage und die Verbrechen des Dritten Reiches gänzlich kompromittiert worden war.

Die Ära Adenauer war diejenige Periode der jüngsten deutschen Geschichte, in der sich zeigen mußte, ob die durch die westlichen Besatzungsmächte ausgeübte Kontrolle über die deutsche Politik und ihre Hinführung zur Demokratie so erfolgreich waren, daß diese neue deutsche Demokratie auf eigenen Beinen stehen und sich aus eigener Kraft behaupten konnte. Dabei spielte zweifellos das Moment der Kontinuität in den veränderten Konstellationen eine wichtige Rolle. Es erleichterte

---

[15] Ebd., S. 103.

der neuen Bundesrepublik die Integration ihrer Bevölkerung. Diese innere Integration wurde außenpolitisch abgesichert durch die Westintegration, das Hauptziel der Adenauerschen Politik. Zu Beginn der Ära Adenauer war unter den Deutschen, aber auch bei den Beobachtern im Ausland, noch umstritten, ob das große Experiment gelungen sei bzw. gelingen würde. Dies gab den politischen und geistigen Auseinandersetzungen der Adenauer-Zeit ihre besondere Schärfe und Brisanz, aber an ihrem Ende waren ernsthafte Zweifel nicht mehr gerechtfertigt. Die neue Demokratie hat die alten Kontinuitäten in ihr System eingebaut. Sie war stärker als ihre restaurativen Tendenzen.

Haben die Deutschen ihre Vergangenheit verdrängt?

Den fünfziger Jahren und damit der Ära Adenauer wird immer wieder nachgesagt und vorgehalten, sie hätten sich mit der nationalsozialistischen Vergangenheit, die damals ja noch ganz nahe war, nicht oder nicht genügend auseinandergesetzt. Die Deutschen seien zu sehr von den drängenden Aufgaben der Gegenwart absorbiert gewesen, und sie hätten sich nicht nur von ihrer NS-Vergangenheit, sondern von der Geschichte überhaupt abgewandt. Nicht von einer Auseinandersetzung mit der nationalsozialistischen Vergangenheit könne für die Anfangszeit der Bundesrepublik die Rede sein, vielmehr von ihrer Verdrängung und der konstanten Weigerung der großen Bevölkerungsmehrheit, sich dieser Vergangenheit zu stellen. In den Gründerjahren der Bundesrepublik habe sich die deutsche Bevölkerung ganz auf die materielle Seite des Wiederaufbaus konzentriert und der Vergangenheit den Rücken zugewandt, um wieder nach vorn zu kommen. Neben mehreren anderen Versuchen ist das Buch von Alexander und Margarete Mitscherlich, ›Die Unfähigkeit zu trauern‹, das 1967 erschien, der wirkungsvollste literarische Ausdruck der gängigen These, die Westdeutschen hätten ihre Vergangenheit nicht wirklich aufgearbeitet, weil sie, angesichts der nationalsozialistischen Verbrechen, nicht bereit gewesen wären, jene Trauerarbeit zu leisten, die allein für eine humanere Zukunft zu befreien vermag.

Die These von der Verdrängung der Vergangenheit während der Adenauer-Ära wird neuerdings entschieden bestritten, so jüngst in einem bedenkenswerten Aufsatz von Hermann Graml über ›Die verdrängte Auseinandersetzung mit dem Nationalsozialismus‹[16]. Oder sie wird, wie bei Hermann Lübbe[17], zu einer vorübergehend notwendigen Funktion in der Entwicklung der Bundesrepublik zu einer vollgültigen Demokratie erklärt. Lübbe bestreitet nicht, daß es in den fünfziger Jahren eine gewisse Zurückhaltung in der öffentlichen Thematisierung individueller und institutioneller Nazi-Vergangenheit gegeben habe, aber er behauptet, nur dadurch sei es überhaupt gelungen, die Nachkriegsbevölkerung in den neuen demokratischen Staat zu integrieren. Ohne eine gewisse Ruhe in der Auseinandersetzung mit der jüngsten Vergangenheit wäre es sozialpsychologisch nicht möglich gewesen, aus den Westdeutschen demokratische Bundesbürger zu machen. Zum andern weist Lübbe mit Recht darauf hin, daß auf der normativen Ebene, d. h. in der offiziellen Rhetorik der Bundesrepublik, der Nationalsozialismus einhellig in Acht und Bann getan war. Die moralischen und politischen Grundsätze der Gründungsgeschichte der Bundesrepublik basierten wirklich auf einer entschiedenen Verurteilung der nationalsozialistischen Herrschaft, ihrer Prinzipien und erst recht ihrer Methoden. In der Tat hat sich niemand in der politischen Klasse der Bundesrepublik, außer den wenigen verstreuten Neonazis, positiv oder rechtfertigend über das Dritte Reich geäußert. Die Ersetzung des nationalsozialistischen Unrechtsregimes durch ein politisches System der Freiheit und des Rechts war die unbestrittene normative Grundlage der Gründung der Bundesrepublik, aber zugleich ist es richtig, mit Graf von Kielmansegg zu sagen: »So prinzipiell und entschieden die Verurteilung des Nationalsozialismus gleichsam zur Staatsdoktrin der Bundesrepublik erhoben wurde – sie war abstrakter Natur. Den Bürgern wurde nicht zugemutet, die abstraktallgemeine Vergangenheit als jeweils eigene gegen sich gelten zu lassen. Selbst Mittäter der nationalsozialistischen Verbrechen konnten vom Beginn der fünfziger Jahre an – jedenfalls vorübergehend – auf die allgemeine Neigung und Bereitschaft zu vergessen zählen.«[18]

Es war diese Erfahrung, verbunden mit der Beobachtung der Kontinuität von NS-Karrieren in Staat und Gesellschaft der

---

[16] Hermann Graml, Die verdrängte Auseinandersetzung mit dem Nationalsozialismus. Erscheint demnächst in den Vierteljahrsheften für Zeitgeschichte.

[17] Hermann Lübbe, Der Nationalsozialismus im deutschen Nachkriegsbewußtsein. In: Historische Zeitschrift 236 (1983), S. 585, 587.

[18] Kielmansegg, Lange Schatten, S. 17.

Bundesrepublik hinein, die nicht wenige kritische Beobachter der deutschen Demokratie an der »Umkehr« (Jaspers) zweifeln ließen, weil sie sich nicht vorstellen konnten, daß die Neugründung der Demokratie ohne einen radikalen Trennungsstrich zur NS-Vergangenheit und ohne »Trauerarbeit« (Mitscherlich) gelingen könnte. Aber es gab viele Millionen Deutsche, die Hitler gefolgt waren und die nun mit dieser neuen Demokratie versöhnt werden mußten, wenn sie erfolgreich sein wollte. Diese Menschen wollten nicht mehr zurück-, sondern nach vorne blicken. Deshalb haben vor allem die bürgerlichen Parteien ihr Bekenntnis zur Demokratie nicht mit einer ebenso entschiedenen Abrechnung mit der NS-Vergangenheit verbunden, zumal nicht wenige ihrer Wähler das Dritte Reich mitgetragen hatten.

Es gibt also gewisse Gründe dafür, die nur zaghaft beginnende Auseinandersetzung mit der nationalsozialistischen Vergangenheit in der Ära Adenauer als eine mögliche Brücke zur Integration des gesamten Volkes in die neue Demokratie zu betrachten, wie es auch richtig ist festzustellen, daß die ernsthafte Auseinandersetzung mit der deutschen Vergangenheit in der Adenauer-Zeit sehr wohl in Gang gekommen war, auch wenn sie die Massen nicht erreicht haben mag. 1949 ging es darum, eine Demokratie aufzubauen mit Menschen, die zum großen Teil noch wenige Jahre davor einer Diktatur gedient hatten. »Von dieser Demokratie konnte man schwerlich erwarten, sie werde die Vergangenheit ihrer Bürger als eine ständige und heftige Anklage gegen ihre Bürger thematisieren.«[19]

Aus heutiger Sicht kann man sagen, daß dieses Experiment, eine Demokratie auf den Trümmern des Dritten Reiches zu errichten, im wesentlichen geglückt ist. Es ist gelungen, die große Mehrzahl der Deutschen zu Wählern demokratischer Parteien und zu Bürgern einer demokratischen Gesellschaft zu machen. Der politische Rechtsradikalismus konnte ganz klein gehalten werden und hat nie zu einer ernsthaften Bedrohung der Republik geführt. Dank vieler günstiger Umstände ist es der Bundesrepublik – und zwar schon in der Ära Adenauer – gelungen, zu einer funktionsfähigen und lebendigen Demokratie zu werden, an die die Schatten von Weimar nicht mehr heranreichten: »Von allen notwendigen Antworten auf die zwölf dunklen Jahre war eben diese die wichtigste, daß es gelang, Demokratie

[19] Ebd., S. 17.

und Rechtsstaat im Westen Deutschlands dauerhaft zu begründen.«[20]

Die offizielle Linie der Legitimierung der Bundesrepublik aus ihrem Gegensatz zum Unrechtsregime des Nationalsozialismus wurde unterstützt durch vielfältige, von der Politik geförderte Bemühungen der Gesellschaft, sich mit der nationalsozialistischen Vergangenheit auseinanderzusetzen. Hermann Graml, der die angebliche Verdrängung der Auseinandersetzung mit dem Nationalsozialismus vor allem in den fünfziger Jahren genauer untersucht hat, kommt zu dem Schluß, daß von einer solchen Verdrängung der Vergangenheit nicht die Rede sein könne, vielmehr habe es, wie er im einzelnen zeigt, vielfältige und permanente Bemühungen gegeben, sich mit dieser Vergangenheit zu befassen und kritisch auseinanderzusetzen. In der Tat läßt sich zeigen, daß die Auseinandersetzung mit dem Nationalsozialismus sowohl in der Literatur wie auch im Rahmen der neuen wissenschaftlichen Disziplin der Zeitgeschichte ebenso selbstverständlich zur Ära Adenauer gehört wie das Wirtschaftswunder und die Wiederaufrüstung. Auch fehlte es nicht an neuen Institutionen, die dem Ziel dienten, die Erkenntnisse der historischen und politischen Wissenschaften einem breiteren Publikum zu vermitteln. Dieser Aufgabe widmete sich die 1952 gegründete Bundeszentrale für Heimatdienst (später für Politische Bildung) in Bonn sowie entsprechende Einrichtungen in den Bundesländern. Den gleichen Zweck verfolgte die Einführung der Sozialkunde in den Schulen, die nicht nur mit dem politischen System der Bundesrepublik vertraut machen, sondern auch die jüngste deutsche Vergangenheit behandeln sollte. Zwar gab es in manchen Institutionen der politischen Bildung eine Tendenz, sich unter dem Stichwort Totalitarismus stärker der Gegenwart und Gefahr des Kommunismus zuzuwenden als der Auseinandersetzung mit der Vergangenheit des Nationalsozialismus, doch kann an der durchgehend kritischen Beurteilung des Nationalsozialismus in Politik und Gesellschaft überhaupt kein Zweifel sein. Wie weit dieser Prozeß kritischer Auseinandersetzung mit und der Abkehr von der nationalsozialistischen Vergangenheit auch den einzelnen Bürger erreichte, ist eine andere Frage. Entscheidend auch für ihn wurde, daß die klare und deutliche Distanzierung aller wichtigen politischen und gesellschaftlichen Kräfte der neuen Bundesrepublik vom

[20] Ebd., S. 11.

Dritten Reich die Voraussetzung dafür schuf, daß die große Mehrheit der westdeutschen Bürger sich dem neuen politischen System, das der totalitären Ordnung des Nationalsozialismus völlig entgegengesetzt war, positiv zuwandte.

Trotz nicht wegzuleugnender persönlicher Kontinuitäten war der Grundkonsens der Bundesrepublik schon in der Adenauer-Zeit antinationalsozialistisch und antitotalitär. Wie unvollkommen und unzureichend im Persönlichen und teilweise auch im Institutionellen die Auseinandersetzung mit der Katastrophe des Dritten Reiches auch gewesen sein mag, die Bundesrepublik verstand sich als ein bewußtes Gegenstück zu dem vorherigen Regime, und sie verstand es durch die Entschiedenheit ihrer Standortbestimmung auch, die vielen, die vorher den National-sozialismus unterstützt hatten, in ihre Ordnung einzubauen und dort heimisch werden zu lassen.

Für die Intellektuellen, die nach der Katastrophe des Dritten Reiches die Erwartung gehegt hatten, das neue Deutschland würde eine von der Vergangenheit völlig gereinigte vorbildhafte demokratische Ordnung errichten, in der die Moral über der Politik stehe, war der tatsächlich vor sich gehende Prozeß der Umstellung und Vergangenheitsbewältigung nicht durchgreifend genug. Sie fürchteten, die Keime des Bösen und Alten, die sie noch überall sprießen sahen, könnten den neuen politischen Anfang verderben und die notwendige Erneuerung des demo-kratischen Lebens vereiteln. Anlässe für diese Besorgnis boten sich ihnen im Lauf der Jahre immer wieder. Es begann mit dem scheinbaren Mißerfolg der Entnazifizierung, setzte sich fort mit der Wiederherstellung alter politischer Parteien und Praktiken, wurde genährt durch das Fortwirken alter Nazis in den neuen Institutionen und erst recht durch die Zumutung einer Politik der Wiederbewaffnung Deutschlands wenige Jahre nach der mi-litärischen Niederlage, verbunden mit einer Außenpolitik, welche die Einheit Deutschlands aufs Spiel zu setzen schien. Wer mit diesen hohen Ansprüchen an den Neuaufbau der deutschen Demokratie heranging, hatte in der Ära Adenauer in der Tat nicht viel Grund zur Beruhigung, aber er mußte sich mit der Zeit auch fragen, ob seine Forderungen und Erwartungen nicht überzogen, ja irreal gewesen waren, weil sie nicht mit der Wirk-lichkeit des Lebens rechneten. Die Vergangenheit hinter sich zu lassen, um die Zukunft für sich zu gewinnen, war für viele Deutsche ein Akt der Selbstverteidigung, der dadurch erleich-tert wurde, daß es eine neue Zukunft im Rahmen der Demokratie zu gewinnen gab. Für die nachfolgenden Generationen, die nicht in das böse Alte verstrickt waren, stellte sich die Frage ohnehin anders.

Für die Ära Adenauer stand die Auseinandersetzung mit der Vergangenheit zwar nicht im Vordergrund, aber sie schuf die Grundlagen für die beweiskräftigste Widerlegung des Fortwirkens jener schlimmen Vergangenheit: eine stabile, erfolgreiche, freiheitliche Demokratie. Die in Adenauers Ära gelungene Grundlegung der Bundesrepublik wurde zum Ausgangspunkt einer Erfolgsgeschichte, wie sie keinem deutschen Staat der Vergangenheit beschieden war. Möge sie auch unter den neuen Bedingungen der 1990 so glücklich wiedererlangten deutschen Einheit fortdauern!

Die folgende knappe Dokumentation bringt in Auszügen eine
Reihe von Dokumenten, die der Verfasser für besonders wichtig oder instruktiv hält, um die Adenauer-Ära zu verstehen.
Angesichts des beschränkten Raumes habe ich mich auf die
politische und geistige Auseinandersetzung konzentriert. Im
übrigen verweise ich auf die umfassende Dokumentation von
Klaus-Jörg Ruhl: »Mein Gott, was soll aus Deutschland werden?« Die Adenauer-Ära 1949–1963. München 1985.

1. Adenauers erste Regierungserklärung und die Antwort des Oppositionsführers Schumacher

Die Grundlinien der Adenauerschen Politik lassen sich an seiner ersten
Regierungserklärung vor dem Deutschen Bundestag am 20. September 1949
schon deutlich ablesen. Der Führer der SPD-Opposition, Dr. Kurt Schumacher, antwortete ihm am 21. September in einer Rede, die die Grundlinien der Oppositionspolitik ebenso klar herausarbeitete. (Auszüge)
   Quelle: Verhandlungen des Deutschen Bundestages. I. Wahlperiode
1949. Stenographierte Berichte, Band 1. Bonn 1950, S. 22–42

Dr. Konrad Adenauer: Meine Damen und meine Herren! Das
Werden des neuen Deutschlands hat sich nach den langen Ver-
handlungen im Parlamentarischen Rat und den Wahlen zum
Bundestag am 14. August mit großer Schnelligkeit vollzogen.
Am 7. September haben sich der Bundestag und der Bundesrat
konstituiert; am 12. September hat der Bundestag den Bundes-
präsidenten gewählt, am 15. September den Bundeskanzler. Der
Bundespräsident hat mich daraufhin am gleichen Tage zum
Bundeskanzler ernannt. Heute, am 20. September, hat er auf
meinen Vorschlag die Bundesminister ernannt.
   Mit der Konstituierung der Bundesregierung, die am heutigen
Tage erfolgt ist, ist auch das *Besatzungsstatut* in Kraft getreten.
Wenn auch die Zuständigkeit des Bundestags und der Bundesregierung durch das Besatzungsstatut beschränkt ist, so darf uns
doch diese Entwicklung, dieses Werden des deutschen Kern-
staates mit Freude erfüllen.

Der Fortschritt gegenüber den Verhältnissen, die seit 1945 bei uns bestanden, auch gegenüber den Zuständen des nationalsozialistischen Reichs, ist groß. Zwar müssen wir uns immer bewußt sein, daß Deutschland und das deutsche Volk noch nicht frei sind, daß es noch nicht gleichberechtigt neben den anderen Völkern steht, daß es – und das ist besonders schmerzlich – in zwei Teile zerrissen ist. Aber wir erfreuen uns doch einer wenigstens relativen staatlichen Freiheit. Unsere Wirtschaft ist im Aufstieg. Wir haben vor allem aber wieder den *Schutz der Persönlichkeitsrechte*. Niemand kann bei uns, wie das im nationalsozialistischen Reich der Fall war und wie es jetzt noch in weiten Teilen Deutschlands, in der Ostzone, zu unserem Bedauern der Fall ist, durch Geheime Staatspolizei oder ähnliche Einrichtungen der Freiheit und des Lebens beraubt werden. Diese Güter: Rechtsschutz, Schutz der persönlichen Freiheit, die wir lange Jahre nicht besaßen, sind so kostbar, daß wir trotz allem, was uns noch fehlt, uns darüber freuen müssen, daß wir diese Persönlichkeitsrechte wieder besitzen.

Meine Wahl zum Bundeskanzler, meine Damen und Herren, und die Regierungsbildung sind eine logische Konsequenz der politischen Verhältnisse, wie sie sich in der Bizone infolge der Politik des Frankfurter Wirtschaftsrats herausgebildet hatten. Die Politik des Frankfurter Wirtschaftsrats, die Frage *»Soziale Marktwirtschaft«* oder *»Planwirtschaft«* hat so stark unsere ganzen Verhältnisse beherrscht, daß eine Abkehr von dem Programm der Mehrheit des Frankfurter Wirtschaftsrats unmöglich war. Die Frage: »Planwirtschaft« oder »Soziale Marktwirtschaft« hat im Wahlkampf eine überragende Rolle gespielt. Das deutsche Volk hat sich mit großer Mehrheit gegen die Planwirtschaft ausgesprochen.

Eine Koalition zwischen den Parteien, die die Planwirtschaft verworfen, und denjenigen, die sie bejaht haben, würde dem Willen der Mehrheit der Wähler geradezu entgegengerichtet gewesen sein. Der Wähler hätte mit Recht im Falle einer Koalition zwischen diesen Parteien gefragt, ob denn dann Wahlen überhaupt nötig gewesen wären. Der demokratische Gedanke, die Überzeugung von der Notwendigkeit der parlamentarischen Demokratie, hätte in den weitesten Kreisen der Wähler, namentlich auch der Wähler der jüngeren Generation, schwersten Schaden gelitten, wenn eine *Regierungsbildung* erfolgt wäre, die dem Sinn und dem Ergebnis dieser Wahl nicht entsprochen hätte. Es ist darum abwegig und undemokratisch, diejenigen

Parteien, die sich hier im Hause zur Bildung einer Regierung und zu gemeinsamer Arbeit zusammengeschlossen haben, deshalb mit irgendwelchen tadelnden Worten zu belegen. Ebenso abwegig ist es, der Sozialdemokratischen Partei Vorwürfe zu machen, weil sie sich nicht bereit gefunden hat zu einer sogenannten großen Koalition. Man konnte weder von der einen noch von der andern Seite verlangen, daß sie, nachdem sie fast zwei Jahre in Frankfurt ihre Prinzipien verfochten hatten, nachdem die Wähler, zum Schiedsrichter aufgerufen, ihr Urteil gesprochen hatten, nunmehr alles das mehr oder weniger verleugneten, was sie bisher dem Volk als richtig dargestellt hatten.

Ich halte daher aus allgemeinen staatspolitischen Erwägungen heraus diese Entwicklung für richtig. Ich bin nicht der Auffassung, daß es den Interessen der Gesamtbevölkerung, den Interessen Deutschlands besser gedient hätte, wenn man etwa eine Koalition zwischen CDU/CSU und der Sozialdemokratischen Partei eingegangen wäre. Ich bin der Auffassung, daß die *Opposition* eine Staatsnotwendigkeit ist, daß sie eine staatspolitische Aufgabe zu erfüllen hat, daß nur dadurch, daß Regierungsmehrheit und Opposition einander gegenüberstehen, ein wirklicher Fortschritt und eine Gewöhnung an demokratisches Denken zu erzielen ist. Ich bin weiter der Auffassung: Bei den labilen Verhältnissen, wie sie in Deutschland herrschen, ist es viel richtiger, wenn die immer vorhandene Opposition sich klar im Parlament selbst zeigt, als wenn sie, da infolge einer großen Koalition im Parlament keine wesentliche Opposition hätte ausgeübt werden können, außerhalb des Parlaments in nicht kontrollierbarer Weise um sich greift.

Ich habe dem Herrn Bundespräsidenten die Ernennung von *13 Bundesministern* vorgeschlagen. Ich bin mir bewußt, daß manchem diese Zahl auf den ersten Blick groß erscheinen wird [...]

Unter den Bundesministerien fehlt ein *Außenministerium*. Ich habe auch nicht den an mich herangetragenen Wünschen stattgegeben, ein Ministerium für zwischenstaatliche Beziehungen einzurichten. Ich habe das deshalb nicht getan, weil nach dem Besatzungsstatut die auswärtigen Angelegenheiten unter Einschluß internationaler Abkommen, die von Deutschland oder im Namen Deutschlands abgeschlossen werden, Sache der Alliierten Hohen Kommission für die drei Zonen sind. Wenn wir demnach auch kein Ministerium des Auswärtigen haben, so bedeutet das keineswegs, daß wir damit auf jede Betätigung auf diesem Gebiete Verzicht leisten. Das Paradoxe unserer Lage ist ja, daß, obgleich die auswärtigen Angelegenheiten Deutschlands von der Hohen Alliierten Kommission wahrgenommen werden, jede Tätigkeit der Bundesregierung oder des Bundesparlaments auch in inneren Angelegenheiten Deutschlands irgendwie eine ausländische Beziehung in sich schließt. Deutschland ist infolge Besatzung, Ruhrstatut, Marshall-Plan usw. enger mit dem Ausland verflochten als jemals zuvor.

Diese Angelegenheiten werden in einem im Bundeskanzleramt zu errichtenden Staatssekretariat zusammengefaßt werden. Davon abgesehen glaube ich, daß die Hohen Kommissare infolge der großen Verantwortung, die sie tragen, keine wichtige Entscheidung in deutschen ausländischen Angelegenheiten treffen werden, ohne mit der Bundesregierung vorher Fühlung genommen zu haben. Die Erfahrung, die ich in den wenigen Tagen meiner Amtstätigkeit gemacht habe, berechtigt mich durchaus zu dieser Annahme.

Auf die Bundesregierung und den Bundestag, meine Damen und Herren, wartet eine außerordentlich große und umfangreiche *gesetzgeberische Arbeit.* Auf dem Zuständigkeitsgebiet des Bundes müssen die in den elf Ländern ergangenen Gesetze daraufhin nachgeprüft werden, ob in ihnen gleiches Recht auf diesen Gebieten besteht. Weiter werden Gesetze und Verordnungen, die bisher nur in der Bizone galten, auf die bisherige französische Zone ausgedehnt werden müssen; es werden weiter die bisher von seiten der verschiedenen Militärregierungen ergangenen Gesetze und Verordnungen auf den Gebieten, die jetzt der Zuständigkeit des Bundes unterstehen, überprüft und eventuell mit Zustimmung der Hohen Kommission den heutigen staatlichen Zuständen, wie sie sich aus Grundgesetz und Besatzungsstatut ergeben, angepaßt werden. Es werden schließlich die Gesetze erlassen werden müssen, deren Erlaß das Grundgesetz vorsieht; es werden die Gesetze, die der Wirtschaftsrat nicht mehr völlig erledigt hat, verabschiedet werden müssen. Diese Arbeit, die namentlich auch deshalb schwierig und umfangreich ist, weil bisher bei Erlaß von Gesetzen infolge der Eilbedürftigkeit der Angelegenheiten oft nicht mit besonderer Genauigkeit gearbeitet worden ist, darf nicht übereilt werden, damit wir endlich wieder zu dem kommen, was uns sowohl in der nationalsozialistischen Zeit wie später verlorengegangen ist: zur Klarheit, zur Sicherheit und zur Einheit des Rechts.

Es wartet aber eine weitere sehr große Zahl von Aufgaben der

Inangriffnahme durch den Bund. Eines darf ich hier mit allem Nachdruck an die Spitze meiner Ausführungen stellen: die Koalitionspartner sind sich völlig einig darin, daß sie sich bei ihrer ganzen Arbeit von dem Bestreben leiten lassen werden, so sozial im wahrsten und besten Sinne des Wortes zu handeln wie irgend möglich.

Das Streben nach Linderung der Not, nach *sozialer Gerechtigkeit,* wird der oberste Leitstern bei unserer gesamten Arbeit sein [...]

Bei der Durchführung des Prinzips der *sozialen Marktwirtschaft* wird man sich selbstverständlich wie auch bisher davor hüten müssen, einem starren Doktrinarismus zu verfallen. Man wird sich, auch wie bisher, den jeweils sich ändernden Verhältnissen anpassen müssen. Die Zwangswirtschaft werden wir überall dort, wo wir es irgendwie verantworten können, beseitigen. Es ist in Aussicht genommen, vom 1. Januar 1950 an die *Brennstoffbewirtschaftung* aufzuheben und die Zuteilung von Hausbrand für das vierte Vierteljahr 1949, die ersten Wintermonate, zu erhöhen.

Wir werden auf dem Gebiete der Wirtschaft durch die Mittel des Wettbewerbs und durch die immer stärkere Einordnung der deutschen Wirtschaft in die Weltwirtschaft systematisch die durch 15 Jahre Zwangswirtschaft und Kriegswirtschaft entstandenen Strukturfehler der deutschen Wirtschaft beseitigen [...]

Durch die *Denazifizierung* ist viel Unglück und viel Unheil angerichtet worden. Die wirklich Schuldigen an den Verbrechen, die in der nationalsozialistischen Zeit und im Kriege begangen worden sind, sollen mit aller Strenge bestraft werden. Aber im übrigen dürften wir nicht mehr zwei Klassen von Menschen in Deutschland unterscheiden: die politisch Einwandfreien und die Nichteinwandfreien. Diese Unterscheidung muß baldigst verschwinden.

Der Krieg und auch die Wirren der Nachkriegszeit haben eine so harte Prüfung für viele gebracht und solche Versuchungen, daß man für manche Verfehlungen und Vergehen Verständnis aufbringen muß. Es wird daher die Frage einer *Amnestie* von der Bundesregierung geprüft werden, und es wird weiter die Frage geprüft werden, auch bei den Hohen Kommissaren dahin vorstellig zu werden, daß entsprechend für von alliierten Militärgerichten verhängte Strafen Amnestie gewährt wird.

Wenn die Bundesregierung so entschlossen ist, dort, wo es ihr vertretbar erscheint, Vergangenes vergangen sein zu lassen, in der Überzeugung, daß viele für subjektiv nicht schwerwiegende Schuld gebüßt haben, so ist sie andererseits doch unbedingt entschlossen, aus der Vergangenheit die nötigen Lehren gegenüber allen denjenigen zu ziehen, die an der Existenz unseres Staates rütteln, mögen sie nun zum *Rechtsradikalismus* oder zum *Linksradikalismus* zu rechnen sein [...]

Und nun, meine Damen und Herren, lassen Sie mich ein Wort über unsere Stellung zum Besatzungsstatut sagen! Das Besatzungsstatut ist alles andere als ein Ideal. Es ist ein Fortschritt gegenüber dem rechtlosen Zustand, in dem wir bis zum Inkrafttreten des Besatzungsstatuts gelebt haben. Es gibt aber keinen andern Weg für das deutsche Volk, wieder zur Freiheit und Gleichberechtigung zu kommen, als indem es dafür sorgt, daß wir nach dem völligen Zusammenbruch, den uns der Nationalsozialismus beschert hat, mit den Alliierten zusammen wieder den Weg in die Höhe gehen. Der einzige Weg zur Freiheit ist der, daß wir im Einvernehmen mit der Hohen Alliierten Kommission unsere Freiheiten und unsere Zuständigkeiten Stück für Stück zu erweitern versuchen.

Es besteht für uns kein Zweifel, daß wir nach unserer Herkunft und nach unserer Gesinnung zur *westeuropäischen Welt* gehören. Wir wollen zu allen Ländern gute Beziehungen, auch solche persönlicher Art, unterhalten, insbesondere aber zu unsern Nachbarländern, den Benelux-Staaten, Frankreich, Italien, England und den nordischen Staaten. Der deutsch-französische Gegensatz, der Hunderte von Jahren die europäische Politik beherrscht und zu so manchen Kriegen, zu Zerstörungen und Blutvergießen Anlaß gegeben hat, muß endgültig aus der Welt geschafft werden. Ich hoffe, ja ich sage: Ich glaube, daß das *Saargebiet* nicht zu einem Hindernis auf diesem Weg werden wird. Am Saargebiet hat Frankreich – das ist ohne weiteres anzuerkennen – wirtschaftliche Interessen. Deutschland hat dort wirtschaftliche und nationale Interessen. Schließlich aber haben die Saarbewohner selbst den begründeten Wunsch, daß ihre eigenen wirtschaftlichen und nationalen Interessen berücksichtigt werden. Alle diese Interessen sollen in eine Ordnung und Übereinstimmung gebracht werden, die sich im Rahmen der Europäischen Union, deren Mitglied wir möglichst bald zu werden wünschen, finden lassen wird.

Wenn ich vom Frieden in der Welt und in Europa spreche, dann, meine Damen und Herren, muß ich auf die *Teilung*

Deutschlands zurückkommen. Die Teilung Deutschlands wird eines Tages – das ist unsere feste Überzeugung – wieder verschwinden. Ich fürchte, daß, wenn sie nicht verschwindet, in Europa keine Ruhe eintreten wird. Diese Teilung Deutschlands ist durch Spannungen herbeigeführt worden, die zwischen den Siegermächten entstanden sind. Auch diese Spannungen werden vorübergehen. Wir hoffen, daß dann der Wiedervereinigung mit unseren Brüdern und Schwestern in der Ostzone und in Berlin nichts mehr im Wege steht.

Meine Damen und Herren! Die *kulturellen Angelegenheiten* gehören nach dem Grundgesetz zu der Zuständigkeit der Länder. Aber im Namen der gesamten Bundesregierung kann ich folgendes sagen: Unsere ganze Arbeit wird getragen sein von dem Geist christlich-abendländischer Kultur und von der Achtung vor dem Recht und vor der Würde des Menschen. Wir hoffen – das ist unser Ziel –, daß es uns mit Gottes Hilfe gelingen wird, das deutsche Volk aufwärtszuführen und beizutragen zum Frieden in Europa und in der Welt.

Dr. Kurt Schumacher: Meine Damen und Herren! Die Erklärung der Bundesregierung sollte nicht als etwas Isoliertes betrachtet werden. Sie gehört zusammen mit der Politik der Parteien, die heute die Bundesregierung bilden, mit den Parolen des Wahlkampfes, mit den Deklarationen nach dem Wahlergebnis, mit den Methoden der Kabinettsbildung und mit der Zusammensetzung des Kabinetts.

Wollte man den Kardinalsatz der Regierungserklärung, daß die Bundesregierung die *soziale Gerechtigkeit* zum obersten Prinzip ihrer Handlungsweise nehmen wolle, als das Programm der Regierung voll akzeptieren, dann müßte man sagen: mit diesem Programm hätte der Herr Bundeskanzler am 14. August einen rauschenden Wahlsieg über die Politik seines Wirtschaftsministers und seines Vizekanzlers davongetragen. Aber, meine Damen und Herren, Sozialpolitik kostet etwas, und der deutsche Besitz, der ja in seiner überwiegenden Mehrzahl hinter der neuen Bundesregierung steht, hat diese Regierung bestimmt nicht etabliert, um besonders große Aufwendungen für das Volk zu machen.

Nun, wir sind die *Opposition,* und was Opposition ist, darüber hat sich eine unglaublich naive Diskussion in der deutschen Öffentlichkeit erhoben. Die Wertung der Opposition und der Regierung, die vorbehaltlose Überbewertung der Regierungsfunktion und die ebenso vorbehaltlose Unterbewertung der Oppositionsfunktion stammt aus dem Obrigkeitsstaat, und die Begriffe des Obrigkeitsstaates scheinen noch in vielen Köpfen auch in diesem Hause sehr lebendig zu sein. Eine Opposition ist in ihren Qualitäten nicht dann staatserhaltend, wenn sie eine wohlwollende Beurteilung durch die Bundesregierung oder durch ihre Parteien findet. Wir haben eine in Sachen der Besitzverteidigung sehr unsentimentale Regierung, und es wird die Aufgabe der Opposition sein, bei der Interessenvertretung der arbeitenden Bevölkerung ebenso unsentimental zu sein. Der Egoismus liebt es, an das Gemeinschaftsgefühl zu appellieren. Die Regierung und die Opposition werden ihre Qualität durch ihre Leistungen bestimmen. Aber, werte Abgeordnete, der Grundsatz gilt für die Opposition, daß die Bundesregierung sich die Mehrheiten für ihre Gesetze aus den Reihen der Regierungsparteien zu schaffen hat. [...] Man kann also als Opposition nicht die Ersatzpartei für die Regierung sein und die Verantwortung für etwas übernehmen, wofür die Verantwortung zu übernehmen sich manche Regierungsparteien gegebenenfalls scheuen werden. Die Opposition ist ein Bestandteil des Staatslebens und nicht eine zweitrangige Hilfestellung für die Regierung. Die Opposition ist die Begrenzung der Regierungsmacht und die Verhütung ihrer Totalherrschaft. Ihre Eindeutigkeit zwingt alle Parteien, die der Opposition wie die der Regierung, ihr innerstes Wesen an ihren Taten zu offenbaren. Es wäre nämlich ein Fehler, weiter den Zustand der Wesensunechtheit in der Propaganda der politischen Parteien zu belassen. Tatsachen müssen sprechen. Aber ebenso richtig ist, daß die Opposition sich nicht in der bloßen Verneinung der Regierungsvorschläge erschöpfen kann. Das Wesen der Opposition ist der permanente Versuch, an konkreten Tatbeständen mit konkreten Vorschlägen der Regierung und ihren Parteien den positiven Gestaltungswillen der Opposition aufzuzwingen.

Aus dem Wesen und der Zusammensetzung dieser Regierung heraus besteht die große Gefahr, daß dieser neue Staat ein autoritärer *Besitzverteidigungsstaat* werden kann. Man hat doch in der Zusammensetzung der Regierung und den gestern vorgetragenen Tendenzen gesehen, daß die erste Periode von Weimar – wenn Vergleiche erlaubt sind – glatt übersprungen worden ist und wir bereits in einer zweiten Periode der absoluten Restauration mit stark vorweimarischen Zügen sind. Das bringt die Gefahr der Entfremdung der arbeitenden Menschen vom Staat.

Das ist eine Gefahr, die wir als Opposition bekämpfen wollen. Wir können den heutigen politischen Machtzustand sich nicht stabilisieren lassen. Es ist die Aufgabe der Opposition, die Dinge im Fluß im Sinne einer Entwicklungsmöglichkeit zum Demokratischen und Sozialen zu halten.

Die Sozialdemokratie hat schon 1945 ihre Stimme für die deutsche Einheit erhoben. Sie war auch die erste deutsche Partei, die – am 31. Mai 1947 – den Versuch bejahte, auf der Grundlage der ökonomischen und administrativen Festigung der Westzonen eine anziehende Kraft auf die Ostzone auszuüben. Aber die Grundlinien dieser Politik können nicht in einem Ostministerium bestimmt werden, sie sind eine gesamtdeutsche Angelegenheit, unter voller Verantwortung des Chefs der Regierung und unter verantwortlicher Mitarbeit aller Parteien dieses Hauses.

Um Mißverständnissen, gewollten Mißverständnissen entgegenzutreten, möchte ich sagen: Die *deutsche Einheit* ist nur möglich auf der Grundlage der persönlichen und staatsbürgerlichen Freiheit und Gleichheit und der gleichen Wertung und Würdigung der Menschenrechte in allen Besatzungszonen. Aber die deutsche Einheit ist nicht möglich in der Form einer russischen Provinz oder eines sowjetischen Satellitenstaates.

Mögen nun viele Leute diesen Zustand der Spaltung Deutschlands für relativ und vorübergehend zufriedenstellend erachten, wir Sozialdemokraten können das nicht. Die Frage der *deutschen Einheit* kommt hinein in jede andere politische Frage, die Deutschland berührt. Diese Frage kommt nicht mehr von der Tagesordnung. Wir können niemanden als einen Freund des deutschen Volkes empfinden, dessen praktische Politik die deutsche Einheit auf der demokratischen Grundlage verweigert und behindert. Wir können uns auch nicht damit einverstanden erklären, daß die deutsche Einheit zum Agitationsobjekt oder zum Agitationsinstrument einer politischen Richtung gemacht wird. Wir wünschen, daß bei aller Verschiedenheit der Auffassungen sozialer, politischer und kultureller Natur die Angelegenheit der deutschen Einheit überall in Deutschland die Angelegenheit der gleichen Herzenswärme und der gleichen politischen Entschiedenheit wird [...]

Dagegen kann eine Unterlassung nicht unwidersprochen bleiben: Die *deutschen Kräfte des Widerstandes* und die deutschen *Opfer des Faschismus* gehören doch zu den wenigen außenpolitischen Aktiven des deutschen Volkes und der deutschen Außenpolitik. Von diesen Menschen ist gestern gar kein Wort gesagt worden. Man kann nicht gegen den Nazismus sein, ohne der Opfer des Nazismus zu gedenken. Man kann sich nicht für die Hilfeleistung für einzelne Kategorien erwärmen – sie mögen noch so nötig sein –, wenn man die Opfer des Nazismus in einer selbstgewählten Rangordnung hinter die Rechte anderer zurückstellt.

Zu matt und zu schwach ist gewesen, was gestern die Regierungserklärung über die *Juden* und über die furchtbare Tragödie der Juden im Dritten Reich gesagt hat. Resignierte Feststellungen und der Ton des Bedauerns helfen hier nichts. Es ist nicht nur die Pflicht der internationalen Sozialisten, sondern es ist die Pflicht jedes deutschen Patrioten, das Geschick der deutschen und der europäischen Juden in den Vordergrund zu stellen und die Hilfe zu bieten, die dort notwendig ist. Die Hitlerbarbarei hat das deutsche Volk durch Ausrottung von sechs Millionen jüdischer Menschen entehrt. An den Folgen dieser Entehrung werden wir unabsehbare Zeiten zu tragen haben. Von 600 000 deutschen Juden leben heute im Gebiet aller vier Zonen nur 30 000, meist ältere und kranke Personen. Auch sie erleben immer wieder beschämende und entwürdigende Vorfälle. In Deutschland sollte keine politische Richtung vergessen, daß jeder Nationalismus antisemitisch wirkt und jeder *Antisemitismus* nationalistisch wirkt. Das bedeutet nämlich die freiwillige Selbstisolierung Deutschlands in der Welt. Antisemitismus ist das Nichtwissen von den großen Beiträgen der deutschen Juden zur deutschen Wirtschaft, zum deutschen Geistesleben und zur deutschen Kultur und bei der Erkämpfung der deutschen Freiheit und der deutschen Demokratie. Das deutsche Volk stände heute besser da, wenn es diese Kräfte des jüdischen Geistes und der jüdischen Wirtschaftspotenz bei dem Aufbau eines neuen Deutschlands in seinen Reihen haben würde.

Die Sozialdemokratie hat in einer Zeit, als keine andere Partei in Deutschland das tat, nämlich in ihrem Heidelberger Programm von 1925, die *Vereinigten Staaten von Europa* zu einem entscheidenden Bestandteil ihrer Außenpolitik gemacht. Sie werden wohl von uns annehmen, daß wir Europa wollen. Sie werden auch gerade aus meinem ökonomischen Exposé dasselbe entnommen haben. Aber, werte Abgeordnete, eine deutsch-französische Verständigung, die so lebensnotwendig ist, kann doch nicht durch pathetische Schwüre geschaffen werden, sondern nur durch sachlichen demokratischen Austrag in der Diskussion der Probleme. Blankowechsel sollten wir auch hier nicht geben. Das würde nur hegemoniale Tendenzen in Europa fördern und den guten Willen der breiten Massen des deutschen Volkes zu internationaler Kooperation schwächen. Europa heißt Gleichberechtigung, meine Damen und Herren! Man sollte nichts akzeptieren, was die Vorwegnahme von Bestimmungen des Friedensvertrags bedeutet. Wir schwächen damit nicht nur unverantwortlich unsere Position im Westen; wir schwächen auch unsere Position im Osten. Jemand, der hier auf dem Gebiet der Kompromisse in die Loslösung des Saargebietes aus dem politischen Gebiet Deutschlands hereinrutscht, verliert den festen Boden des politischen Kampfes gegen die Oder-Neiße-Linie [...]

Nun, verehrte Abgeordnete: Das ist in kurzen Zügen gegenüber dem Programm der Regierung das *Programm der Opposition*. Nicht überall ist die glatte Antithetik gegeben; sehr oft haben wir Forderungen, die scheinbar im bisherigen Programm der Regierung noch keine Rolle spielen. Wir sind nicht die bloße Negationserscheinung dieser Regierung. Wir sind etwas Selbständiges. So wollen wir unsere Opposition führen, mit dem Ziel, für die Politik der sozialistischen Demokratie einmal in diesem Hause die parlamentarische Mehrheit zu finden.

2. Memorandum Bundeskanzler Adenauers über die Sicherung des Bundesgebietes nach innen und nach außen vom 29. August 1950

Dieses Schriftstück begründet und erklärt offiziell die Bereitschaft der Bundesregierung, ein deutsches Kontingent für eine westeuropäische Armee zur Verfügung zu stellen. Es wurde dem amerikanischen Hohen Kommissar John McCloy für eine Konferenz der westlichen Außenminister in New York übergeben (Auszüge).

Quelle: Klaus von Schubert (Hrsg.), Sicherheitspolitik der Bundesrepublik Deutschland. Dokumentation 1945–1977. Teil I. Bonn 1977, S. 79–83

I

Die Entwicklung im Fernen Osten hat innerhalb der deutschen Bevölkerung Beunruhigung und Unsicherheit ausgelöst. Das Vertrauen, daß die westliche Welt in der Lage sein würde, Angriffshandlungen gegen Westeuropa rasch und wirksam zu begegnen, ist in einem besorgniserregenden Ausmaß im Schwinden begriffen und hat zu einer gefährlichen Lethargie der deutschen Bevölkerung geführt.

II

Der ganze Ernst der Situation ergibt sich aus der Betrachtung der in der Ostzone versammelten sowjetischen Kräfte und der dort im beschleunigten Aufbau befindlichen Volkspolizei.

Es ist damit zu rechnen, daß die Volkspolizei in naher Zukunft etwa 150 000 Mann umfassen wird, die nach der Gesamtplanung auf rund 300 000 Mann gebracht werden soll.

Die Nachrichten über die Zielsetzung, die von seiten der Sowjet- und der Ostzonenregierung diesen Truppen gegeben wird, lauten einheitlich dahin, daß ihre in naher Zukunft zu lösenden Aufgaben darin bestehen sollen, Westdeutschland von seinen alliierten Gewalthabern zu befreien, die »kollaborationistische Regierung« der Bundesrepublik zu beseitigen und Westdeutschland mit der Ostzone zu einem satellitenartigen Staatengebilde zu vereinigen. Hält man dies mit den gleichlautenden öffentlichen Erklärungen der ostzonalen Politiker Pieck und Ulbricht zusammen, so muß man annehmen, daß in der Ostzone Vorbereitungen zu einem Unternehmen getroffen werden, das unter vielen Gesichtspunkten an den Ablauf der Aktion in Korea mahnt. Man muß damit rechnen, daß die Sowjetregierung noch im Laufe dieses Herbstes, vielleicht nach den Mitte Oktober in der gesamten Ostzone stattfindenden Wahlen, sich von der Ostzonenregierung stärker distanzieren und dieser völkerrechtlich größere Handlungsfreiheit gewähren wird, um dadurch die Voraussetzung dafür zu schaffen, daß sie selbständig ihr »Einigungswerk« zunächst mit einer Befreiung Berlins beginnen und später mit Aktionen der Volkspolizei gegen die Bundesrepublik fortsetzen könnte. Ausgelöst oder begleitet würden derartige »Befreiungsaktionen« mit Aufmärschen der straff organisierten FDJ und einer aktiven fünften Kolonne.

Diese fünfte Kolonne würde die Aufgaben haben, auf dem Bundesgebiet Sabotageakte zu begehen, die Behörden in den Kommunen, in den Ländern und auf der Bundesebene zu desorganisieren und die Regierungsgewalt den aus der Ostzone kommenden Funktionären in die Hände zu spielen.

III

Als Gegenkräfte stehen in Westdeutschland diesen Gegnern je zwei amerikanische und britische Divisionen und einige französische Verbände gegenüber.

Die Bundesregierung verfügt, wenn man von den schwachen Kräften des Zollgrenzdienstes absieht, über keine Kräfte. In der britischen Zone gibt es eine Polizei, die auf kommunaler Basis organisiert ist. Sie ist weder einheitlich ausgebildet noch einheitlich ausgerüstet. Sie besitzt keine angemessenen Waffen. Sie verfügt lediglich über eine beschränkte Zahl Pistolen und einige Karabiner; automatische Feuerwaffen, insbesondere Maschinenpistolen fehlen, da sie nicht zugelassen sind. In den Ländern der amerikanischen und französischen Zone gibt es eine Polizei, die teilweise staatlich organisiert ist. Sie ist aber in kleinste Gruppen zu je vier bis höchstens zehn Mann über das jeweilige Landesgebiet verteilt. Ihre Bewaffnung und Ausbildung ist ähnlich derjenigen der Polizei in der britischen Zone.

Für einen Einsatz gegen einen organisierten inneren Feind oder gar gegen einen Eingriff der Volkspolizei sind die Polizeikräfte völlig unzureichend, da sie zahlenmäßig schwach weder über eine entsprechende Waffenausbildung noch über Ausbildung in geschlossenem Einsatz verfügen. Sie sind auch nicht in der Lage, einen wirksamen Schutz an der Ostzonengrenze zu bilden, die in ihrer außerordentlichen Länge besondere Anforderungen stellt.

IV

Das Problem der Sicherheit des Bundes stellt sich zunächst unter dem äußeren Gesichtspunkt. Die Verteidigung des Bundes nach außen liegt in erster Linie in den Händen der Besatzungstruppen. Der Bundeskanzler hat wiederholt um die Verstärkung dieser Besatzungstruppen gebeten und erneuert diese Bitte hiermit in dringendster Form. Denn die Verstärkung der alliierten Besatzungstruppen in Westeuropa kann allein der Bevölkerung sichtbar den Willen der Westmächte kundtun, daß Westdeutschland im Ernstfall auch verteidigt wird. Eine solche Verstärkung der alliierten Truppen ist aber auch deshalb notwendig, weil nur hinter dem Schutz einer ausreichenden Zahl gut ausgerüsteter alliierter Divisionen die gegenwärtig in Westeuropa anlaufenden Verteidigungsmaßnahmen ungestört durchgeführt werden können.

Der Bundeskanzler hat ferner wiederholt seine Bereitschaft

erklärt, im Falle der Bildung einer internationalen westeuropäischen Armee einen Beitrag in Form eines deutschen Kontingents zu leisten. Damit ist eindeutig zum Ausdruck gebracht, daß der Bundeskanzler eine Remilitarisierung Deutschlands durch Aufstellung einer eigenen nationalen militärischen Macht ablehnt.

V

Das Problem der Sicherheit des Bundesgebietes stellt sich ferner unter einem inneren Gesichtspunkt. Zur Aufrechterhaltung der inneren Ordnung gegenüber der fünften Kolonne, gegen Übergriffe der Volkspolizei und der FDJ verfügt die Bundesregierung bis heute über keine entsprechenden Kräfte. Es könnte sehr wohl der Fall eintreten, daß nach koreanischem Muster die Volkspolizei offene oder getarnte Aktionen gegen westdeutsches Gebiet beginnt. Sollten in einem solchen Fall die Alliierten aus irgendwelchen Gründen ihre Kräfte nicht zum Einsatz bringen wollen, so müßte es die Aufgabe der Schutzpolizei sein, nach Kräften gegen diese Aktionen einzuschreiten.

Die Bundesregierung schlägt deshalb vor, umgehend auf Bundesebene eine Schutzpolizei in einer Stärke aufzustellen, die eine hinreichende Gewähr für die innere Sicherheit zu bieten vermag.

Die Bundesregierung ist sich darüber im klaren, daß eine solche Schutzpolizei nur im Wege über ein verfassungsänderndes Gesetz aufgestellt werden kann. Sie ist bereit, einen entsprechenden Gesetzentwurf sofort den gesetzgebenden Körperschaften vorzulegen, muß aber darauf hinweisen, daß bis zur Verabschiedung des Gesetzes ein Zeitraum von mehreren Monaten verstreichen würde. Da mit den Vorbereitungen sofort begonnen werden muß, ist es erforderlich, daß die Alliierte Hohe Kommission der Bundesregierung die Weisung erteilt, die notwendigen Schritte zur Schaffung dieser Schutzpolizei einzuleiten.

Die demokratische Kontrolle dieser Polizei soll durch einen vom Bundestag gebildeten Ausschuß gewährleistet werden, dem das Recht der Einsicht in den Aufbau und die personelle Zusammensetzung der Schutzpolizei übertragen wird.

Eine internationale Kontrolle dieser Schutzpolizei könnte durch das militärische Sicherheitsamt wahrgenommen werden.

Bonn, den 29. August 1950

3. Die erste große Debatte über einen deutschen Wehrbeitrag am 8. November 1950 im Deutschen Bundestag

Auszüge aus der Regierungserklärung des Bundeskanzlers, gefolgt von der Antwort des Oppositionsführers
    Quelle: Verhandlungen des Deutschen Bundestages. I. Wahlperiode 1949, Stenographische Berichte, Band 5. Bonn 1951, S. 3564–3571.

Bundeskanzler Dr. Adenauer: Ich wende mich jetzt, meine Damen und Herren, zu der Frage eines Beitrags der Bundesrepublik Deutschland zu der Verteidigung des Westens, wie sie von der New Yorker Außenministerkonferenz und den Konferenzen, die sich an diese angeschlossen haben, gegen die Stimme Frankreichs verlangt worden ist. Ein solcher Beitrag ist von uns bisher nicht verlangt und von uns auch nicht angeboten worden. Es ist aber nötig, trotzdem über diese Frage hier zu sprechen, weil durch die bereits geführten Diskussionen sehr viel Unklarheit in Deutschland und außerhalb Deutschlands geschaffen worden ist. Wenn wir uns auch nicht anbieten, so dürfen wir es aber auch nicht zulassen, daß durch Reden unverantwortlicher Stellen die Stellung einer Frage an uns verhindert wird. (Unruhe bei der SPD.)

Nach den Erfahrungen, die wir Deutschen mit dem totalitären Regime der Nazizeit gemacht haben, nach den Erfahrungen, die die Welt mit dem totalitären Sowjetrußland seit 1944 gemacht hat, [...] sollte eines die gemeinsame Überzeugung aller Deutschen sein: Totalitäre Staaten, insbesondere Sowjetrußland, kennen nicht wie die demokratischen Staaten als wesentliche Faktoren des Zusammenlebens der Menschen und der Völker Recht und Freiheit; sie kennen nur einen maßgebenden Faktor: das ist die Macht. Mit einem totalitären Staat können daher Verhandlungen zur Regelung internationaler Fragen mit Aussicht auf Erfolg nur geführt werden, wenn derjenige, der diese Verhandlungen – mit Sowjetrußland – führt, ebenso stark, wenn nicht noch stärker ist als Sowjetrußland. (Zustimmung rechts. – Zuruf von der KPD: Das ist eine Erpressung!)

Das Verhalten Sowjetrußlands seit 1944, insbesondere in Griechenland und in Aserbeidschan hat auch gezeigt, daß Sowjetrußland nicht ohne weiteres geneigt ist, Risiken einzugehen. Wir sind der Auffassung, daß die westlichen Mächte unter Führung der Vereinigten Staaten in der Lage sind, eine solche Abwehrfront rechtzeitig zu errichten. Wir begrüßen es, daß die

Vereinigten Staaten die große und schwere Aufgabe, die ihnen ihre ungeheure wirtschaftliche und politische Macht auferlegt hat, erkannt haben und daß sie bereit sind, diese Aufgabe im Interesse des Friedens und der Freiheit zu erfüllen.

Die Frage, ob Deutschland, wenn es dazu aufgefordert wird, sich an einer solchen Abwehrfront zu beteiligen, das tun soll, ist lebhaft diskutiert worden. Zunächst möchte ich folgendes vorausschicken. Es ist ganz klar, daß Voraussetzung für jeden Widerstand Deutschlands gegen irgendeine Aggression die Herbeiführung möglichst guter und ausgeglichener sozialer Verhältnisse im Innern ist. (Erneuter lebhafter Beifall bei den Regierungsparteien. – Unruhe bei der SPD.)

Bei der Beantwortung der Frage, ob Deutschland, wenn es darum gefragt wird, sich beteiligen soll, ist davon auszugehen, daß es sich bei dieser Aktion darum handelt, den Frieden zu retten, und daß die Bildung einer solchen Schutzfront für den Frieden (Abg. Dr. Wuermeling: Sehr gut!) die einzige Möglichkeit ist, den Krieg zu verhüten. (Erneute Zustimmung und Beifall bei den Regierungsparteien.)

Für jeden Deutschen, meine Damen und Herren, mit gesundem Empfinden muß es auch ein zwingendes Gebot sein, seine Heimat und seine Freiheit zu verteidigen. (Lebhafter Beifall bei den Regierungsparteien.)

Zwei Voraussetzungen für eine Beteiligung Deutschlands an der Bildung einer solchen Abwehrfront muß ich besonders hervorheben. Einmal muß diese Abwehrfront so stark sein, daß sie jede russische Aggression unmöglich macht; und ferner muß die Bundesrepublik Deutschland, wenn sie sich mit einem angemessenen Beitrag beteiligen soll, die gleichen Pflichten, aber auch die gleichen Rechte haben wie alle anderen daran beteiligten Länder. (Erneuter lebhafter Beifall bei den Regierungsparteien.)

Ich bin der Auffassung, daß auf diesem Wege, auf dem Wege der Bildung einer solchen Abwehrfront, auch die Wiedervereinigung mit unseren deutschen Brüdern und Schwestern in der Sowjetzone zu erreichen ist.

Die Bundesregierung ist der Auffassung, daß die Bundesrepublik Deutschland, wenn sie von den westlichen Mächten dazu aufgefordert werden wird, bereit sein muß, einen angemessenen Beitrag zu dem Aufbau dieser Abwehrfront zu leisten, und zwar um ihren Fortbestand, die Freiheit ihrer Bewohner und die Weitergeltung der westlichen Kulturideale zu sichern.

Voraussetzung für die Leistung eines solchen Beitrags ist die völlige Gleichberechtigung Deutschlands in dieser Abwehrfront mit den übrigen an ihr teilnehmenden Mächten und ferner eine Stärke dieser Abwehrfront, die genügt, um jede russische Aggression unmöglich zu machen. [...]

Dr. Kurt Schumacher: [...] Wir sind erstaunt und nicht erfreut darüber, daß der Herr Bundeskanzler die Erklärung Plevens als eine Diskussionsgrundlage betrachtet. Wir Sozialdemokraten betrachten sie nicht als das Fundament einer Auseinandersetzung. Uns ist gewiß wichtig und von größter Bedeutung das Zusammenarbeiten mit dem französischen Volke. Aber ich glaube, diesen Geist der Zusammenarbeit kann man nicht dadurch erreichen, daß man widerspruchslos eine politische Konzeption in Frankreich hinnimmt, die, alle Leiden und Enttäuschungen eingerechnet, doch unmöglich ist, weil sie so tut, als ob das eine Volk mit seinen Interessen allein da wäre und das andere Volk gar nicht in seinen Interessen und in seinen besten Empfindungen zu berücksichtigen wäre. (Sehr richtig! bei der SPD.)

Nun zeigt sich doch daran, daß die große Hoffnung eines Teiles dieses Hauses nicht durch sachliche Austragung und Aufzeigen der vorhandenen Schwierigkeiten, sondern durch Entgegenkommen von vornherein die französisch-deutsche Aussöhnung zu erreichen, sich nicht erfüllt hat. Denn der Geist des Planes Pleven ist nicht der Geist der Aussöhnung. Wir respektieren gewiß die Schwierigkeiten der französischen Innenpolitik, und wir wissen auch nachzufühlen Sorgen, die man vor drohenden kommenden Wahlen hat. Aber wir sind nicht bereit, diese Sorgen zu heilen durch Opferung deutscher materieller und moralischer Substanz. (Lebhafter Beifall bei der SPD.)

[...]

Wenn bei dieser Aussprache der militärische Faktor im Vordergrund steht, so darf niemand vergessen, daß die militärischen Machtmittel heute bei keinem Deutschen unter dem Gesichtspunkt einer Vorbereitung des Krieges betrachtet werden sollten. (Sehr richtig! bei der SPD.) Auch militärische Stärke erhält ihre Rechtfertigung heute mehr als je in der Vergangenheit nur als Instrument für die Wahrung des Friedens. (Sehr wahr! in der Mitte.) Diesen Eindruck von der heutigen Debatte in unserem Volke zu schaffen, sollte ein allgemeines Anliegen sein. (Lebhafte Zustimmung und Beifall in der Mitte und rechts. – Beifall bei der SPD.) Aber ein gewisser Geist, der erst versteckt hier zurückzustrahlen beginnt, läßt mich daran zweifeln, ob die Ernsthaftigkeit dieser Forderung bei allen Teilen des Hauses vorhanden ist. (Lachen und Zurufe in der Mitte und rechts.)

Es kann nicht ein Land zur Verteidigung anderer Länder dienen. Eine militärische Verteidigung ist nur auf der Grundlage der Gemeinsamkeit möglich.

Was uns nämlich in der bisherigen Konzeption zugemutet wird – haben Sie doch den Mut, meine Damen und Herren, diesen Dingen ins Gesicht zu sehen –, ist doch die Ungleichheit, die praktische Ungleichheit der Opfer, die Ungleichheit im Risiko, die Ungleichheit in der Chance für unser Volk gegenüber anderen Völkern. Aber für die Deutschen ist nur die Gleichheit im Tatsächlichen und die Unlöslichkeit der Verbindungen und Verkettungen mit den anderen Nationen die positive Voraussetzung. Eine andere positive Voraussetzung gibt es nicht, weil keine andere Voraussetzung die Möglichkeit des Erfolges in sich trägt. [...]

Nun bin ich überzeugt, daß alle hier versammelten Damen und Herren den gemeinsamen Wunsch im Herzen tragen, Deutschland nicht zum Vorfeld der Verteidigung anderer Länder werden zu lassen. Aber ein Jetzt-Hineinschlittern in eine voraussetzungslose Militarisierung kann ja nicht die Fakten erfolgreicher Abwehr schaffen, sondern vergrößert die Gefahren deutscher Vernichtung oder Beeinträchtigung bis ins Gigantische hinein. Nur – das ist die Meinung der Sozialdemokratie – wenn die demokratischen Streitkräfte hier in Deutschland so stark sind, daß sie die Kraft haben, bei einem Angriff aus dem Osten im sofortigen Gegenstoß die Kriegsentscheidung außerhalb der deutschen Grenzen zu tragen, nur dann kann das deutsche Volk seinen militärischen Beitrag für die Verteidigung der Freiheit in der Welt leisten.

Wir haben über die Verantwortung noch anderer Völker hinaus die Verpflichtung (Glocke des Präsidenten) der Berücksichtigung der Schmälerung unserer Volkssubstanz. Wir preisen andere Völker glücklich, daß sie in der Vergangenheit nur Bruchteile der deutschen Verluste zu erleiden hatten. Aber wir können doch von der Tatsache nicht weg, daß wir mehr als 3 Millionen Kriegsbeschädigte haben. Wir haben über den Rahmen der normalen nationalen Verpflichtung hinaus noch die Auflage besonderer Sorgfalt in der Behandlung dieser Frage.

Der jetzt diskutierte Beitrag, der Beitrag, zu dessen Einleitung sich auch der Herr Bundeskanzler bekannt hat, hat keine abschreckende und damit kriegverhütende Wirkung auf den potentiellen Angreifer im Osten. Dieses Ergebnis kann nur bei Erfüllung der von den Sozialdemokraten geforderten Voraussetzung erreicht werden. Es ist nicht die Etablierung der kriegverhindernden Macht, die jetzt nach dem Wunsch des Bundeskanzlers besprochen werden soll. Einfach deswegen nicht, weil es nicht die Etablierung der ausreichenden Macht ist. (Sehr richtig! bei der SPD.) [...]

4. Brief des Vorsitzenden der SPD, Kurt Schumacher, an Bundeskanzler Adenauer vom 22. April 1952

In einer Note an die Westmächte vom 10. März 1952 hatte Stalins Sowjetunion den Westmächten einen Friedensvertrag für ganz Deutschland angeboten, der auch die Wiedervereinigung Deutschlands in einem Status der Neutralität vorsah. Adenauer war gegen eine offizielle Erörterung der Stalin-Note, da sie die Realisierung der Westintegration verhindern sollte. Der Brief Schumachers bringt die Kritik der SPD-Opposition an Adenauer in dieser Frage klar zum Ausdruck.

Quelle: Vorstand der Sozialdemokratischen Partei Deutschlands (Hrsg.), Acht Jahre sozialdemokratischer Kampf um Einheit, Frieden und Freiheit. Ein dokumentarischer Nachweis der gesamtdeutschen Haltung der Sozialdemokratie und ihrer Initiativen. Bonn 1954, S. 177f.

Sehr geehrter Herr Bundeskanzler!

Obgleich das Verhalten der Bundesregierung und ihrer Parteien in der Bundestagsdebatte vom 3. April nicht dazu ermutigt, Ihnen nochmals brieflich Vorschläge für eine gemeinsame Stellungnahme von Regierung und Opposition in der Frage der Wiedervereinigung Deutschlands zu machen, möchte ich Ihnen im Namen der Sozialdemokratischen Fraktion noch einmal darlegen, wie dringlich es ist, zum Notenwechsel zwischen den Regierungen der vier Besatzungsmächte konkrete deutsche Forderungen zur Geltung zu bringen. Das ist um so dringlicher, als man nicht weiß, ob sich in absehbarer Zeit noch eine Chance zur friedlichen und demokratischen Wiedervereinigung bieten wird.

Von den Regierungen der Westmächte wird zur Zeit der Text einer Antwortnote auf die sowjetische Note vom 9. April beraten. Meines Erachtens ist es notwendig, den Regierungen der drei Westmächte als gemeinsamen deutschen Standpunkt vorzutragen, daß nichts unversucht bleiben darf, festzustellen, ob die Sowjetnote eine Möglichkeit bietet, die Wiedervereinigung Deutschlands in Freiheit durchzuführen. Um dies festzustellen, sollten sobald wie möglich Viermächteverhandlungen stattfinden. Wenn sich dabei herausstellen sollte, daß auch nach den letzten Noten der Sowjetregierung nicht die Möglichkeit gegeben ist, durch eine Viermächteübereinkunft die Voraussetzung für freie Wahlen in den vier Zonen und Berlin zu gewährleisten, dann wäre doch auf jeden Fall klargestellt, daß die Bundesrepublik keine Anstrengung gescheut hat, um eine sich bietende Chance zur Wiedervereinigung Deutschlands und Befriedung Europas auszunützen.

Es sollte den Regierungen der drei westlichen Besatzungsmächte gegenüber als deutscher Standpunkt zum Ausdruck gebracht werden, daß durch eine Fortsetzung der brieflichen Diskussion über Einzelpunkte des ursprünglichen Sowjetvorschlages vom 10. März nicht die notwendige Klärung herbeigeführt werden könnte. Die Situation würde dadurch lediglich kompliziert, indem den Kommunisten die Möglichkeit gegeben würde, weiter mit der Einheitsparole zu operieren und die Behauptung aufzustellen, die Sowjetregierung sei zu Verhandlungen bereit gewesen, während die drei anderen Besatzungsmächte solche Verhandlungen abgelehnt hätten.

Die sowjetische Note vom 9. April bietet die Möglichkeit, in Viermächteverhandlungen zu ermitteln, ob jetzt eine Übereinkunft der vier Mächte über die Gewährleistung der Voraussetzungen für freie Wahlen in den vier Zonen und Berlin erzielt werden kann. Von deutscher Seite sollte der vom Bundestag am 6. Februar 1952 verabschiedete Vorschlag einer Wahlordnung als deutscher Beitrag vorgelegt werden. Für die zur Gewährleistung der gleichen Bedingungen in allen vier Zonen und Berlin erforderliche internationale Kontrolle sollten von deutscher Seite einige Alternativmöglichkeiten zur Diskussion gestellt werden. Solche Möglichkeiten wären:

a) Die vier Mächte nehmen die guten Dienste der Vereinten Nationen (UN) zur internationalen Kontrolle der Wahlen in Anspruch.

b) Die vier Mächte einigen sich auf eine aus neutralen Staaten zusammenzusetzende Kommission zur Durchführung der internationalen Kontrolle der Wahlen.

c) Falls die vier Mächte selbst die Kontrolle ausüben wollen, kommt es darauf an zu gewährleisten, daß keine der vier Mächte eine deutsche Partei benachteiligen oder bevorzugen kann.

Es ließe sich denken, daß noch andere Alternativmöglichkeiten zu finden wären. Entscheidend ist nicht, welche Möglichkeiten der internationalen Kontrolle schließlich beschlossen werden, sondern daß nur solche Möglichkeiten annehmbar sind, die freie Wahlen unter gleichen Bedingungen in allen Teilen Deutschlands sicherstellen.

Die sowjetische Note vom 9. April bietet die Möglichkeit, die Prüfung der Voraussetzungen für freie Wahlen durch eine von den vier Besatzungsmächten zu bildende Kommission vornehmen zu lassen. In der Sache bedeutet dieser Vorschlag ein Zugeständnis gegenüber der bisher absolut ablehnenden Haltung der Sowjetzonenregierung zur Prüfung der Voraussetzungen für freie Wahlen. Meines Erachtens sollte die Möglichkeit zu einer solchen Prüfung ausgenützt werden. Es wäre doch zum Beispiel denkbar, eine Besichtigung der sowjetischen Strafanstalten zu verlangen, wenn diese Kommission erst einmal eingesetzt ist.

Mit diesen Vorschlägen sehe ich nicht alle Möglichkeiten zu einer positiven Ausnützung der in der Sowjetnote vom 9. April enthaltenen Vorschläge erschöpft. Es kommt mir in dieser Stunde lediglich darauf an, zu betonen, in welcher Weise die Bundesrepublik auf diese Vorschläge reagieren und ihre Beantwortung durch die Regierungen der drei westlichen Besatzungsmächte zu beeinflussen suchen sollte. Vertreter der Sozialdemokratischen Fraktion stehen zu einer Beratung dieser Fragen zu Ihrer Verfügung.

Ich werde mir erlauben, von diesem Brief der Öffentlichkeit Kenntnis zu geben.

Mit vorzüglicher Hochachtung
Ihr ergebener
gez. Schumacher

5. Die Göttinger Erklärung deutscher Atomwissenschaftler vom 12. April 1957

Kaum war die Bundeswehr im Aufbau begriffen, da ging es schon um die Frage ihrer möglichen atomaren Bewaffnung. Die Göttinger Erklärung von 18 deutschen Wissenschaftlern war entschieden gegen derartige Absichten gerichtet; sie ist zugleich ein wichtiges Dokument gegen jede atomare Bewaffnung.
Quelle: Carl Friedrich von Weizsäcker, Der bedrohte Friede. Politische Aufsätze 1945–1981. München 1983, S. 29 f.

Die Pläne einer atomaren Bewaffnung der Bundeswehr erfüllen die unterzeichneten Atomforscher mit tiefer Sorge. Einige von ihnen haben den zuständigen Bundesministerien ihre Bedenken schon vor mehreren Monaten mitgeteilt. Heute ist die Debatte über diese Frage allgemein geworden. Die Unterzeichneten fühlen sich daher verpflichtet, ihrerseits auf einige Tatsachen hinzuweisen, die alle Fachleute wissen, die aber der Öffentlichkeit noch nicht hinreichend bekannt zu sein scheinen.

1. Taktische Atomwaffen haben die zerstörende Wirkung normaler Atombomben. Als »taktisch« bezeichnet man sie, um auszudrücken, daß sie nicht nur gegen menschliche Siedlungen, sondern auch gegen Truppen im Erdkampf eingesetzt werden sollen. Jede einzelne taktische Atombombe oder -granate hat eine ähnliche Wirkung wie die erste Atombombe, die Hiroshima zerstört hat. Da die taktischen Atomwaffen heute in großer Zahl vorhanden sind, würde ihre zerstörende Wirkung im ganzen sehr viel größer sein. Als »klein« bezeichnet man diese Bomben nur im Vergleich zur Wirkung der inzwischen entwikkelten »strategischen« Bomben, vor allem der Wasserstoffbomben.

2. Für die Entwicklungsmöglichkeit der lebensausrottenden Wirkung der strategischen Atomwaffen ist keine natürliche Grenze bekannt. Heute kann eine taktische Atombombe eine kleinere Stadt zerstören, eine Wasserstoffbombe aber einen Landstrich von der Größe des Ruhrgebietes zeitweilig unbewohnbar machen. Durch Verbreitung von Radioaktivität könnte man mit Wasserstoffbomben die Bevölkerung der Bundesrepublik heute schon ausrotten. Wir kennen keine technische Möglichkeit, große Bevölkerungsmengen vor dieser Gefahr sicher zu schützen.

Wir wissen, wie schwer es ist, aus diesen Tatsachen die politischen Konsequenzen zu ziehen. Uns als Nichtpolitikern wird man die Berechtigung dazu abstreiten wollen. Unsere Tätigkeit, die der Tätigkeit der reinen Wissenschaft und ihrer Anwendung gilt und bei der wir viele junge Menschen unserem Gebiet zuführen, belädt uns aber mit einer Verantwortung für die möglichen Folgen dieser Tätigkeit. Deshalb können wir nicht zu allen politischen Fragen schweigen.

Wir bekennen uns zur Freiheit, wie sie heute die westliche Welt gegen den Kommunismus vertritt. Wir leugnen nicht, daß die gegenseitige Angst vor den Wasserstoffbomben heute einen wesentlichen Beitrag zur Erhaltung des Friedens in der ganzen Welt und der Freiheit in einem Teil der Welt leistet. Wir halten aber diese Art, den Frieden und die Freiheit zu sichern, auf die Dauer für unzuverlässig. Und wir halten die Gefahr im Falle ihres Versagens für tödlich.

Wir fühlen keine Kompetenz, konkrete Vorschläge für die Politik der Großmächte zu machen. Für ein kleines Land wie die Bundesrepublik glauben wir, daß es sich heute noch am besten schützt und den Weltfrieden noch am ehesten fördert, wenn es ausdrücklich und freiwillig auf den Besitz von Atomwaffen jeder Art verzichtet. Jedenfalls wäre keiner der Unterzeichneten bereit, sich an der Herstellung, der Erprobung oder dem Einsatz von Atomwaffen in irgendeiner Weise zu beteiligen.

Gleichzeitig betonen wir, daß es äußerst wichtig ist, die friedliche Verwendung der Atomenergie mit allen Mitteln zu fördern, und wir wollen an dieser Aufgabe wie bisher mitwirken.

Fritz Bopp, Max Born, Rudolf Fleischmann, Walther Gerlach, Otto Hahn, Otto Haxel, Werner Heisenberg, Hans Kopfermann, Max von Laue, Heinz Maier-Leibnitz, Josef Mattauch, Friedrich-Adolf Paneth, Wolfgang Paul, Wolfgang Riezler, Fritz Straßmann, Wilhelm Walcher, Carl-Friedrich von Weizsäcker, Karl Wirtz.

6. Herbert Wehners historische Bundestagsrede vom 30. Juni 1960

Mit dieser Rede bot die SPD-Opposition ein knappes Jahr nach Verabschiedung ihres Godesberger Programms der Bundesregierung ihre Zusammenarbeit auf dem Gebiet der Außenpolitik an. Sie gilt als Markstein für den außenpolitischen Kurswechsel der SPD.

Quelle: Verhandlungen des Deutschen Bundestages. 3. Wahlperiode, Stenographische Berichte, Bd. 46. Bonn 1960, S. 7055–7057 (Auszüge).

[...] Der Regierende Bürgermeister von Berlin, Willy Brandt, hat vor einigen Tagen auf Berührungspunkte der Auffassungen der demokratischen Parteien hingewiesen, über die, wie er sich ausdrückte – und auch ich bin dieser Meinung –, es eigentlich keine Auseinandersetzungen bei uns in der Bundesrepublik zu geben brauchte. Ich nehme an, diese Berührungspunkte könnten, wenn man sich's genau überlegt, als Aktivposten bei der außenpolitischen Bestandsaufnahme von allen Seiten eingebracht werden; Bestandsaufnahme so verstanden, wie ich es vorhin versucht habe einschränkend zu sagen. Das sind:

Erstens: Berlin muß beim Bund bleiben. Aus einer Zweiteilung Deutschlands darf keine Dreiteilung werden.

Zweitens: Das deutsche Volk und die Bundesrepublik haben sich gegen jede Diktatur und für die westliche Gemeinschaft entschieden, das heißt für eine enge Zusammenarbeit mit den westlichen Nachbarn und der freien Welt.

Drittens: Die verantwortungsbewußten Kräfte Deutschlands haben sich gegen jede Form des Kommunismus und gegen die sowjetische Deutschlandpolitik entschieden.

Viertens: Es muß alles getan werden, um das Leben und das Los der 17 Millionen Landsleute im sowjetisch besetzten Teil Deutschlands zu erleichtern. Wir dürfen den Willen zur Selbstbestimmung in unserem Volk nicht erlahmen lassen und müssen uns ständig um neue Ansätze zur Lösung der deutschen Frage bemühen.

Fünftens: Nachdem Europa schon durch die Kommunisten gespalten ist, darf nicht dazu beigetragen werden, Europa noch einmal zu spalten. Vielmehr muß, soweit wir dazu etwas tun können, alles in die Wege geleitet werden, damit es in einer breiten Gemeinschaft zusammenarbeiten kann.

Sechstens: Bei aller Notwendigkeit, den Fragen der militärischen Sicherheit gerecht zu werden, muß die Bundesrepublik jede Anstrengung machen, um zur Sicherung des Friedens in der Welt beizutragen. *(Unruhe bei der CDU/CSU.)*

– Ich merke, es lockert sich auf. *(Heiterkeit.)*

Sicherlich, meine Damen und Herren, ist das kein Programm für die Außenpolitik der nächsten Periode; *(Sehr wahr! bei der CDU/CSU)* sicherlich nicht, natürlich nicht. Dann stimmen wir ja in diesem Punkt sogar überein. Diesen Anspruch erhebt die Aufzählung auch gar nicht. Aber es sind Feststellungen, die für die praktischen Schritte der nächsten Periode positive Bedeutung haben. Jedenfalls sollten sich die Skeptiker unter Ihnen einmal überlegen, wie es denn wäre, wenn es in diesen Punkten kontroverse Auffassungen gäbe! *(Beifall bei der SPD. – Zustimmung des Abgeordneten Dr. Bucher.)*

Der Herr Bundesverteidigungsminister Strauß hat vor einigen Tagen in Schleswig gesagt, eine angestrebte gemeinsame Außenpolitik von Regierung und Opposition sei eine Frage von großer politischer Bedeutung, denn sie würde nicht nur der jetzt amtierenden Regierung, sondern auch künftigen Regierungen auf lange Sicht die politische Freundschaft der Verbündeten garantieren. Kurz darauf hat er in Erlangen von vier Voraussetzungen für eine gemeinsame Außenpolitik gesprochen. Ich habe sie auch im Deutschland-Union-Dienst wiedergefunden. Die vier Voraussetzungen, die er nennt – ich will ihn auf die Zahl genauso wenig festlegen, wie ich mir ganz klar darüber bin, wie viele Voraussetzungen eigentlich schon genannt worden sind –, sind:

a) Die Sozialdemokraten müßten gemeinsam mit der CDU anerkennen, daß die europäische Einheit und die atlantische Allianz Voraussetzungen für die Erhaltung der Freiheit und für die Erlangung der deutschen Wiedervereinigung sind. *(Sehr richtig! bei der CDU/CSU.)*

b) Die Sozialdemokratische Partei müsse sich von der alten These distanzieren, daß die Wiedervereinigung nur möglich sei, wenn die Bundesrepublik Deutschland aus der NATO und aus den europäischen Bündnissystemen ausscheide.

c) Die Sozialdemokraten müßten nicht nur in Worten, sondern auch in der Tat bereit sein, mit den Unionsparteien die Lasten und Bürden der Landesverteidigung zu tragen, gleichgültig wer in der Regierungsverantwortung und wer in der Opposition steht.

Dazu gibt es noch ein Anhängsel, das nicht numeriert ist, sondern sozusagen zwischen der dritten und der vierten Voraussetzung steht: Die Sozialdemokraten müßten alle irgendwie gearteten Disengagement-Pläne aufgeben.

d) Die Sozialdemokraten müßten den Begriff des Selbstbestimmungsrechts für ganz Deutschland, das heißt nach freien Wahlen für die Wiedervereinigung, uneingeschränkt anerkennen.

Das sind – mit der kleinen Unterteilung – die vier Voraussetzungen, von denen Herr Strauß gesprochen hat. Nun etwas auf Vorschuß. Für eine Bestandsaufnahme und für eine Diskussion, bei der man eingehend in die Sachverhalte hineinleuchten und hineingehen kann, möchte ich doch heute schon sagen:

Zu a) Die Sozialdemokratische Partei Deutschlands geht davon aus, daß das europäische und das atlantische Vertragssystem, dem die Bundesrepublik angehört, Grundlage und Rahmen für alle Bemühungen der deutschen Außen- und Wiedervereinigungspolitik ist.

Zu b) Die Sozialdemokratische Partei Deutschlands hat nicht gefordert und beabsichtigt nicht, das Ausscheiden der Bundesrepublik aus den Vertrags- und Bündnisverpflichtungen zu betreiben. Sie ist der Auffassung, daß ein europäisches Sicherheitssystem die geeignete Form wäre, den Beitrag des wiedervereinigten Deutschlands zur Sicherheit in Europa und in der Welt leisten zu können. *(Sehr wahr! bei der SPD.)*

Zu c) Die Sozialdemokratische Partei Deutschlands bekennt sich in Wort und Tat zur Verteidigung der freiheitlichen demokratischen Grundrechte und der Grundordnung und bejaht die Landesverteidigung. *(Unruhe bei der CDU/CSU.)*

7. Der Philosoph Karl Jaspers über die Wiedervereinigung

In einem Interview mit dem Journalisten Thilo Koch vom 10. August 1960 gab Karl Jaspers der Wiedervereinigungsdebatte eine richtungsweisende Wendung, als er den unbedingten Vorrang der Freiheit vor der nationalen Einheit betonte.

Quelle: Frankfurter Allgemeine Zeitung vom 17. 8. 1960; zitiert nach Klaus-Jörg Ruhl, »Mein Gott, was soll aus Deutschland werden?« Die Adenauer-Ära 1949–1963, München 1985, S. 457 f. (Auszüge).

Jaspers: Ich bin seit Jahren der Auffassung, daß die Forderung der Wiedervereinigung nicht nur irreal ist, sondern politisch und philosophisch in der Selbstbesinnung irreal. Denn, die

Wiedervereinigung beruht – der Gedanke der Wiedervereinigung beruht darauf, daß man den Bismarckstaat für den Maßstab nimmt. Der Bismarckstaat soll wiederhergestellt werden. Der Bismarckstaat ist durch die Ereignisse unwiderruflich Vergangenheit, und ich habe das Bewußtsein, daß die Forderung der Wiedervereinigung daher kommt, daß, wie ein Gespenst der Vergangenheit, etwas Unwirkliches an uns herantritt. Die Wiedervereinigung ist sozusagen die Folge dessen, daß ich das, was geschehen ist, nicht anerkennen will. Sondern, daß man etwas wie eine Rechtsforderung auf etwas gründet, das durch Handlungen entstanden ist, die dieses ungeheure Weltschicksal heraufbeschworen haben, und die Schuld des deutschen Staates sind. Diese Handlungen aber will man nicht anerkennen, sondern gründen ein Recht auf das, was nicht mehr existiert.

Frage: Herr Professor! Ich möchte Sie nicht mißverstehen. Meinen Sie damit, daß wir auf die Forderung nach nationaler Einheit verzichten müssen, weil wir anerkennen sollen, daß der Krieg Deutschland in der damals bestehenden Form vernichtet hat und daß das nicht wiederherstellbar wäre?

Jaspers: Ich bin in der Tat der Meinung, und ich finde gar nicht, daß ein Sinn heute darin besteht, was im 19. Jahrhundert Sinn hatte und einmal eine große Chance bedeutete, die verspielt worden ist durch das Hitlerreich. Nachdem das vorbei ist, hat es keinen Sinn mehr, deutsche Einheit zu propagieren, sondern es hat nur einen Sinn, daß man für unsere Landsleute wünscht, sie sollen frei sein!

Frage: Das wollte ich eben sagen, denn das würde, was Sie bisher gesagt haben, ohne das, was nun folgen muß, bedeuten, daß wir diese 17 Millionen ihrem Schicksal überlassen.

Jaspers: Unmöglich! Wir müssen sie mehr noch als die Ungarn und all die anderen, die uns auch wesentlich sind, unsere Landsleute natürlich, so ansehen: das sind wir selber! Es ist ein schuldloses Geschick, daß sie im Osten sind und vergewaltigt werden und wir im Westen durch Gnade der Sieger die Freiheit haben – nicht etwa durch uns. Daß sie im Osten unterdrückt werden, bedeutet für uns, daß wir unablässig in der Öffentlichkeit die freien Wahlen fordern müßten, nur in diesem Bereich eines selbständigen Staates, unter neutraler Kontrolle, bei denen dann festgestellt wird, was man im Osten will, wobei entmilitarisierter Staat nach dem Beispiel Österreichs etwa durchaus möglich wäre. Wie das im einzel-

nen wird, ist gleichgültig. Nur die Freiheit – allein darauf
kommt es an. Wiedervereinigung ist demgegenüber gleichgültig. [...]

8. Bundespräsident Theodor Heuss bei der Einweihung des Mahnmals für die Opfer des Konzentrationslagers von Bergen-Belsen am 30. November 1952

Theodor Heuss hat durch viele seiner Reden einen wichtigen Beitrag zur
geistigen und kulturellen Fundierung der Bundesrepublik geleistet; ein herausragendes Beispiel war die folgende Ansprache: Sie ist ein Beitrag zur
Bewältigung der verbrecherischen deutschen Vergangenheit.
  Quelle: Der Monat, Heft 52, Januar 1953, S. 355–358 (Auszüge).

Als ich gefragt wurde, ob ich heute, hier, aus diesem Anlaß ein
Wort zu sagen bereit sei, habe ich ohne lange Überlegung mit Ja
geantwortet. Denn ein Nein der Ablehnung, der Ausrede, wäre
mir als eine Feigheit erschienen, und wir Deutschen wollen,
sollen und müssen, will mir scheinen, tapfer zu sein lernen
gegenüber der Wahrheit, zumal auf einem Boden, der von den
Exzessen menschlicher Feigheit gedüngt und verwüstet wurde.
Denn die bare Gewalttätigkeit, die sich mit Karabiner, Pistole
und Rute verziert, ist in einem letzten Winkel immer feige,
wenn sie, gut gesättigt, drohend und mitleidlos, zwischen
schutzloser Armut, Krankheit und Hunger herumstolziert.

  Wer hier als Deutscher spricht, muß sich die innere Freiheit
zutrauen, die volle Grausamkeit der Verbrechen, die hier von
Deutschen begangen wurden, zu erkennen. Wer sie beschädi-
gen oder bagatellisieren wollte oder gar mit der Berufung auf
den irregegangenen Gebrauch der sogenannten »Staatsraison«
begründen wollte, der würde nur frech sein.

  Aber nun will ich etwas sagen, das manchen von Ihnen hier
erstaunen wird, das Sie mir aber, wie ich denke, glauben werden, und das mancher, der es am Rundfunk hört, nicht glauben
wird: Ich habe das Wort Belsen zum erstenmal im Frühjahr
1945 aus der BBC gehört, und ich weiß, daß es vielen in diesem
Lande ähnlich gegangen ist. Wir wußten – oder doch *ich* wußte
– Dachau, Buchenwald bei Weimar, Oranienburg, Ortsnamen
bisher heiterer Erinnerungen, über die jetzt eine schmutzig-
braune Farbe geschmiert war. Dort waren Freunde, dort waren

216

Verwandte gewesen, hatten davon erzählt. Dann lernte man frühe das Wort Theresienstadt, das am Anfang sozusagen zur Besichtigung durch Neutrale präpariert war, und Ravensbrück. An einem bösen Tag hörte ich den Namen Mauthausen, wo sie meinen alten Freund Otto Hirsch »liquidiert« hatten, den edlen und bedeutenden Leiter der Reichsvertretung deutscher Juden. Ich hörte das Wort aus dem Munde seiner Gattin, die ich zu stützen und zu beraten suchte. Belsen fehlte in diesem meinem Katalog des Schreckens und der Scham, auch Auschwitz.

Diese Bemerkung soll keine Krücke sein für diejenigen, die gern erzählen: Wir haben von alledem nichts gewußt. Wir *haben* von den Dingen gewußt. Wir wußten auch aus den Schreiben evangelischer und katholischer Bischöfe, die ihren geheimnisreichen Weg zu den Menschen fanden, von der systematischen Ermordung der Insassen deutscher Heilanstalten. Dieser Staat, der menschliches Gefühl eine lächerliche und kostenverursachende Sentimentalität hieß, wollte auch hier *tabula rasa*, »reinen Tisch« machen, und der reine Tisch trug Blutflecken, Aschenreste – was kümmerte das? Unsere Phantasie, die aus der bürgerlichen und christlichen Tradition sich nährte, umfaßte nicht die Quantität dieser kalten und leidvollen Vernichtung.

Dieses Belsen und dieses Mal sind stellvertretend für ein Geschichtsschicksal. Es gilt den Söhnen und Töchtern fremder Nationen, es gilt den deutschen und ausländischen Juden, es gilt auch dem deutschen Volke und nicht bloß den Deutschen, die auch in diesem Boden verscharrt wurden.

Ich weiß, manche meinen: War dieses Mal notwendig? Wäre es nicht besser gewesen, wenn Ackerfurchen hier liefen, und die Gnade der sich ewig verjüngenden Fruchtbarkeit der Erde verzeihe das Geschehene? Nach Jahrhunderten mag sich eine vage Legende vom unheimlichen Geschehen an diesen Ort heften. Gut, darüber mag man meditieren; und Argumente fehlen nicht, Argumente der Sorge, daß dieser Obelisk ein Stachel sein könne, der Wunden, die der Zeiten Lauf heilen solle, das Ziel der Genesung zu erreichen nicht gestatte.

Wir wollen davon in allem Freimut sprechen. Die Völker, die hier die Glieder ihres Volkes in Massengräbern wissen, gedenken ihrer, zumal die durch Hitler zu einem volkhaften Eigenbewußtsein schier gezwungenen Juden. Sie *werden* nie, sie *können* nie vergessen, was ihnen angetan wurde; die Deutschen *dürfen* nie vergessen, was von Menschen ihrer Volkszugehörigkeit in diesen schamreichen Jahren geschah.

Nun höre ich den Einwand: Und die anderen? Weißt du nichts von den Internierungslagern 1945/46 und ihren Roheiten, ihrem Unrecht? Weißt du nichts von den Opfern in fremdem Gewahrsam, von dem Leid der formalistisch-grausamen Justiz, der heute noch deutsche Menschen unterworfen sind? Weißt du nichts von dem Fortbestehen der Lagermißhandlung, des Lagersterbens in der Sowjetzone, Waldheim, Torgau, Bautzen? Nur die Embleme haben sich dort gewandelt.

Ich weiß davon und habe nie gezögert, davon zu sprechen. Aber Unrecht und Brutalität der *anderen* zu nennen, um sich darauf zu berufen, das ist das Verfahren der moralisch Anspruchslosen, die es in allen Völkern gibt, bei den Amerikanern so gut wie bei den Deutschen oder den Franzosen und so fort. Es ist kein Volk besser als das andere, es gibt in jedem solche und solche. Amerika ist nicht »*God's own country*«, und der harmlose Emanuel Geibel hat einigen subalternen Unfug verursacht mit dem Wort, daß am deutschen Wesen noch einmal die Welt genesen werde.

Und waren die Juden das »auserwählte Volk«, wenn sie nicht gerade auch zu Leid und Qual auserwählt wären? Mir scheint, der Tugendtarif, mit dem die Völker sich selber ausstaffieren, ist eine verderbliche und banale Angelegenheit. Er gefährdet das klare, anständige Vaterlandsgefühl, das jeden, der bewußt in seiner Geschichte steht, tragen wird, das dem, der die großen Dinge sieht, Stolz und Sicherheit geben mag, ihn darum aber nicht in die Dumpfheit einer pharisäerhaften Selbstgewißheit verführen darf. Gewalttätigkeit und Unrecht sind keine Dinge, die man für eine wechselseitige Kompensation gebrauchen soll und darf. Denn sie tragen die böse Gefahr in sich, im seelischen Bewußtsein sich zu kumulieren; ihr Gewicht wird zur schlimmsten Last im Einzelschicksal, ärger noch, im Volks- und Völkerschicksal. Alle Völker haben ihre Rachebarden, oder, wenn diese ermüdet sind, ihre Zweckpublizisten in Reserve.

Es liegen hier die Angehörigen mancher Völker. Die Inschriften sind vielsprachig, sie sind ein Dokument der tragischen Verzerrung des europäischen Schicksals. Es liegen hier auch viele deutsche Opfer des Terrors, und wie viele am Rande anderer Lager? Aber es hat einen tiefen Sinn, daß Nachum Goldman hier für alle sprach: Denn hier, in diesem Belsen, sollten gerade die Juden, die noch irgendwo greifbar waren, vollends verhungern oder Opfer der Seuchen werden. Goldman hat von dem schmerzvollen Weg des jüdischen Volkes und seiner den Geschichtskatastrophen trotzenden Kraft gesprochen. Sicher ist das, was zwischen 1933 und 1945 geschah, das Furchtbarste, was die Juden der Geschichte gewordenen Diaspora erfuhren. Dabei war etwas Neues geschehen. Goldman sprach davon. Judenverfolgungen kennt die Vergangenheit in mancherlei Art. Sie waren ehedem teils Kinder des religiösen Fanatismus, teils sozial-ökonomische Konkurrenzgefühle. Von religiösem Fanatismus konnte nach 1933 nicht die Rede sein. Denn den Verächtern der Heiligen Schriften des Alten *und* des Neuen Bundes, den Feinden aller religiösen Bindungen, war jedes metaphysische Problem denkbar fremd. Und das Sozialökonomische reicht nicht aus, wenn es nicht bloß an Raubmord denkt.

Aber das war es nicht allein. Im Grunde drehte es sich um etwas anderes. Der Durchbruch des biologischen Naturalismus der Halbbildung führte zur Pedanterie des Mordens als schier automatischem Vorgang, ohne das bescheidene Bedürfnis nach einem bescheidenen quasi-moralischen Maß. Dies gerade ist die tiefste Verderbnis dieser Zeit. Und dies ist *unsere* Scham, daß sich solches im Raum der Volksgeschichte vollzog, aus der Lessing und Kant, Goethe und Schiller in das Weltbewußtsein traten. Diese Scham nimmt uns niemand, niemand ab.

Mein Freund Albert Schweitzer hat seine kultur-ethische Lehre unter die Formel gestellt: »Ehrfurcht vor dem Leben«. Sie ist wohl richtig, so grausam paradox die Erinnerung an dieses Wort an einem Orte klingen mag, wo es zehntausendfach verhöhnt wurde. Aber bedarf sie nicht einer Ergänzung: »Ehrfurcht vor dem Tode«?

Ich will eine kleine Geschichte erzählen, die manchen Juden und manchen Nichtjuden mißfallen mag. Von beiden Seiten werden sie sagen: Das gehört doch nicht hierher! Im ersten Weltkrieg sind 12000 junge Menschen jüdischen Glaubens für die Sache ihres deutschen Vaterlandes gefallen. Im Ehrenmal meiner Heimatstadt waren auch sie in ehernen Lettern mit den Namen aller anderen Gefallenen eingetragen, Kamerad neben Kamerad, »als wär's ein Stück von mir«. Der nationalsozialistische Kreisleiter ließ die Namen der jüdischen Toten herauskratzen und den Raum der Lücken mit irgendwelchen Schlachtennamen ausfüllen. Ich spreche davon nicht, weil Jugendfreunde von mir dabei ausgewischt wurden. Das war mein schlimmstes Erkennen und Erschrecken, daß die Ehrfurcht vor dem Tode, dem einfachen Kriegstode, untergegangen war, während man schon an neue Kriege dachte.

Das Sterben im Kriege, am Kriege hat dann die furchtbarsten Formen gewählt. Auch hier an diesem Ort Belsen hat der Krieg dann mit Hunger und Seuchen als kostenlosen Gehilfen zur Seite gewütet. Ein zynischer Bursche, ein wüster Gesell mochte sagen: In der Hauptsache waren es ja bloß Juden, Polen, Russen, Franzosen, Belgier, Norweger, Griechen und so fort. Bloß? Es waren Menschen wie du und ich, sie hatten ihre Eltern, ihre Kinder, ihre Männer, ihre Frauen! Die Bilder der Überlebenden sind die schreckhaftesten Dokumente.

Der Krieg war für dieses Stück Land hier im April 1945 vorbei. Aber es wurde als Folge von Hunger und Seuchen weitergestorben. Britische Ärzte haben dabei ihr Leben verloren. Aber ich bin in den letzten Tagen von hervorragender jüdischer Seite gebeten worden, gerade in dieser Stunde auch ein Wort von diesem Nachher zu sagen, von der Rettungsleistung an den zum Sterben bestimmten Menschen, die durch *deutsche* Ärzte, durch *deutsche* Pfleger und Schwestern im Frühjahr und Frühsommer 1945 vollbracht wurden. Ich wußte von diesen Dingen nichts. Aber ich ließ mir erzählen, wie damals vor solchem Elend Hilfswille bis zur Selbstaufopferung wuchs, ärztliches Pflichtgefühl, Scham, vor solcher Aufgabe nicht zu versagen, christliche, schwesterliche Hingabe an den Gefährdeten, der eben immer »der Nächste« ist. Ich bin dankbar dafür, daß mir dies gesagt und diese Bitte ausgesprochen wurde. Denn es liegt in dieser Bewährung des unmittelbar Rechten und Guten doch ein Trost.

In den Worten des englischen *Land Commissioner* ist Rousseau berufen worden. Rousseau beginnt eines seiner Bücher mit der apodiktischen Erklärung: »Der Mensch ist gut.« Ach, wir haben gelernt, daß die Welt komplizierter ist als die Thesen moralisierender Literaten. Aber wir wissen auch dies: *der* Mensch, *die* Menschheit ist eine abstrakte Annahme, eine statistische Feststellung, oft nur eine unverbindliche Phrase; aber die *Menschlichkeit* ist ein individuelles Sich-Verhalten, ein ganz einfaches Sich-Bewähren gegenüber dem anderen, welcher Religion, welcher Rasse, welchen Standes, welchen Berufes er auch sei. Das mag ein Trost sein.

Da steht der Obelisk, da steht die Wand mit den vielsprachigen Inschriften. Sie sind Stein, kalter Stein. *Saxa loquuntur,* Steine können sprechen. Es kommt auf den Einzelnen, es kommt auf dich an, daß du ihre Sprache, daß du diese ihre besondere Sprache verstehst, um deinetwillen, um unser aller willen!

9. Alexander Mitscherlich über die Befindlichkeit der Bundesrepublik gegen Ende der Ära Adenauer

Der Psychologe Alexander Mitscherlich, dessen Buch ›Die Unfähigkeit zu trauern‹ von 1966 zum wichtigen Beitrag über die mangelnde Bewältigung der deutschen Vergangenheit wurde, hat sich schon 1962 kritisch über die Entwicklung der Demokratie in der Adenauer-Ära geäußert. Sein Text mit dem Titel ›Humanismus heute in der Bundesrepublik‹ erschien in Hans Werner Richters Sammelband ›Bestandsaufnahme‹, München 1962, S. 136 bis 156. Er ist typisch für die Vorbehalte linker Intellektueller in bezug auf die demokratische Entwicklung der Bundesrepublik. Neben dem Thema Restauration und vernachlässigter Wiedervereinigung war dies der dritte große Themenkomplex der linken Kritik an der Bundesrepublik. (Auszüge)

Daß sich in der Bundesrepublik eine Entwicklung vollzieht, die den Hoffnungen auf einen aufgeklärten Staat zuwiderläuft, auf einen Staat, der die Menschenrechte ernstlich zu verwirklichen bestrebt ist, sei mit einem Beispiel belegt, das manchem wahrscheinlich nicht so bedeutungsvoll erscheint wie dem Autor. Gemeint ist die Tatsache, daß Herr von Brentano, damals Außenminister, den Dichter Bert Brecht mit Horst Wessel verglich – weil Brecht ihm in der politischen Richtung nicht paßte. Natürlich konnte man nicht die verwegene Hoffnung hegen, daß Herr Brentano über solcher Schändung stürzen würde, aber doch die bescheidenere, er würde sich entschuldigen. Er tat es nicht. Daß ein solcher Vergleich aus dem Munde des Deutschen kommen und so stehen bleiben konnte, der die Bundesrepublik politisch vor der Welt zu vertreten hatte: darin konnte ich die tiefere Bedeutung nicht übersehen.

Es müssen nicht sehr ins Gewicht fallende, sehr spektakuläre Ereignisse sein, die einem eine prinzipielle Einsicht in einen Zustand vermitteln. Bei mir war es die Einschätzung Brechts, des größten deutschsprachigen Dichters seiner Generation, durch den damaligen Außenminister.

Mich bewegt die Sorge darum, daß schon wieder allerorten Unbelehrbare, Menschen, die ganz und gar von sich, ihrer Partei, ihrer Weltsicht, ihrem Glauben, ihrer Ideologie überzeugt sind, im wahrsten Sinne des Wortes keinen Spaß verstehen und keine andere Meinung neben sich dulden können, sich der politischen Geschäfte in unserem Lande annehmen. Das setzt zwar eine Tradition von langer Hand fort, man kann nur nicht sagen, es sei eine wünschenswerte.

Denn mit dieser Unbelehrbarkeit und Selbstsicherheit, gepaart mit Unduldsamkeit, hat es seine besondere Bewandtnis. Sie ist realitätsblind oder verführt dazu, so zu sein, vertut den Vorsprung in der Anbetung der alten Götzen und ist praktisch der Anfang vom Ende jeder Demokratie, die auf der Vielheit der Anschauungen in ihr lebender und sich regender Menschen aufbaut. Das wirksame und einende Prinzip dabei ist nicht eine lasche Toleranz, in der es jeder treibt, wie er will, solange er keine grobe Ruhestörung begeht, sondern das Prinzip der Auseinandersetzung, der Dialektik. Man ist verschiedener Meinung, aber man hat sich etwas zu sagen. Das ist das Einende. Grundannahme ist, daß keine Einzelmeinung die beste erreichbare Lösung für ein Problem der Gesellschaft darstellt, daß die Auseinandersetzung, das Argument, die Genauigkeit der Beweisführung, die Beachtung neuer Gesichtspunkte, die in der Diskussion vorgebracht werden, erst an die behandelte Frage heranführen, und daß man dadurch an den Problemen wächst, Einsicht gewinnt.

Natürlich ist Demokratie Herrschaft der Mehrheit unter Achtung der Minderheiten; von der Mehrheit wird zu verlangen sein, daß sie nicht ihren Standpunkt durch die Tatsache der wandelbaren Mehrheit, sondern durch die Gesetze der Vernunft, der Umsicht und Voraussicht begründet. Das schließt in sich, daß die herrschende Mehrheit die Ansichten, die Beurteilungen und Prognosen derer, die sich nicht zu ihrer Auffassung bekennen, nicht nur »achtet«, sondern im Auge behält.

Diese Forderung geht einem zuerst einmal gegen die naive Überzeugung, recht zu haben; sie als Richtschnur des Verhaltens sich zu eigen zu machen will geduldig gelernt sein. Es verlangt ein nicht unbeträchtliches Maß an Selbstkontrolle – an Selbstüberwindung, auch an Mißtrauen dem, was einem vorgesetzt wird, gegenüber. Wer unsere parlamentarischen Diskussionen mit Aufmerksamkeit verfolgt, wird oft bestürzt sein. Wie unsere parlamentarischen Verhältnisse in den letzten Jahren geworden sind, vermitteln sie nur sehr fragmentarisch den Eindruck, daß hier um Erkenntnis gerungen wird, vielmehr weiß man, daß die faktischen Mehrheitsverhältnisse die Entscheidungen schon vor dem Beginn der Aussprache bestimmen und daß nicht einmal die hinter verschlossenen Türen gefaßten Entschlüsse aufrichtig begründet werden. Man weiß es besser – und Gott sei Dank ist man deshalb Mehrheit. Oder umgekehrt ... Gott sei's geklagt. Natürlich kann man so regieren; nur bezweifle ich, daß das die beste Form des Regierens ist, vor allem in einer Welt, die erstarrt ist in ideologischer Rechthaberei und zugleich sehr beunruhigt von unabsehbaren technischen Entwicklungen, ökonomischen Umschichtungen, einer sozialen Verwandlung, die sich allen Versuchen entzieht, sie in ideologischen Vorstellungen und Systemen der Vergangenheit zu begreifen. Man wirft uns als Deutschen vor, daß wir in den Spielregeln der demokratischen Lebensweise unerfahren, linkisch seien, daß das alte Ordnungsprinzip der autoritären Anweisung und ihrer pünktlichen Befolgung durch die nachgeordneten Organe immer wieder die Oberhand gewinnt. Man kann diesen Vorwurf nur gesenkten Hauptes hinnehmen.

Je mehr wir von den Sonderinteressen, vor allem der Wirtschaft und sonstiger etablierter Institutionen, zu allgemeinen kulturpolitischen Problemen fortschreiten, desto gelähmter scheint unsere Initiative. Hier tragen wir die Erbschaft einer langen Geschichte. Cuius regio – eius religio: wessen Herrschaftsbereich, dessen Religion, das war die politische Entscheidung nach der Reformation. Der Obrigkeitsstaat, der mit seinem Berufsbeamtentum vielfach gar nicht so schlecht regierte, folgte. Der Rückzug aus dem politischen Raum auf ein Persönlichkeitsideal oft genug verstiegener Art war eine andere Folge. Man hielt sich von den »Niederungen« der Politik fern, war sich zu gut dafür. Kann es uns gelingen, hier Vorurteile, Passivität, Resignation, Teilnahmslosigkeit zu überwinden, um zur Aktivierung des politischen Lebens beizutragen?

Betrachte ich mit solchen Ansprüchen die politischen Parteien der Bundesrepublik, so kann ich nicht übersehen, daß ihnen in der Realität die Führung der politischen Geschäfte weitgehend aus den Händen geglitten ist. Die Regierungspartei ist die Gefolgschaftspartei eines bedeutenden, autoritären Mannes geworden, der ihr die Gesetze des Handelns vorschreibt, eines Mannes, den man im Rückblick auf die antike Geschichte einen milden Tyrannen nennen kann; sicher keinen Mann, der in seiner Persönlichkeit zugänglich ist für die Idee eines demokratischen Pluralismus. Er erträgt ihn, versucht, ihn taktisch zu manipulieren, aber er hängt nicht an ihm. Die Opposition ist beherrscht vom Willen, die Macht zu erlangen, und sei es auf Kosten einer schrecklichen Anpassung an die erfolgreichen Konzepte ihrer Gegenspieler. Dabei wird deutlich, daß ihr die Aufgabe, warnende, unablässig die Schwächen erspähende, durch Denkkraft zwingende Kraft zu sein und damit zu werben, oft verlorengeht. Wer sich an die Bildung der gegenwärtigen Regierung erinnert, wer die Positionskämpfe um den Vorsitz der parlamentarischen Ausschüsse beobachtet hat, muß den Eindruck gewinnen, daß die Hauptenergie des Parlaments in den Territorialkämpfen verausgabt wird, daß die Parteien sich selbst zum Hauptzweck geworden sind. Einem taktisch souveränen Regierungschef kann das nicht mißfallen; er regiert in dieser Zeit mit den Interessengruppen. Aber sie repräsentieren nur Bruchstücke jenes politischen Pluralismus, von dem wir sprachen.

Das mag eine vereinfachte Darstellung eines Zeitgenossen sein, der nicht weiter hinter die Kulissen blickt als jedermann. Aber es ist schließlich seines wie jedermanns politisches Schicksal, das sich auf diese Weise vollzieht. Man hat ein Gefühl heftiger Abneigung. Das Gefühl ist in der Politik verpönt. Wieso eigentlich? Wir sind fühlende Menschen gerade dort, wo wir mitmenschlich, auf die Freunde und Gegner des gesellschaftlichen Lebens bezogen leben.

10. Heinrich Böll über die »Gruppe 47«

Die von Hans Werner Richter lose organisierte »Gruppe 47« war das Zentrum der neuen deutschen Literatur in der Adenauer-Zeit. Ihre legendäre Überhöhung als literarisches Widerstandszentrum gegen die Politik Adenauers wird von einem ihrer erfolgreichsten Teilnehmer, dem Kölner Schrifsteller Heinrich Böll, auf ein angemessenes Maß zurechtgestutzt.

Quelle: Heinrich Böll, Angst vor der »Gruppe 47«? In: Werke. Essayistische Schriften und Reden. Band 2: 1964–1972. Hrsg. von Bernd Balzer. Köln o. J., S. 164–173 (Auszüge).

Die Gruppe war (ist teilweise noch), was Deutschland nach 1945 fehlte: Treffpunkt, mobile Akademie, literarische Ersatz-Hauptstadt; und lange bevor es Mode wurde, war sie, was die bundesrepublikanische Gesellschaft inzwischen als selbstverständlich für sich in Anspruch nimmt: pluralistisch. Die Gruppe ist pluralistisch geblieben, die Gesellschaft ist es geworden. Inzwischen ist Pluralismus nur noch ein Schlag-Wort, Knüppel in jedermanns Hand, mit dem man einzelne als das totschlagen kann, was sie am wenigsten sind: Individualisten oder Anarchisten. Die Gruppe hat auch den Charakter einer Redaktionssitzung, aus der sie entstand, behalten, eine Art erweitertes Vorlektorat; daß sie selbst nie ein dauerhaftes Organ fand oder bildete, lag an ihrem Pluralismus. Von dem Almanach abgesehen, wäre eine Möglichkeit, sich selbst darzustellen, die schon erwähnte Publikation eines Protokolls – wenigstens einer ganzen Tagung, ohne Kommentar, nur die gelesenen Texte und die dazu ad hoc geäußerte Kritik. Da würde auch die Kritik faßbar, kontrollierbar.

Die Gruppe gehört zu diesem Staat, sie paßt zu ihm, sie ist politisch so hilflos wie er, sie hat nicht alle, aber einige Eigenschaften mit der bundesrepublikanischen Gesellschaft gemeinsam, und damit ist sie in der wirklichen und einzigen Gefahr, eine Institution zu werden und eine Funktion zu übernehmen; also: zu funktionieren. Noch ist sie der Gefahr nicht ganz erlegen, aber was würde »sie« tun, wenn (ich wage kaum, es hinzuschreiben, es könnte ja wirklich einer auf die Idee kommen) – wenn die CDU ihren nächsten Bundesparteitag mit einem Empfang für die »Gruppe 47« so verschönern wie abschließen möchte? Absagen kann sie nicht, und durch eine Absage an der Ehrbarkeit von Herrn Bundeskanzler Prof. Dr. Erhard Zweifel aufkommen zu lassen, wäre nicht nur unhöflich, es wäre ganz und gar unangebracht. Sie ist als Gruppe weitaus weniger links als einige Abgeordnete der CDU und politisch genauso hilflos wie diese Abgeordneten; und was einige der ihr Zugehörigen an »jugendgefährdender« Literatur hervorbringen, erscheint sicher manchem Bundestagsabgeordneten als recht harmloser Tobak.

Gerade weil sie, was ihr droht (nämlich »repräsentativ« zu werden), nie gewesen ist, ist es ihr gelungen, was keiner Partei, keiner Bundesregierung gelingen kann: Beziehungen, wenn auch keine diplomatischen, zu den Autoren der DDR aufzunehmen. Und es liegt eine erstaunliche, fast schon wieder mythische Richtigkeit darin, daß sie ihren jüngsten Preis an Johannes Bobrowski vergab, wiederum nicht an einen Realisten (Peter Weiss wäre auf eine andere Weise genau so richtig gewesen). Daß Bobrowski dort drüben inzwischen den Heinrich-Mann-Preis bekommen hat – wer Augen hat zu lesen, hat's gelesen. In einem Staat wie der DDR ist das weder bloßer Zufall noch ein Akt reiner Gerechtigkeit. Schriftsteller sollten es fertig bringen, von der fürchterlichen Herablassung des westlichen, des reichen Bruders ganz zu lassen; denn auch der »literarische Reichtum« der Bundesrepublik hängt vielleicht mit der nichts als »Seht, wie reich wir sind« sagenden politischen Unverbindlichkeit dieses Staates zusammen, der längst nicht so souverän ist, wie er sich gibt. Es besteht nicht der geringste Grund, irgendwie auf deutschem Boden, ob in Bonn oder Buxtehude, großmäulig »westlich« aufzutreten und mit Freiheiten zu prahlen, die in Leipzig bezahlt werden müssen. Auch der Teil Deutschlands, der Bundesrepublik heißt, hat sich nicht selbst befreit – es war fünf *nach* zwölf, und es hätte gut fünfzehn Uhr des folgenden Nachmittags werden können und nicht einer der Autoren und Kritiker, der heute älter als zwanzig ist, lebte noch. Die hiesige Freiheit, von der die literarische nur ein winziger, fast unerheblicher Teil ist, ist nicht von *Deutschen* gebracht worden.

Außer einigen kirchlichen Stellen (es liegt ein gut Teil unvermeidlicher Ironie in dieser Parallele) ist die »Gruppe 47« die einzige Mannschaft, die eine Chance hat, ohne die west- wie ostdeutschen Politikern gemeinsame Großmäuligkeit festzustellen, ob es eine Grenze zwischen DDR-deutsch und BRD-deutsch schon gibt, und wo sie möglicherweise verläuft. Dabei käme der Gruppe die Tatsache, daß sie unpolitisch und nicht korrupt ist, zu statten. Was politisch geschehen darf, wird ohnehin weder in Bonn noch in Pankow bestimmt. Es ist ja auch nicht aus politischen Gründen so gekommen, daß der Kredit, den die deutsche Nachkriegsliteratur der Bundesrepublik eingebracht hat, höher einzuschätzen ist als alles, was die Außenminister bewirken konnten; und das ist nicht Schuld der Außenminister, sie sind, wie wir alle, auch nur Befreite, nicht Freie.

Es wäre falsch zu glauben, die »Gruppe 47« befinde sich »in einer Krise«; sie befand sich permanent in einer Krise und von Jahr zu Jahr wurde ihr der baldige Untergang prophezeit. Ihre Gefahr ist, daß ihr Zustand immer weniger kritisch wird, daß sie sich institutionalisiert und funktioniert. Ein Schriftsteller, der funktioniert, ist keiner mehr. Ob eine Gruppe von Schriftstellern, wenn sie anfängt zu funktionieren, sich nicht auf eine absurde Weise mit der Gesellschaft konform erklärt? Es war nicht Schuld der »Gruppe 47«, daß es nach 1945 nicht zur Bildung literarischer Bewegungen und Richtungen kam; bis zum Jahre 1955, also in den entscheidenden Jahren nach Kriegsende, war »ihr« Macht-Potential fast unerheblich, wurden ihre Treffen von der Öffentlichkeit kaum beachtet, war »sie« – und das dank Günter Eich – fast nur im Rundfunk vorhanden; und außerdem: ist etwa die »Schule« Heißenbüttel durch die Gruppe behindert worden, zu werden, was sie ist? Nein, die »Gruppe 47« ist geblieben, was sie war: ein Publikationsinstrument, ein Forum, ein Medium, natürlich auch ein Markt; und sie besteht immer noch aus Hans Werner Richter plus Unbekannt – ihr mythischer Charakter ist unverkennbar. Sie ist vorhanden und doch nicht faßbar, man bekommt sie nicht zu packen. Und auch darin gleicht sie der bundesrepublikanischen Gesellschaft, die nicht die geringste Angst vor ihr zu haben braucht.

11. Zwei Schriftsteller auf der Suche nach einer Alternative zur Regierung Adenauer

Für die Bundestagswahl des Jahres 1961 brachte der Schriftsteller Martin Walser bei Rowohlt ein Taschenbuch mit dem Titel ›Die Alternative oder Brauchen wir eine neue Regierung?‹ heraus, in dem einige der bekanntesten deutschen Schriftsteller sich zur Notwendigkeit einer Beendigung der Adenauer-Ära äußerten. Hier folgen Auszüge aus den Beiträgen zweier junger Autoren, des Lyrikers Peter Rühmkorf und des Essayisten und Lyrikers Hans Magnus Enzensberger.

Peter Rühmkorf: Passionseinheit

[...] Was bleibt, das nun unserer bisher erlebten CDU/CSU-Koalition rückblickend zu verdanken wäre? Was möchte man auch fürderhin in ihre Hände gelegt sehen, ihrem jetzigen Kanzler anvertraut, ihrem künftigen ausgeliefert? Den Frieden der Welt? Die nationale Einheit? Die soziale Gerechtigkeit?

Ich habe nichts hinzuzufügen. Ich wähle SPD.

Bei allen Skrupeln, diversen Vorbehalten, Einwänden, Abstrichen, Gewissensbissen, Ängsten, bösen Vorausahnungen: SPD.

Und wahrlich nicht begeistert. Und sicher nicht imstande, Begeisterung zu wecken und weiterzutragen. Begeisterung und Sympathie für was denn? Für neue glanzkaschierte Gesichter, die man uns anstelle von Profil zeigt? Für frischen Wind, der dieser einst so wackeren Partei das eigene Konzept wegpustete? Für eine Opposition, die sich danach drängt Apposition zu werden der jetzigen Regierungspartei?

Die ihre neuerlich vornehmste Aufgabe in der Selbstaufgabe

sieht, ihre besten außen- und innenpolitischen Programmpunkte über Bord gehen ließ, die Flinte ins Korn warf, dafür bereits nach Atomwaffen fingert und allen Ernstes glaubt, das Wahlvolk werde es ihr lohnen und weltanschaulichen Wackelpeter als Götterspeise preisen.

Genug, sie sei gewählt. Nicht in der Hoffnung, hier ließen sich Interessen zu gemeinsamer Aktion bündeln und kaum noch im Vertrauen auf ein letztes rudimentäres Gemeinsames in den sozial- und wehrpolitischen Vorstellungen. Nur eben, weil kein besserer Bündnispartner zur Hand ist, und weil man gegen das Schlimmere und Schlimmste halt mit dem Nochnichtganzsoüblen paktieren *muß*. Ein Bündnis ohne sonderliche Zuneigung und eine Zwangsalliance eher als Wahlverwandtschaft, kurz, in der Leideform benannt: Passionseinheit.

Hans Magnus Enzensberger: Ich wünsche nicht gefährlich zu leben

[...] Es gibt bei uns zulande eine Partei, die heißt sozial und demokratisch und ist in der Opposition. Dort will sie nicht mehr länger bleiben. Für ein paar Ministerposten wird sie ein Auge zudrücken, alle fünfe gerade sein lassen und sich mit dem alten Mann und seinem Nachfolger zusammentun. Aber der alte Mann und sein Nachfolger wollen nichts von ihr wissen.

Der alte Mann und sein Nachfolger, die haben ein paar Gesetze im Schrank. Ein Reisegesetz, damit die Reisen von Deutschland nach Deutschland aufhören. Ein Presse- und Ehrenschutz-Gesetz, das die Presse vor der Pressefreiheit schützen soll. Ein Notstandsgesetz, das uns von der Last unserer verfassungsmäßigen Rechte befreien wird. Verfassungsänderungen und Änderungen der Verfassungsänderungen, auf daß restlos, total und absolut regiert werden kann.

Wir haben die Wahl. Haben wir die Wahl? Gemeinsamkeit röhrt aus den Lautsprechern. Einunddieselben Köder halten uns die Parteistrategen hin. Ist die Wahl eine Wurstschnäpperei? Forschend betrachte ich die Gesichter meiner Nachbarn. Haben sie die Wahl? Ist Gemeinsamkeit ein leerer Wahn? Gibt es Alternativen?

Wir haben in unserm Stück Deutschland eine Regierung, die ist zwölf Jahre alt. Vor zwölf Jahren war unser Stück Deutschland arm im Fleisch, aber reich an Möglichkeiten. Die Möglichkeiten sind geschrumpft. Mit Umsicht und Bedacht hat die Regierung, die wir haben, in zwölf Jahren alles abgeschafft, was nach einer Alternative aussah. Unser Stück Deutschland hat keine Alternative mehr, bis auf eine: total oder nicht total, absolut oder nicht absolut, Endkampf oder nicht Endkampf, von der Landkarte streichen und gestrichen werden oder nicht.

Das ist die Wahl, die einzige die uns bleibt, und vielleicht die letzte.

Es gibt bei uns zulande eine Partei, die heißt demokratisch und sozial und ist in der Opposition. Sie biedert sich bei ihren Feinden an, sie ist zahm, sie apportiert und macht Männchen. Ein Anblick, zugegeben, der nicht eben erhaben, ein Anblick, der salzlos, langweilig, medioker ist. Aber ich wünsche nicht gefährlich zu leben. Ich billige harmlose Beschäftigungen. Ich will des Nachfolgers Karnickel nicht bleiben, das Echo auf den ersten Gewehrschuß nicht hören. Ohne Begeisterung, doch ohne zu zögern wähle ich zwischen dem ordentlich geputzten Mittelmaß und dem brüllenden Größenwahn. Ich betrachte die Gesichter meiner Mitbürger forschend. Sie sehen friedlich aus. Heute über drei Monate werden sie gefragt: Wollt ihr das totale Experiment? – Was werden sie antworten?

Deutschland ist lebensgefährlich, wenn sie den Nachfolger wählen.

12. Konrad Adenauers Abschied von der Politik

Auszüge aus der Abschiedsansprache Adenauers auf der Sitzung des Deutschen Bundestages vom 15. Oktober 1963

Quelle: Verhandlungen des Deutschen Bundestages. 4. Wahlperiode. Stenographierte Berichte, Bd. 53. Bonn 1963, S. 4165–4167.

Herr Bundestagspräsident! Meine Damen und Herren! Ich bin Ihnen, Herr Bundestagspräsident, von Herzen dankbar für Ihre Worte, und ich bin Ihnen, meine verehrten Mitglieder, Kolleginnen und Kollegen im Bundestag, von Herzen dankbar dafür, daß Sie die Schlußworte des Herrn Bundestagspräsidenten in dieser markanten Weise durch ihr Aufstehen gutgeheißen und unterstrichen haben.

Wenn ich am heutigen Tage zu Ihnen spreche, dann bin auch ich von Dank erfüllt, von *Dank für das deutsche Volk*. Sicher, meine verehrten Damen und Herren, wenn wir an das Jahr 1949 zurückdenken, wenn wir von den Trümmerfeldern hören, von denen der Herr Präsident soeben gesprochen hat, dann wollen wir auch den Blick noch hinausgehen lassen über die Grenzen unseres Landes und wollen daran denken, wie der deutsche Name damals in der Welt gewertet wurde und wie es heute anders geworden ist. Wenn wir vieles, nicht alles, wiederaufgebaut haben und wenn der deutsche Name im Ausland wieder seinen Klang hat, dann, meine Damen und Herren, wäre das nicht möglich gewesen ohne das deutsche Volk selbst. (Beifall im ganzen Haus)

Es ist wahr, meine Damen und Herren: jedes Volk bedarf einer Staatsform und bedarf auch innerhalb dieser Staatsform einer gewissen Lenkung. Aber wir sind uns doch gerade in diesen Zeiten der Not, die hinter uns liegen, darüber klar geworden, daß ohne das Mitgehen des Volkes, ohne daß das Volk mit handelt, ohne daß das Volk mit die Last auf sich nimmt, ohne daß das Volk sich müht weiterzukommen, der Erfolg für jedes Parlament und für jede Regierung versagt bleibt.

Und darum bin ich stolz auf das deutsche Volk – ich darf das wohl auch mit dem Blick über unsere Grenzen hinaus heute sagen –: ich bin stolz auf das, was das deutsche Volk in dieser verhältnismäßig kurzen Spanne Zeit geleistet hat. Wir Deutschen dürfen unser Haupt wieder aufrecht tragen, denn wir sind eingetreten in den Bund der freien Nationen und sind im Bund der freien Nationen ein willkommenes Mitglied geworden. (Beifall bei den Regierungsparteien)

Es ist wahr, Herr Präsident, wir haben nicht alles erreicht. Ich würde sogar noch weitergehen und würde sagen: wir haben vieles noch nicht erreicht. Wir müssen uns doch immer klarbleiben darüber, daß das ständig flutende Leben immer neue Aspekte gibt, immer neue Forderungen hervorruft, aber auch dem Menschen immer neue Lasten auferlegt. Deswegen muß man Tag für Tag daran denken, bemüht zu sein, dem Volke in seiner Allgemeinheit zu helfen weiterzukommen, aber auch die Last, die der moderne Fortschritt auf den Menschen legt, zu erleichtern.

Lassen Sie mich einige Worte sagen über unser *Verhältnis zum Ausland.* Der Herr Präsident hat es schon gekennzeichnet, und ich möchte es wiederholen: wir haben die *Wiedervereinigung* noch nicht erreicht, obgleich ich glaube, daß wir am Horizont Möglichkeiten einer Wiedervereinigung kommen sehen, wenn wir achtsam und vorsichtig und geduldig sind, bis der Tag gekommen ist. Ich bin fest davon überzeugt, daß dieser Tag einmal da sein wird. Denn man kann einem Volke wie dem deutschen Volke nicht widersprechen und man kann ihm keinen Widerstand leisten, wenn es in Frieden seine Einheit wiederherstellen will. (Beifall bei den Regierungsparteien und bei der SPD)

Aber, meine Damen und Herren, seien wir uns auch darüber klar, daß die Bundesrepublik heute ein wertvolleres Land für den Gegner vom Osten ist als vor zwanzig Jahren dank unseres wirtschaftlichen Emporsteigens, dank auch der ganzen Kraft, die das deutsche Volk durch den Wiederaufbau gezeigt hat.

Und über eines seien wir uns klar: mehr denn je zuvor ist Deutschland ein Angelpunkt der weltpolitischen Spannungen, die über die Kontinente hinweggehen. Daher dürfen wir nicht etwa glauben, diese unsere Last der Trennung werde von uns genommen werden, ohne daß gleichzeitig die Last der Spannungen auch von den anderen Völkern genommen wird. Das erfordert von uns um so größere Achtsamkeit, um so größere Sorge und um so größere Geduld.

Gerade für ein geschlagenes Volk, wie wir es waren, nach einem Krieg, der von Deutschen vom Zaun gebrochen war, ist die *Stetigkeit in der Politik* eine Grundbedingung. Nichts, meine Damen und Herren, ist dem Ansehen eines Volkes und namentlich unserem Volke nach alledem, was hinter uns liegt, abträglicher als der Ruf der Unstetigkeit. Die Stetigkeit in der Politik ist die Voraussetzung für das Ansehen eines Volkes. (Beifall bei der CDU/CSU)

Ein gut Teil des Erfolges ist auch darauf zurückzuführen, daß die Opposition milder geworden ist (Heiterkeit) – auch das, meine Damen und Herren, ist ein Erfolg des Parlaments – und daß sich die Parlamentsmehrheit auch daran gewöhnt hat, zuzuhören, wenn die Opposition spricht. (Erneute Heiterkeit) Denn nur vom Sprechen und vom Zuhören kann etwas Gutes werden, nicht vom Sprechen allein; das Zuhören gehört dazu. (Beifall)

Nun, meine verehrten Damen und Herren, möchte ich Ihnen nochmals danken, wie ich das zu Eingang meiner Ausführungen getan habe, Ihnen allen ausnahmslos, dem einen mehr und dem anderen weniger natürlich. (Heiterkeit) Ich möchte Ihnen allen danken. Vor allem aber wollen wir unserem deutschen Volke dankbar sein. Ich sage bewußt und gewollt nicht: dem deutschen Volke, sondern: unserem deutschen Volke. (Beifall auf allen Seiten des Hauses. – Die Abgeordneten erheben sich. Bundeskanzler Dr. Adenauer begibt sich auf seinen Abgeordnetenplatz.)

Die folgenden Hinweise auf wissenschaftliche und sonstige Literatur zur Adenauer-Zeit können nicht den Anspruch auf Vollständigkeit erheben. Sie nennen vor allem Titel, die dem Autor bei der Arbeit an der hier vorliegenden Darstellung der Adenauer-Ära besonders nützlich waren. Für eine umfassendere Information über die vorhandene Literatur verweise ich auf zwei Werke, die den wissenschaftlichen Erkenntnisstand sehr gut repräsentieren und auch in der Diskussion des Forschungsstandes und der einschlägigen Literatur vorbildlich sind. Es handelt sich um Rudolf Morsey, *Die Bundesrepublik Deutschland. Entstehung und Entwicklung bis 1969.* 2. Aufl. München 1990 und Anselm Doering-Manteuffel, *Die Bundesrepublik Deutschland in der Ära Adenauer. Außenpolitik und innere Entwicklung 1949 bis 1963.* Darmstadt 1983.

Der Historiker, bzw. Politikwissenschaftler, der zweifellos am meisten für die Erforschung der Person Konrad Adenauers und der Ära Adenauer getan hat, ist Hans-Peter Schwarz, als Nachfolger Karl Dietrich Brachers jetzt Professor für Politikwissenschaft an der Universität Bonn. Schwarz' Einzelbeiträge zur Adenauer-Forschung könnten eine ganze Seite füllen; am wichtigsten sind die beiden Bände *Die Ära Adenauer.* Der erste, *Gründerjahre der Republik 1949–1957,* erschien 1981, der zweite, *Epochenwechsel 1957–1963,* erschien 1983. Hinzu kommt die große zweibändige Adenauer-Biographie. Der erste Band *Der Aufstieg: 1876–1952* erschien 1986, der zweite *Der Staatsmann: 1953–1967* folgte 1991. Auch wenn man Hans-Peter Schwarz in manchen seiner Bewertungen nicht folgen mag, da er die Tendenz hat, ein rundum positives Adenauerbild zu zeichnen, so gebührt ihm zweifellos das Verdienst, der kompetenteste historische Interpret der Person und der Ära Adenauer zu sein, an dessen Arbeiten niemand vorbeigehen kann. Fast möchte man meinen, Hans-Peter Schwarz habe die deutsche Adenauerforschung monopolisiert.

Daß dem nicht ganz so ist, ist u.a. das Verdienst von Anselm Doering-Manteuffel, dessen oben erwähntes Buch – im Gegensatz zu dem von Schwarz nicht narrativ-chronologisch sondern analytisch angelegt – in meinen Augen ein wichtiger historischer Beitrag zum Verständnis der Adenauer-Ära ist. Beiden Autoren verdanke ich Wesentliches für die Beschäftigung mit dieser Thematik.

Eine Fülle von brauchbaren Informationen und Interpretationen über alle Aspekte der Geschichte der Bundesrepublik in der Ära Adenauer bieten die zahlreichen Sammelbände, die zum 20., 25. oder 30. Jahrestag der Entstehung der Bundesrepublik erschienen sind. Hier ist an erster Stelle zu nennen: *Die Zweite Republik. 25 Jahre Bundesrepublik Deutschland – Eine Bilanz.* Hrsg. von Richard Löwenthal und Hans-Peter Schwarz. Stuttgart 1974. Ferner Karl Dietrich Bracher (Hrsg.), *Nach 25 Jahren. Eine Deutschland-Bilanz.* München 1970. Ergiebig auch: *Nach dreißig Jahren. Die Bun-*

desrepublik Deutschland. Vergangenheit, Gegenwart, Zukunft. Hrsg. von
Walter Scheel. Stuttgart 1979, und der Nachfolgeband *Die andere deutsche
Frage. Kultur und Gesellschaft der Bundesrepublik Deutschland nach drei-
ßig Jahren.* Hrsg. von Walter Scheel. Stuttgart 1981. Zahlreiche Beiträge
von Politikern enthält der Band *25 Jahre Bundesrepublik Deutschland.
Wandel und Bewährung einer Demokratie.* Hrsg. von P. Severin und H.
Jetter. Wien 1974. Unentbehrlich auch das von Wolfgang Benz herausgegebene Werk *Die Geschichte der Bundesrepublik Deutschland.* Aktualisierte,
erweiterte u. illustrierte Aufl. 4 Bde., Frankfurt 1989, das zwar die ganze
Bundesrepublik zum Thema hat, jedoch jeweils wichtige Abschnitte über
die Ära Adenauer enthält. Die vier Bände behandeln Politik, Wirtschaft,
Gesellschaft und Kultur. Kurz vor Ende der Adenauer-Zeit erschien ein für
das Zeitklima besonders wichtiger Sammelband *Bestandsaufnahme.* Hrsg.
von Hans Werner Richter. München 1962. Für die Beurteilung Adenauers
und seiner Zeit waren K. D. Bracher, A. Baring und H.-P. Schwarz in diesen diversen Bänden die für mich wichtigsten Autoren.

Quellensammlungen und Erinnerungen

Von den zahlreichen Quellensammlungen, die bei Morsey umfassend auf-
geführt sind, möchte ich als wichtigste hervorheben: *Die Kabinettsproto-
kolle der Bundesregierung.* Hrsg. von H. Booms. Bd. 1: 1949, Bd. 2: 1950,
bearb. von U. Enders u. K. Reiser. Boppard 1982–1984. Boris Meissner
(Hrsg.), *Moskau – Bonn. Die Beziehungen zwischen der Sowjetunion und
der Bundesrepublik Deutschland 1955–1973. Dokumentation.* 2 Bde. Köln
1975. Hans-Jörg Ruhl, *»Mein Gott, was soll aus Deutschland werden?« Die
Adenauer-Ära.* München 1985. Klaus von Schubert (Hrsg.), *Sicherheitspolitik der Bundesrepublik Deutschland. Dokumentation 1945–1977.* 2 Bde,
Köln 1978–1979, sowie die offizielle Darstellung *Die Regierung Adenauer
1949–1963.* Generalredaktor: H. Arntz. Wiesbaden 1963.

Unter den Erinnerungen rangieren als erste die von Adenauer selbst
verfaßten: *Erinnerungen 1945–1953. Erinnerungen 1953–1955. Erinnerungen 1955–1959. Erinnerungen 1959–1963. Fragmente.* Stuttgart 1965–1968.
Ferner: *Adenauers Reden 1917–1967. Eine Auswahl.* Hrsg. von Hans-Peter
Schwarz. Stuttgart 1975, und seine *Teegespräche 1950–1958.* 2 Bde. Hrsg.
von Rudolf Morsey, Hans-Peter Schwarz, bearb. von H. J. Küsters. Berlin
1984–1986. Wichtig auch Heinrich von Brentanos Briefe an Konrad Adenauer: Arnulf Baring unter Mitarbeit von B. von Oetinger u. K. Mayer,
*Sehr verehrter Herr Bundeskanzler! Heinrich von Brentano im Briefwech-
sel mit Konrad Adenauer 1949–1964.* Hamburg 1974. Unter den Erinnerungen, Reden und Briefen anderer Beteiligter sind hervorzuheben: Felix von
Eckardt, *Ein unordentliches Leben.* Düsseldorf 1967; Gustav W. Heinemann, *Reden und Schriften.* 3 Bde, Frankfurt 1975–1977; Theodor Heuss,
Die großen Reden. 2 Bde, Tübingen 1965; Reinhold Maier, *Erinnerungen
1948–1953.* Tübingen 1966; Kurt Schumacher, *Reden, Schriften, Korrespon-
denzen 1945–1952.* Hrsg. von Willy Albrecht. Berlin 1985. Carlo Schmid,

Bundestagsreden. Hrsg. von H. Daul. Bonn 2. Aufl. 1972. sowie Willy Brandt, *Erinnerungen.* Berlin 1989.

Würdigungen und Darstellungen Adenauers und seiner Zeit

Unter den Werken, die Adenauer und seine Zeit zum Gegenstand haben, ragen neben den obengenannten Arbeiten von Schwarz und Doering-Manteuffel besonders hervor: *Konrad Adenauer und seine Zeit. Politik und Persönlichkeit des ersten Bundeskanzlers.* Bd. 1: *Beiträge von Weg- und Zeitgenossen;* Bd. 2: *Beiträge der Wissenschaft.* Hrsg. von Dieter Blumenwitz u.a. Stuttgart 1976. *Konrad Adenauer, 1876–1976.* Hrsg. von Helmut Kohl. Stuttgart 1976. Hinzuweisen ist außerdem auf die mehrbändigen *Adenauerstudien.* Hrsg. von Rudolf Morsey und Konrad Repgen.

Die klassische Darstellung über Adenauer und die Europäische Verteidigungsgemeinschaft schrieb Arnulf Baring: *Außenpolitik in Adenauers Kanzlerdemokratie.* München 1960, als dtv-Taschenbuch unter dem Titel: *Im Anfang war Adenauer.* Eine historische Darstellung der Nachkriegsära gibt Rolf Steininger, *Deutsche Geschichte 1945–1961. Darstellung und Dokumente.* 2 Bde, 2. Aufl. Frankfurt 1984. Einen Ausschnitt Andreas Hillgruber, *Deutsche Geschichte 1945–1982. Die »deutsche Frage« in der Weltpolitik.* Stuttgart. 5. Aufl. 1985. Gute Einblicke, wenn auch nicht in streng historischer Anordnung, vermittelt Alfred Grosser, *Geschichte Deutschlands seit 1945* (überarb. Fassung von *Deutschlandbilanz. Geschichte Deutschlands seit 1945*). München 1974, 11. Aufl. 1984. Auf die Entwicklung in beiden Teilen Deutschlands bezieht sich Christoph Klessmann, *Die doppelte Staatsgründung. Deutsche Geschichte 1945–1955.* 4. Aufl. Bonn 1986. Grundfragen der historischen Entwicklung berührt Heinrich August Winkler (Hrsg.), *Politische Weichenstellungen im Nachkriegsdeutschland 1945–1953.* Göttingen 1979.

Zur Außen-, Sicherheits- und Deutschlandpolitik

Über Adenauers Außenpolitik aus der Sicht eines Beteiligten informiert W.G. Grewe, *Deutsche Außenpolitik der Nachkriegszeit.* Stuttgart 1960. Eine knappe Problemskizze bietet Wolfram F. Hanrieder, *Fragmente der Macht. Die Außenpolitik der Bundesrepublik.* München 1981, und jetzt mit dem wichtigen und großen Werk: *Deutschland, Europa, Amerika. Die Außenpolitik der Bundesrepublik Deutschland 1949–1989.* Paderborn 1990. Ferner: Manfred Görtemaker, *Die unheilige Allianz. Die Geschichte der Entspannungspolitik 1943–1979.* München 1979 und Helga Haftendorn, *Sicherheit und Entspannung. Zur Außenpolitik der Bundesrepublik Deutschland 1955–1982.* Baden-Baden 1983. Das Thema Wiederbewaffnung behandelt eindrucksvoll Klaus von Schubert, *Wiederbewaffnung und Westintegration. Die innere Auseinandersetzung um die militärische und außenpolitische Orientierung der Bundesrepublik 1950–1952.* 2. Aufl. Stuttgart 1972;

ferner Gerhard Wettig, *Entmilitarisierung und Wiederbewaffnung in Deutschland 1943–1955*. München 1967. Ein wichiger neuer Beitrag zu Adenauers Politik der Westintegration und zur Deutschlandpolitik ist P. Siebenmorgen, *Gezeitenwechsel. Aufbruch zur Entspannungspolitik*. Bonn 1990.

Innenpolitik und politische Parteien

Über die politischen Parteien informiert insgesamt Heino Kaack, *Geschichte und Struktur des deutschen Parteiensystems*. Opladen 1971. Über Adenauers Verhältnis zur CDU der Amerikaner A. J. Heidenheimer, *Adenauer and the CDU. The Rise of the Leader and the Integration of the Party*. Den Haag 1960; über das Verhältnis zum Bundestag Hans Buchheim (Hrsg.), *Konrad Adenauer und der Deutsche Bundestag*. Bonn 1986. Verläßliche Informationen über alle Parteien gibt das Handbuch von Richard Stöß (Hrsg.), *Parteien-Handbuch. Die Parteien der Bundesrepublik Deutschland 1945–1980*, 2 Bde, Opladen 1983–1984. Zum Thema Opposition H. G. Schumann (Hrsg.), *Die Rolle der Opposition in der Bundesrepublik Deutschland*. Darmstadt 1976; zur außerparlamentarischen Opposition H. K. Rupp, *Außerparlamentarische Opposition in der Ära Adenauer. Der Kampf gegen die Atombewaffnung in den fünfziger Jahren*. 2. Aufl. Köln 1980. Über die CDU gibt es noch keine große Monographie. Am besten: Geoffrey Pridham, *Christian Democracy in Western Germany. The CDU/ CSU in Government and Opposition 1945–1976*. London 1977. Alles über die CSU erfährt man in den Werken von Alf Mintzel; am besten sein historischer Überblick *Geschichte der CSU*. Opladen 1977. Das Verhältnis von CDU und CSU behandelt Günter Müchler, *CDU/CSU. Das schwierige Bündnis*. München 1976.

Das beste Werk über die SPD verdanken wir Kurt Klotzbach, *Der Weg zur Staatspartei. Programmatik, praktische Politik und Organisation der deutschen Sozialdemokratie 1945–1965*. Berlin 1982. Über wichtige Aspekte der SPD-Geschichte informieren U. F. Löwke, *Die SPD und die Wehrfrage 1949–1955*. Bonn 1976 (Überarbeitete Neuauflage von *Für den Fall, daß … Die Haltung der SPD zur Wehrfrage 1949–1955*. Hannover 1969) und L. Wilker, *Die Sicherheitspolitik der SPD 1956–1966*. Bonn-Bad Godesberg 1977.

Zur FDP allgemein L. Albertin, (Hrsg.) *Politischer Liberalismus in der Bundesrepublik*. Göttingen 1980, sowie Heino Kaack, *Die FDP. Grundriß und Materialien zur Geschichte, Struktur und Programmatik*. 3. Aufl. Meisenheim 1979; Einzelstudien von S. J. Glatzeder, *Die Deutschlandpolitik der FDP in der Ära Adenauer*. Baden-Baden 1980 und D. Wagner, *FDP und Wiederbewaffnung*. Boppard 1978.

Über die KPD informiert Hans Kluth, *Die KPD in der Bundesrepublik. Ihre politische Tätigkeit und Organisation 1945–1956*. Opladen 1959; über die Rechtsparteien P. Dudek u. H. G. Jaschke, *Entstehung und Entwicklung des Rechtsextremismus in der Bundesrepublik*. 2 Bde, Opladen 1984 und – aus zeitgenössischer Sicht – M. Jenke, *Verschwörung von rechts?* Berlin 1961. Wichtig auch die Untersuchung von Manfred Rowold, *Im Schatten der Macht. Zur Oppositionsrolle der nicht-etablierten Parteien in der Bundesrepublik*. Düsseldorf 1974. Unter den ausländischen Darstellungen des westdeutschen Parteiensystems verdient das Buch von Gordon Smith, *Democracy in Western Germany. Parties and Politics in the Federal Republic*. London 1979, besondere Beachtung.

Wirtschaft und Gesellschaft

Über die Wirtschaftsverfassung der Bundesrepublik informiert der Band von G. Gutmann u.a., *Die Wirtschaftsverfassung der Bundesrepublik Deutschland*. Stuttgart, New York 1976. Wichtig sind verschiedene Arbeiten und Beiträge von Werner Abelshauser und Knut Borchardt. Speziell über das Wirtschaftswunder das Buch von H.C. Wallich, *Triebkräfte des deutschen Wiederaufstiegs*. Frankfurt 1955. Die Bedeutung der Wirtschaft für die Parteipolitik untersucht W. Kaltefleiter, *Wirtschaft und Politik in Deutschland. Konjunktur als Bestimmungsfaktor des Parteiensystems*. 2. Aufl. Köln 1968. Die Grundpositionen der sozialen Marktwirtschaft in der Adenauer-Ära findet man in: Alfred Müller-Armack u. H.B. Schmidt (Hrsg.), *Wirtschafts- und Finanzpolitik im Zeichen der sozialen Marktwirtschaft*. Stuttgart 1967. Die Rolle der Unternehmer behandelt Volker Berghahn, *Unternehmer und Politik in der Bundesrepublik*. Frankfurt 1985.

Das wichtigste Werk über die Sozialgeschichte der Bundesrepublik ist der Band von Werner Conze und Rainer M. Lepsius (Hrsg.), *Sozialgeschichte der Bundesrepublik Deutschland*. Stuttgart 1985. Die gründlichste historische Darstellung der Sozialpolitik bietet das Buch von Hans-Günther Hockerts, *Sozialpolitische Entscheidungen im Nachkriegsdeutschland. Alliierte und deutsche Sozialversicherungspolitik 1945–1957*. Stuttgart 1980. Ein wichtiger Sammelband ist Norbert Blüm u. H.F. Zacher (Hrsg.), *Vierzig Jahre Sozialstaat Bundesrepublik Deutschland*. Baden-Baden 1989.

Die beste, relativ zeitnahe Übersicht über die sozialen Wandlungen in der Bundesrepublik geben die beiden Bände von Karl Martin Bolte, *Deutsche Gesellschaft im Wandel*. Opladen 1967 und 1970. Eine fast schon klassisch gewordene Interpretation der historischen Entwicklung der deutschen Gesellschaft in ihrem Verhältnis zur Demokratie gibt das Buch von Ralf Dahrendorf, *Gesellschaft und Demokratie in Deutschland*. München 1965. Wichtig für eine mehr konservative Interpretation der gesellschaftlichen Entwicklung die Arbeiten von Helmut Schelsky, *Die skeptische Generation*. Düsseldorf 1963, und der Aufsatzband *Auf der Suche nach Wirklichkeit*. Düsseldorf 1965. Zur soziologischen Entwicklung bis heute finden sich gute Informationen in dem Sammelband: Rolf Hettlage (Hrsg.), *Die Bundesrepublik. Eine historische Bilanz*. München 1990.

Über die Gewerkschaften informiert zeitnah das Buch von W. Hirsch-Weber, *Gewerkschaften in der Politik*. Opladen 1959; polemisch Theo Priker, *Die blinde Macht. Die Gewerkschaftsbewegung in Westdeutschland*. 2

Bde, München 1960; allgemein J. Bergmann u. a., *Gewerkschaften in der Bundesrepublik*. 3. Aufl. Frankfurt, 1979.

Die empirisch gehaltvollste Studie über die Kirchen in der Nachkriegspolitik stammt von dem Amerikaner F. Spotts, *Kirchen und Politik in Deutschland*. Stuttgart 1976 (amerikan. Ausg. 1973). Über den Katholizismus: Hans Maier (Hrsg.), *Deutscher Katholizismus nach 1945*. München 1964, über beide Kirchen in ihrem Verhältnis zum Staat: A. Rauscher (Hrsg.), *Kirche und Staat in der Bundesrepublik 1949–1963*. Paderborn 1979. Wichtig auch die Studie von J. Vogel, *Kirche und Wiederbewaffnung. Die Haltung der Evangelischen Kirche in Deutschland in den Auseinandersetzungen um die Wiederbewaffnung der Bundesrepublik 1949–1956*. Göttingen 1978.

Kultur

Hermann Glasers dreibändige *Kulturgeschichte der Bundesrepublik* (München 1985–1988) ist der bisher umfassendste Versuch einer Darbietung des kulturellen Geschehens, bei dem es sich um einen zitatenreichen Überblick, jedoch noch nicht um eine wissenschaftliche Durchdringung handelt. In Verbindung damit steht auch Glasers hilfreiche Aufsatzsammlung: *Bundesrepublikanisches Lesebuch. Drei Jahrzehnte geistiger Auseinandersetzung*. München 1978. Den verläßlichsten Überblick über die westdeutsche Literatur in ihrem Verhältnis zur Politik gibt das Buch von H. L. Müller, *Die literarische Republik. Westdeutsche Schriftsteller und die Politik*. Weinheim 1982. Eine kulturelle Bilanz in der Mitte der Ära Adenauer zieht das Buch von Joachim Moras, Hans Paeschke (Hrsg.), *Deutscher Geist zwischen Gestern und Morgen. Bilanz der kulturellen Entwicklung seit 1945*. Stuttgart 1954. Gegen Ende der Ära ist die von Hans Werner Richter herausgegebene *Bestandsaufnahme*. München 1962, der wichtigste Text. 1969 hat der Schriftsteller Paul Schallück als Herausgeber einen ähnlichen Versuch unternommen: *Deutschland. Kulturelle Entwicklungen seit 1945*. München 1969. Ebenfalls einschlägig, aber nur teilweise ergiebig ist der Band: D. Bänsch (Hrsg.), *Die fünfziger Jahre*. Tübingen 1985. Wer die Befindlichkeit der deutschen Schriftsteller in der auslaufenden Ära Adenauer genauer kennenlernen will, kann auf zwei Sammelbände nicht verzichten: Wolfgang Weyrauch (Hrsg.), *Ich lebe in der Bundesrepublik. 15 Deutsche über Deutschland*. München 1960 und Martin Walser (Hrsg.), *Die Alternative oder Brauchen wir eine neue Regierung?* Hamburg 1961. Für die literaturwissenschaftliche Behandlung verweise ich auf Ludwig Fischer (Hrsg.), *Literatur in der Bundesrepublik Deutschland bis 1967*. München 1986. Der einzige, der mit Erfolg versucht hat, das politische Klima der Anfangsjahre der Bundesrepublik literarisch einzufangen, ist der Schriftsteller Wolfgang Koeppen mit seinem 1953 erschienenen Roman ›*Das Treibhaus*‹.

Diese Thematik wird vorzüglich behandelt in dem kleinen Buch von Peter Graf Kielmansegg, *Lange Schatten. Vom Umgang der Deutschen mit der nationalsozialistischen Vergangenheit*. Berlin 1989. Informationen über wichtige Aspekte des Themas bei Jörg Friedrich, *Freispruch für die Nazi-Justiz. Die Urteile gegen NS-Richter seit 1948*. Reinbek 1983, Adalbert Rückerl, *N.S.-Verbrechen vor Gericht*, Heidelberg 1982, J. Weber, Peter Steinbach (Hrsg.), *Vergangenheitsbewältigung durch Strafverfahren? NS-Prozesse in der Bundesrepublik Deutschland*. München 1984. Wichtige Beiträge dazu auch in dem Sammelband von Ludolf Herbst (Hrsg.), *Westdeutschland 1945 bis 1955*. München 1986.

Zeittafel

1949

14. August	Wahlen zum Ersten Deutschen Bundestag.
7. September	Konstituierung von Bundestag und Bundesrat. Erich Köhler (CDU) wird zum Präsidenten des Bundestages gewählt, Ministerpräsident Karl Arnold (Nordrhein-Westfalen, CDU) zum Bundesratspräsidenten.
12. September	Wahl des FDP-Vorsitzenden Theodor Heuss zum Bundespräsidenten.
15. September	Wahl Konrad Adenauers, Vorsitzender der CDU in der britischen Zone, zum Bundeskanzler.
20. September	Erstes Kabinett Adenauer (CDU/CSU, FDP, DP).
21. September	Inkrafttreten des Besatzungsstatuts, Amtsantritt der Hohen Kommissare François-Poncet, Robertson und McCloy.
7. Oktober	Die Verfassung der DDR tritt in Kraft. Otto Grotewohl (SED) wird Ministerpräsident.
14. Oktober	Gründungskongreß des DGB.
21. Oktober	Adenauer begründet in der Regierungserklärung den Alleinvertretungsanspruch der Bundesrepublik.
3. November	Der Bundestag entscheidet sich für Bonn als Sitz der Bundesorgane.
3. Dezember	Adenauer spricht sich im Interview mit dem ›Cleveland Plain Dealer‹ für ein deutsches Kontingent in einer europäischen Streitmacht aus.

1950

13. Januar	Aufhebung der Lizenzierungspflicht für politische Parteien.
9. Mai	Bekanntgabe des Schuman-Plans in Paris und Bonn.
11.–13. Mai	Londoner Konferenz der drei Westmächte über die Deutschlandfrage.
13. Juni	Rechtsverwahrung des Bundestages gegen die Anerkennung der Oder-Neiße-Linie.
15. Juni	Bundestag beschließt Beitritt zum Europarat.
20. Juni	Eröffnung der Besprechungen von Paris über den Abschluß einer europäischen Montanunion unter Teilnahme Frankreichs, der Benelux-Staaten, Italiens und der Bundesrepublik, aber ohne Großbritannien.
25. Juni	Nordkoreanische Streitkräfte rücken in Südkorea ein.
5. August	Verkündigung der Charta der Heimatvertriebenen in Stuttgart.

29. August	Memorandum des Bundeskanzlers über die Sicherung des Bundesgebiets nach außen und innen in Verbindung mit einem Memorandum zur Frage der Neuordnung der Beziehungen zwischen der Bundesrepublik und den Besatzungsmächten.
9. Oktober	Rücktritt von Bundesinnenminister Gustav Heinemann. Himmeroder Denkschrift.
20.–22. Oktober	Erster gesamtdeutscher Parteitag der CDU in Goslar, Adenauer wird zum Vorsitzenden gewählt.
26. Oktober	Vorlage und grundsätzliche Billigung des Pleven-Plans in der französischen Nationalversammlung. Ernennung des CDU-Abgeordneten Theodor Blank zum Beauftragten des Bundeskanzlers für die mit der Vermehrung der alliierten Truppen zusammenhängenden Fragen.

1951

9. Januar	Beginn der deutsch-alliierten Sachverständigengespräche auf dem Petersberg.
25. Januar	Grundsätzliche Einigung zwischen Adenauer und dem DGB-Vorsitzenden Hans Böckler über die Mitbestimmung im Montanbereich.
1. Februar	Verabschiedung des Gesetzes über die Errichtung des Bundesverfassungsgerichts durch den Bundestag.
15. März	Wiedererrichtung des Auswärtigen Amtes. Übernahme des Außenministeriums durch Bundeskanzler Adenauer.
10. April	Verabschiedung des Gesetzes über die Mitbestimmung im Montan-Bereich durch den Bundestag.
18. April	Unterzeichnung des Vertrags über die Gründung der Europäischen Gemeinschaft für Kohle und Stahl (EGKS).
24. September	Beginn der Verhandlungen zwischen Adenauer und den Hohen Kommissaren über die Ablösung des Besatzungsstatuts.
27. September	Die Bundesregierung erklärt ihre Bereitschaft zur Wiedergutmachung gegenüber Israel.
28. September	Konstituierung des Bundesverfassungsgerichts in Karlsruhe.
16. November	Verbotsantrag der Bundesregierung gegen SRP und KPD beim Bundesverfassungsgericht.
9. Dezember	Die Bevölkerung Badens, Württemberg-Badens und Württemberg-Hohenzollerns entscheidet sich mit den erforderlichen Mehrheiten für die Errichtung eines Südweststaates (Baden-Württemberg).

1952

11. Januar	Ratifikation des Vertrags über die Gründung der Europäischen Gemeinschaft für Kohle und Stahl (EGKS) im Bundestag.
31. Januar	Vorbeugende Normenkontrollklage der SPD gegen den EVG-Vertrag.
8. Februar	Grundsätzliche Zustimmung des Bundestages zum EVG-Vertrag.
28. Februar	Beginn der Londoner Schuldenkonferenz.
10. März	»Stalin-Note« zur Frage des deutschen Friedensvertrages.
20. März	Beginn der Wiedergutmachungsverhandlungen zwischen den Vertretern der Bundesrepublik, Israels und den jüdischen Weltorganisationen in Waasenar bei Den Haag.
16. Mai	Bundestag verabschiedet das Lastenausgleichsgesetz.
26. Mai	Unterzeichnung des Generalvertrags (Deutschlandvertrag) und der Zusatzverträge in Bonn.
27. Mai	Unterzeichnung des Vertrags über die Europäische Verteidigungsgemeinschaft (EVG) in Paris.
10. Juni	Gutachten-Ersuchen des Bundespräsidenten über die Verfassungsmäßigkeit der EVG-Vertragswerke.
19. Juli	Verabschiedung des Betriebsverfassungsgesetzes durch den Bundestag.
25. Juli	Inkrafttreten des Vertrags über die Europäische Gemeinschaft für Kohle und Stahl (EGKS).
20. August	Tod des SPD-Vorsitzenden Kurt Schumacher.
10. September	Unterzeichnung des Wiedergutmachungsabkommens zwischen der Bundesrepublik und Israel.
24.–28. September	SPD-Parteitag in Dortmund wählt Erich Ollenhauer zum SPD-Vorsitzenden.
23. Oktober	Das Bundesverfassungsgericht verbietet die Sozialistische Reichspartei (SRP).
9. Dezember	Beschluß des Bundesverfassungsgerichts, daß das Gutachten für den Bundespräsidenten beide Senate binde. Der Bundespräsident nimmt sein Gutachten-Ersuchen zurück.

1953

27. Februar	Unterzeichnung des Londoner Abkommens über die Regelung der deutschen Auslandsschulden.
19. März	Verabschiedung der Ratifikationsgesetze für die Westverträge durch den Bundestag in dritter Lesung.
25. März	Bundestag verabschiedet das Bundesvertriebenengesetz.

25. Juni	Bundestag verabschiedet das Wahlgesetz mit bundesweiter Fünfprozentklausel.
6. September	Wahlen zum Zweiten Deutschen Bundestag.
20. Oktober	Bildung der zweiten Regierung Adenauer aus CDU/CSU, FDP, DP und BHE.

1954

25. Januar– 18. Februar	Außenministerkonferenz der Vier Mächte über Deutschland in Berlin.
26. Februar	Bundestag billigt »erste Wehrergänzung« des Grundgesetzes.
17. Juli	Theodor Heuss wird in Berlin mit 871 von 1018 Stimmen erneut zum Bundespräsidenten gewählt.
30. August	Ablehnung des EVG-Vertrags durch die französische Nationalversammlung.
28. September– 3. Oktober	Londoner Neun-Mächte-Konferenz erarbeitet Neuregelung für Westintegration und Wehrbeitrag der Bundesrepublik.
19.–23. Oktober	Endgültige Fassung und Unterzeichnung der neuen Vertragswerke auf den Pariser Konferenzen.
27.–30. Dezember	Beitritt der Bundesrepublik zur NATO und zur WEU von der französischen Nationalversammlung gebilligt.

1955

5. Mai	Inkrafttreten der Pariser Vertragswerke.
9. Mai	Aufnahme der Bundesrepublik in die NATO.
6./7. Juni	Heinrich von Brentano (CDU) wird Außenminister und Theodor Blank (CDU) Verteidigungsminister.
9.–13. September	Verhandlungen zwischen der Bundesregierung und der Sowjetregierung in Moskau.
22. September	Erste Formulierung der »Hallstein-Doktrin« in einer Note der Bundesregierung an die Westmächte.
23. Oktober	Bevölkerung des Saarlandes lehnt mit 67,7 Prozent der abgegebenen Stimmen das Saar-Statut ab. Rücktritt der Regierung Hoffmann.

1956

5. Januar	80. Geburtstag Adenauers.
20. Februar	Ablösung der Regierung Arnold (CDU) aus CDU, FDP und Zentrum in Nordrhein-Westfalen durch ein konstruktives Mißtrauensvotum.
23. Februar	Spaltung der FDP-Bundestagsfraktion.
6. März	Bundestag verabschiedet »zweite Wehrergänzung« des Grundgesetzes. Soldatengesetz verabschiedet.
4. Juni	Adenauer und Ministerpräsident Guy Mollet einigen

	sich in Luxemburg über die Angliederung des Saarlandes an die Bundesrepublik zum 1. Januar 1957.
7. Juli	Bundestag verabschiedet Wehrpflichtgesetz.
17. August	Verbot der KPD mitsamt ihren Hilfs- und Nachfolge-organisationen durch das Bundesverfassungsgericht.
27. Oktober	Unterzeichnung der Saarverträge.

1957

1. Januar	Eingliederung des Saarlandes als 11. Bundesland.
25. März	Unterzeichnung der Verträge zur Gründung einer Europäischen Wirtschaftsgemeinschaft und einer Europäischen Atomgemeinschaft auf dem Kapitol in Rom.
1. April	Einberufung der ersten Wehrpflichtigen. General Speidel wird Befehlshaber der NATO-Landstreitkräfte in Europa-Mitte.
4. April	Adenauer spricht sich auf einer Pressekonferenz für Ausrüstung der Bundeswehr mit Atomwaffen aus.
12. April	»Göttinger Erklärung« von 18 deutschen Atomwissenschaftlern für den Verzicht der Bundesrepublik auf Atomwaffen.
4. Juli	Bundestag verabschiedet das Kartellgesetz.
5. Juli	Bundestag verabschiedet das Ratifizierungsgesetz zu den Verträgen über die Europäische Wirtschaftsgemeinschaft und die Europäische Atomgemeinschaft.
15. September	Wahlen zum Dritten Deutschen Bundestag.
19. Oktober	Abbruch der diplomatischen Beziehungen zu Jugoslawien durch die Bundesrepublik (erstmalige Anwendung der »Hallstein-Doktrin«).
22. Oktober	Wiederwahl Konrad Adenauers zum Bundeskanzler.

1958

1. Januar	Die Verträge über die EWG und Euratom treten in Kraft.
7.–19. März	In Gesprächen mit dem sowjetischen Botschafter Smirnow schlägt Adenauer eine »Österreich-Lösung« für die DDR vor.
7. März	Gründung des Arbeitsausschusses »Kampf dem Atomtod«.
1. Juli	Inkrafttreten des Gleichberechtigungsgesetzes für Mann und Frau auf dem Gebiet des bürgerlichen Rechts.
27. November	Chruschtschow-Ultimatum: In Noten an die drei Westmächte, die Bundesrepublik und die DDR fordert die Sowjetunion, Berlin binnen sechs Monaten zu entmilitarisieren und als Freistadt in eine »selbständige

	politische Einheit« umzuwandeln, andernfalls würde sie ihre Berlin-Rechte auf die DDR übertragen.
1. Dezember	Errichtung der Zentralstelle zur Verfolgung national-sozialistischer Gewaltverbrechen in Ludwigsburg.
14. Dezember	Außenministerkonferenz der Westmächte und der Bundesrepublik über die Berlin-Frage in Paris.

1959

12. Februar	Die Führungsgremien der SPD schlagen Professor Carlo Schmid als ihren Kandidaten für die Bundespräsidentenwahl vor.
3. März	Ludwig Erhard verzichtet auf eine Kandidatur für die Bundespräsidentenwahl.
18. März	Deutschlandplan der SPD.
11. Mai–20. Juni	Deutschlandkonferenz der Außenminister der Vier Mächte in Genf – 1. Tagungsperiode. Bundesrepublik und DDR nehmen als Beobachter teil.
5. Juni	Verzichtserklärung Bundeskanzler Adenauers für eine Kandidatur zum Bundespräsidenten. Zum neuen CDU/CSU-Präsidenten-Kandidaten wird am 15. 6. Heinrich Lübke nominiert.
1. Juli	In Berlin wählt die Bundesversammlung Heinrich Lübke (CDU) zum Bundespräsidenten.
13.–15. November	Die SPD verabschiedet das Godesberger Programm auf einem außerordentlichen Parteitag.

1960

1. Januar	Atomgesetz vom 23. Dezember 1959 zur friedlichen Nutzung der Kernenergie tritt in Kraft.
30. Juni	Grundsatzrede Herbert Wehners im Bundestag. Abrücken vom Deutschlandplan, Westintegration erhält Vorrang.
8. Juli	Die IG Metall erreicht Durchsetzung eines Drei-Stufen-Plans, der bis 1965 die Arbeitszeit in der Metallindustrie auf 40 Arbeitsstunden pro Woche reduzieren wird.
21.–25. November	9. Parteitag der SPD in Hannover. Willy Brandt wird als Kanzlerkandidat seiner Partei nominiert.

1961

28. Februar	Das Bundesverfassungsgericht erklärt die »Deutschland-Fernseh-GmbH« für verfassungswidrig.
18. März	Bundesverteidigungsminister Franz Josef Strauß wird zum neuen Vorsitzenden der CSU gewählt.
23. April	Der stellvertretende Vorsitzende der SPD, Herbert

	Wehner, deutet Koalitionsbereitschaft der SPD mit der CDU an.
31. Mai	Die Gesetze zur Lohnfortzahlung im Krankheitsfall und zur Förderung der Vermögensbildung der Arbeitnehmer werden vom Bundestag verabschiedet.
6. Juni	Der Staatsvertrag über das bundeseinheitliche Zweite Deutsche Fernsehen mit Sitz in Mainz wird unterzeichnet.
21. Juni	Chruschtschow kündigt für Ende 1961 einen separaten Friedensvertrag mit der DDR an.
12. Juli	Das Gesetz zur Förderung der Vermögensbildung für Arbeitnehmer (312-DM-Gesetz) wird verkündet.
25. Juli	Kennedy spricht in einer Rundfunkrede von den »drei Grundelementen«, die es für Berlin zu verteidigen gelte: 1. Anwesenheit westlicher Truppen, 2. Freier Zugang von und nach Berlin, 3. Freiheit und Lebensfähigkeit Berlins.
13. August	Beginn des Mauerbaus und hermetische Abriegelung der Sektorengrenzen zwischen Ost- und West-Berlin.
22. August	Adenauer begibt sich nach Berlin.
17. September	Wahlen zum Vierten Deutschen Bundestag. CDU/CSU verliert die absolute Mehrheit.
30. Oktober	Bundesaußenminister Heinrich von Brentano tritt zurück.
2. November	Bildung einer Regierungskoalition zwischen CDU/CSU und FDP.
7. November	Adenauer wird erneut zum Bundeskanzler gewählt.

1962

26. Oktober	Durchsuchung der Redaktionsräume des ›Spiegel‹ mit anschließender Verhaftung des Herausgebers Augstein und mehrerer ›Spiegel‹-Redakteure.
19. November	Wegen der »›Spiegel‹-Affäre« erklären die FDP-Bundesminister ihren Rücktritt aus der Bundesregierung.
30. November	Strauß verzichtet auf einen Posten in einem neuen Kabinett Adenauer.
5. Dezember	»Große Koalition« unter Adenauer kommt nicht zustande.
13. Dezember	Umbildung der neuen Bundesregierung abgeschlossen.

1963

22. Januar	Adenauer und de Gaulle unterzeichnen in Paris den Vertrag über deutsch-französische Zusammenarbeit (Elysée-Vertrag).
22. April	Der Fraktionsvorstand nominiert Ludwig Erhard als Kanzlerkandidaten für die Nachfolge Adenauers.

16. Mai	Der Bundestag ratifiziert den Deutsch-Französischen Vertrag.
11. Juni	Bundespräsident Lübke proklamiert den 17. Juni zum Nationalen Gedenktag des deutschen Volkes.
19. August	Beitritt der Bundesrepublik zum Moskauer Atomstopp-Abkommen trotz erheblicher Bedenken Adenauers.
11. Oktober	Adenauer überreicht dem Bundespräsidenten sein Rücktrittsgesuch.
15. Oktober	Abschiedsrede des Bundestagspräsidenten Eugen Gerstenmaier auf den scheidenden Bundeskanzler Adenauer.
16. Oktober	Der Bundestag wählt Ludwig Erhard zum neuen Bundeskanzler.

Deutsche Geschichte der neuesten Zeit
vom 19. Jahrhundert bis zur Gegenwart
Herausgegeben von Martin Broszat, Wolfgang Benz, Hermann
Graml in Verbindung mit dem Institut für Zeitgeschichte

Die »neueste« Geschichte setzt ein mit den nachnapoleonischen Evolutio-
nen und Umbrüchen auf dem Wege zur Entstehung des modernen deutschen National-, Verfassungs- und Industriestaates. Sie reicht bis zum Ende
der sozial-liberalen Koalition (1982). Die großen Themen der deutschen
Geschichte des 19. und 20. Jahrhunderts werden, auf die Gegenwart hin
gestaffelt, in dreißig konzentriert geschriebenen Bänden abgehandelt. Ihre
Gestaltung folgt einer einheitlichen Konzeption, die die verschiedenen Elemente der Geschichtsvermittlung zur Geltung bringen soll: die erzähleri-
sche Vertiefung einzelner Ereignisse, Konflikte, Konstellationen; Gesamt-
darstellung und Deutung; Dokumentation mit ausgewählten Quellentex-
ten, Statistiken, Zeittafeln; Workshop-Informationen über die Quellenpro-
blematik, leitende Fragestellungen und Kontroversen der historischen Literatur. Erstklassige Autoren machen die wichtigsten Kapitel dieser deutschen Geschichte auf methodisch neue Weise lebendig.

4501   Peter Burg: Der Wiener Kongreß
       Der Deutsche Bund im europäischen Staatensystem
4502   Wolfgang Hardtwig: Vormärz
       Der monarchische Staat und das Bürgertum
4503   Hagen Schulze: Der Weg zum Nationalstaat
       Die deutsche Nationalbewegung vom 18. Jahrhundert bis zur
       Reichsgründung
4504   Michael Stürmer: Die Reichsgründung
       Deutscher Nationalstaat und europäisches Gleichgewicht im Zeit-
       alter Bismarcks
4505   Wilfried Loth: Das Kaiserreich
       Obrigkeitsstaat und politische Mobilisierung
4506   Richard H. Tilly: Vom Zollverein zum Industriestaat
       Die wirtschaftlich-soziale Entwicklung Deutschlands 1834 bis 1914
4507   Helga Grebing: Arbeiterbewegung
       Sozialer Protest und kollektive Interessenvertretung bis 1914
4508   Hermann Glaser: Bildungsbürgertum und Nationalismus
       Politik und Kultur im Wilhelminischen Deutschland
4509   Wolfgang J. Mommsen: Imperialismus
       Deutsche Kolonial- und Weltpolitik 1880 bis 1914
4510   Gunther Mai: Das Ende des Kaiserreichs
       Politik und Kriegführung im Ersten Weltkrieg
4511   Klaus Schönhoven: Reformismus und Radikalismus
       Gespaltene Arbeiterbewegung im Weimarer Sozialstaat

4512   Horst Möller: Weimar
Die unvollendete Demokratie

4513   Peter Krüger: Versailles
Deutsche Außenpolitik zwischen Revisionismus und Friedenssicherung

4514   Corona Hepp: Avantgarde
Moderne Kunst, Kulturkritik und Reformbewegungen nach der Jahrhundertwende

4515   Fritz Blaich: Der Schwarze Freitag
Inflation und Wirtschaftskrise

4516   Martin Broszat: Die Machtergreifung
Der Aufstieg der NSDAP und die Zerstörung der Weimarer Republik

4517   Norbert Frei: Der Führerstaat
Nationalsozialistische Herrschaft 1933 bis 1945

4518   Bernd-Jürgen Wendt: Großdeutschland
Außenpolitik und Kriegsvorbereitung des Hitler-Regimes

4519   Hermann Graml: Reichskristallnacht
Antisemitismus und Judenverfolgung im Dritten Reich

4520   Hartmut Mehringer, Peter Steinbach: Emigration und Widerstand.
Das NS-Regime und seine Gegner

4521   Lothar Gruchmann: Totaler Krieg
Vom Blitzkrieg zur bedingungslosen Kapitulation

4522   Wolfgang Benz: Potsdam 1945
Besatzungsherrschaft und Neuaufbau im Vier-Zonen-Deutschland

4523   Wolfgang Benz: Die Gründung der Bundesrepublik
Von der Bizone zum souveränen Staat

4524   Dietrich Staritz: Die Gründung der DDR
Von der sowjetischen Besatzungsherrschaft zum sozialistischen Staat

4525   Kurt Sontheimer: Die Adenauer-Ära
Die Grundlegung der Bundesrepublik

4526   Manfred Rexin: Die Deutsche Demokratische Republik
Von Ulbricht bis Honecker

4527   Ludolf Herbst: Option für den Westen
Vom Marshallplan bis zum deutsch-französischen Vertrag

4528   Peter Bender: Neue Ostpolitik
Vom Mauerbau bis zum Moskauer Vertrag

4529   Thomas Ellwein: Krisen und Reformen
Die Bundesrepublik seit den sechziger Jahren

4530   Helga Haftendorn: Sicherheit und Stabilität
Außenbeziehungen der Bundesrepublik zwischen Ölkrise und NATO-Doppelbeschluß

Personenregister

Adorno, Theodor W. 151, 154
Agartz, Victor 90
Ahlers, Conrad 64
Allemann, Fritz René 59, 100, 141
Altmann, Rüdiger 68 ff.
Andersch, Alfred 145
Arendt, Hannah 151
Arnold, Karl 46, 112, 127
Augstein, Rudolf 64

Baring, Arnulf 124
Baudissin, Wolf Graf 170
Benn, Gottfried 145
Berg, Fritz 91
Bergstraesser, Arnold 154
Bismarck, Otto von 18
Blank, Theodor 170
Bloch, Ernst 151
Böckler, Hans 41, 89 f.
Böll, Heinrich 146
Bölling, Klaus 68, 70 f.
Borchardt, Knut 81
Bracher, Karl Dietrich 99, 155
Brandt, Willy 8, 61 f., 109
Brecht, Bertolt 133, 141, 144, 147
Brentano, Heinrich von 62, 141
Broch, Hermann 144
Broszat, Martin 8
Buckwitz, Harry 147

Chruschtschow, Nikita S. 52, 55

Dahrendorf, Ralf 79 f.
de Gaulle, Charles 50, 55, 57 ff., 174
Dehler, Thomas 46, 112
Diestelkamp, Bernhard 182
Dirks, Walter 136
Dufhues, Hermann 141

Eich, Günter 146
Eichmann, Adolf 180
Enzensberger, Hans Magnus 146
Erhard, Ludwig 39 f., 59 ff., 66, 83 f., 87, 101, 112, 141
Eschenburg, Theodor 92, 121
Etzel, Franz 59
Eucken, Walter 83

Forsthoff, Ernst 79, 156
Fraenkel, Ernst 154
Friedrich, Carl Joachim 154
Furtwängler, Wilhelm 149

Gehlen, Arnold 150, 156
Gerstenmaier, Eugen 66
Glaser, Hermann 148
Globke, Hans 121, 124, 177
Graml, Hermann 183, 186
Grass, Günter 146
Gründgens, Gustaf 147

Habermas, Jürgen 151
Haffner, Sebastian 18
Hamm-Brücher, Hildegard 157
Hegel, Friedrich Wilhelm 6, 80
Heidegger, Martin 151
Heinemann, Gustav 37, 123, 169
Henke, Klaus-Dietmar 177
Henze, Hans Werner 149
Heuss, Theodor 9, 13–16, 25 f., 58, 60, 111, 128 ff., 132, 150
Hindenburg, Paul von 18
Hitler, Adolf 13, 21, 142, 174, 185
Hockerts, Hans-Günther 95
Hölderlin, Friedrich 138
Höpker-Aschoff, Hermann 131
Horkheimer, Max 151, 154

Jaspers, Karl 151, 176, 185
Jünger, Ernst 143

Kaisen, Wilhelm 109
Kaiser, Jakob 101
Kaiser, Joachim 148
Kantorowicz, Alfred 136
Kaschnitz, Marie-Luise 145
Katz, Dr. 131
Kennedy, John F. 56 f.
Kielmannsegg, Peter Graf 184
Kiesinger, Kurt-Georg 116
Kirchheimer, Otto 98
König, René 154
Koeppen, Wolfgang 9, 19, 24, 146
Kogon, Eugen 136
Kopf, Hinrich 109
Kortner, Fritz 147
Krüger, Horst 133 f.

Landshut, Siegfried 154
Langgässer, Elisabeth 145

Leonhardt, Rudolf Walter 152
Lübbe, Hermann 184
Lübke, Heinrich 60
Luft, Friedrich 147

Mann, Heinrich 144
Mann, Thomas 15, 144
Maier, Reinhold 113
Mayer, Otto 118
Mellies, Wilhelm 125
Mende, Erich 64, 113
Mitscherlich, Alexander und Margarete 183, 185
Müller-Armack, Alfred 83

Naumann, Friedrich 13, 46
Naumann, Werner 46
Ney, Elly 149
Niemöller, Martin 169
Nossack, Hans Erich 145

Ollenhauer, Erich 12, 60, 99, 108

Pirker, Theo 90
Plessner, Helmuth 154
Popper, Karl R. 151
Prittie, Terence 45

Reuter, Ernst 109
Richter, Hans Werner 137, 146

Sedlmayr, Hans 150
Sethe, Paul 13
Siebenmorgen, Peter 163
Smend, Rudolf 156

Schäffer, Fritz 104
Schelsky, Helmut 76 f.
Schiller, Friedrich 15
Schmid, Carlo 59, 150
Schmidt, Helmut 68
Schröder, Gerhard 62
Schröder, Rudolf Alexander 14
Schumacher, Kurt 9–13, 16, 22, 30 ff., 34, 43, 60, 99, 105 ff., 111, 126, 174
Schmitt, Carl 135, 155
Schönberg, Arnold 149
Schuh, Oskar Fritz 147
Schwab-Felisch, Hans 134

Stalin, Josef 21, 37
Sternberger, Dolf 136
Strauß, Franz Josef 51, 64, 104 f., 138
Stroux, Karl Heinz 147

Ulbricht, Walter 56

Voegelin, Eric 154

Wagner, Richard 148
Wagner, Wieland 148
Wagner, Wolfgang 148
Walser, Martin 137 f., 146
Wehner, Herbert 61, 98, 110
Wessel, Horst 133, 141
Weyrauch, Wolfgang 137
Wirsing, Giselher 143
Wuermeling, Josef 47

Zehrer, Hans 143
Zinn, August 108
Zuckmayer, Carl 144

Wo Deutschland liegt

Bundesrepublik Deutschland – Deutsche Demokratische Republik

Martin Ahrends:
Allseitig gefestigt
Stichwörter
zum Sprachgebrauch
der DDR
dtv 11126

DDR
Dokumente zur
Geschichte der
Deutschen
Demokratischen
Republik 1945-1985
Herausgegeben von
Hermann Weber
dtv 2953

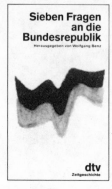

Ralf Dahrendorf:
**Reisen nach innen
und außen**
Aspekte der Zeit
dtv 10672

Günther Gaus:
Wo Deutschland liegt
Eine Ortsbestimmung
dtv 10561

Günther Gaus:
Deutschland im Juni
Eine Lektion über
deutsch-deutsche
Befindlichkeiten
dtv 11140

Günther Gaus:
Zur Person
Von Adenauer bis
Wehner.
Portraits in Frage
und Antwort
dtv 11287

Alfred Grosser:
**Geschichte
Deutschlands
seit 1945**
dtv 1007

Alfred Grosser:
**Das Deutschland
im Westen**
Eine Bilanz nach
40 Jahren
dtv 10948

Michael Holzach:
Zeitberichte
Herausgegeben von
Freda Heyden
dtv 11071

Christine Lambrecht:
**Und dann nach
Thüringen absetzen**
Männer in der DDR –
zwölf Protokolle
dtv 11127

Wilfried Loth:
**Ost-West-Konflikt
und deutsche Frage**
dtv 11074

**Sieben Fragen an
die Bundesrepublik**
Herausgegeben von
Wolfgang Benz
dtv 11114

Hermann Weber:
Geschichte der DDR
dtv 4430

Richard v. Weizsäcker:
**Die deutsche
Geschichte geht
weiter**
dtv 10482

Richard v. Weizsäcker:
Von Deutschland aus
Reden des
Bundespräsidenten
dtv 10639

Deutsche Geschichte der neuesten Zeit

vom 19. Jahrhundert bis zur Gegenwart

Originalausgaben, herausgegeben von Martin Broszat, Wolfgang Benz und Hermann Graml in Verbindung mit dem Institut für Zeitgeschichte, München

Peter Burg:
Der Wiener Kongreß
Der Deutsche Bund im europäischen Staatensystem
dtv 4501

Wolfgang Hardtwig:
Vormärz
Der monarchische Staat und das Bürgertum
dtv 4502

Hagen Schulze:
Der Weg zum Nationalstaat
Soziale Kräfte und nationale Bewegung
dtv 4503

Michael Stürmer:
Die Reichsgründung
Deutscher Nationalstaat und europäisches Gleichgewicht im Zeitalter Bismarcks
dtv 4504

Wilfried Loth:
Das Kaiserreich
Liberalismus, Feudalismus, Militärstaat
dtv 4505 (i. Vorb.)

Richard H. Tilly:
Vom Zollverein zum Industriestaat
Die wirtschaftlich-soziale Entwicklung Deutschlands 1834 bis 1914
dtv 4506

Helga Grebing:
Arbeiterbewegung
Sozialer Protest und kollektive Interessenvertretung bis 1914
dtv 4507

Hermann Glaser:
Bildungsbürgertum und Nationalismus
Politik und Kultur im Wilhelminischen Deutschland
dtv 4508 (i. Vorb.)

Wolfgang J. Mommsen:
Imperialismus
Deutsche Kolonial- und Weltpolitik 1880 – 1914
dtv 4509 (i. Vorb.)

Gunther Mai:
Das Ende des Kaiserreichs
Politik und Kriegführung im Ersten Weltkrieg
dtv 4510

Klaus Schönhoven:
Reformismus und Radikalismus
Gespaltene Arbeiterbewegung im Weimarer Sozialstaat
dtv 4511

Horst Möller:
Weimar
Die unvollendete Demokratie
dtv 4512

Peter Krüger:
Versailles
Deutsche Außenpolitik zwischen Revisionismus und Friedenssicherung
dtv 4513

Corona Hepp:
Avantgarde
Moderne Kunst, Kulturkritik und Reformbewegungen nach der Jahrhundertwende
dtv 4514

Deutsche Geschichte der neuesten Zeit

vom 19. Jahrhundert bis zur Gegenwart

Fritz Blaich:
Der Schwarze Freitag
Inflation und
Wirtschaftskrise
dtv 4515

Martin Broszat:
Die Machtergreifung
Der Aufstieg der NSDAP
und die Zerstörung der
Weimarer Republik
dtv 4516

Norbert Frei:
Der Führerstaat
Nationalsozialistische
Herrschaft 1933 bis 1945
dtv 4517

Bernd-Jürgen Wendt:
Großdeutschland
Außenpolitik und
Kriegsvorbereitung des
Hitler-Regimes
dtv 4518

Hermann Graml:
Reichskristallnacht
Antisemitismus und
Judenverfolgung
im Dritten Reich
dtv 4519

**Emigration und
Widerstand**
Das NS-Regime
und seine Gegner
dtv 4520 (i. Vorb.)

Lothar Gruchmann:
Totaler Krieg
Vom Blitzkrieg zur
bedingungslosen
Kapitulation
dtv 4521 (i. Vorb.)

Wolfgang Benz:
Potsdam 1945
Besatzungsherrschaft
und Neuaufbau
dtv 4522

Wolfgang Benz:
**Die Gründung der
Bundesrepublik**
dtv 4523

Dietrich Staritz:
**Die Gründung
der DDR**
Von der sowjetischen
Besatzungsherrschaft
zum sozialistischen
Staat
dtv 4524

Kurt Sontheimer:
Die Adenauer-Zeit
Wohlstandsgesellschaft
und Kanzlerdemokratie
dtv 4525 (i. Vorb.)

Manfred Rexin:
**Die Deutsche
Demokratische
Republik**
dtv 4526 (i. Vorb.)

Ludolf Herbst:
Option für den Westen
Vom Marshallplan bis
zum deutsch-französi-
schen Vertrag
dtv 4527

Peter Bender:
Neue Ostpolitik
Vom Mauerbau bis zum
Moskauer Vertrag
dtv 4528

Thomas Ellwein:
Krisen und Reformen
Die Bundesrepublik seit
den sechziger Jahren
dtv 4529

Helga Haftendorn:
**Sicherheit und
Stabilität**
Außenbeziehungen
der Bundesrepublik
zwischen Ölkrise
und NATO-Doppel-
beschluß
dtv 4530

Deutsche Geschichte
der neuesten Zeit

Ludolf Herbst:
Option für den Westen

Vom Marshallplan bis zum
deutsch-französischen Vertrag

dtv

Deutsche Geschichte
der neuesten Zeit

Martin Broszat:
Die Machtergreifung

Der Aufstieg der NSDAP und die
Zerstörung der Weimarer Republik

dtv

Deutsche Verfassungsgeschichte

Kaiser und Reich
Klassische Texte und Dokumente
zur Verfassungsgeschichte
des Hl. Römischen Reiches Deutscher Nation

Herausgegeben
von Arno Buschmann

dtv wissenschaft

Reich und Länder
Texte zur deutschen Verfassungsgeschichte
im 19. und 20. Jahrhundert

Herausgegeben von Hans Boldt

dtv wissenschaft

Hans Boldt:
Deutsche
Verfassungs-
geschichte

Band 2
Von 1806
bis zur Gegenwart

dtv wissenschaft

Kaiser und Reich
Klassische Texte und Dokumente
zur Verfassungsgeschichte des
Heiligen Römischen Reiches
Deutscher Nation
Herausgegeben von
Arno Buschmann

Die Einleitung des Herausgebers
bietet einen Überblick über die
Verfassungsgeschichte des alten
Reiches mit direktem Bezug auf die
folgende Textsammlung. Die Texte
sind stets in vollem Wortlaut
abgedruckt und mit Quellen- und
Literaturhinweisen und Angaben
zur Überlieferung versehen.
dtv 4384

Reich und Länder
Texte zur deutschen Verfassungsgeschichte im 19. und 20. Jahrhundert
Herausgegeben von Hans Boldt

Eine Sammlung der wichtigsten
Gesetze, Verträge und Verfassungs-
texte zur modernen deutschen
Verfassungsgeschichte mit einer
ausführlichen Einleitung, erläu-
ternden Kommentaren und weiter-
führenden Literaturhinweisen.
dtv 4443

Hans Boldt:
Deutsche Verfassungsgeschichte

Band 1
Von den Anfängen bis zum Ende
des älteren deutschen Reiches 1806

Band 2
Von 1806 bis zur Gegenwart

Diese neuartige Verfassungsgeschichte verfolgt Tradition und
Wandel der politischen Strukturen,
interpretiert die deutschen Verfassungen und bezieht dabei die
sozialen und politischen Kräfte
ebenso wie die sie prägenden Machtverhältnisse mit ein.
dtv 4424/4425